项目化学习

培养学生6大核心能力的研究与实践

韩玲 洪萌◎编著

上海交通大學出版社
SHANGHAI JIAO TONG UNIVERSITY PRESS

内容提要

本书是海南省海口市海燕小学项目化学习研究与实践的成果集。本书巧妙融合了项目化学习的深厚理论与一线教学实践的鲜活案例，深入剖析并精妙诠释了项目化学习过程中学生6大关键能力——问题发现能力、科学探究能力、发散性思维能力、批判性思维能力、数字信息技术应用能力及合作学习能力的培育策略。全书分为6章，每一章均聚焦于一项核心能力的培养路径，不仅提供了详尽的培养策略，还提炼出6项互为支撑、相辅相成的核心策略体系，共同构筑起项目化学习能力的坚实框架。本书适合教育教学研究人员和中小学教师使用。

图书在版编目(CIP)数据

项目化学习：培养学生6大核心能力的研究与实践/韩玲，洪萌编著. —上海：上海交通大学出版社，2024.11 —ISBN 978-7-313-31580-9

Ⅰ. G622.0

中国国家版本馆CIP数据核字第2024YS5633号

项目化学习：培养学生6大核心能力的研究与实践

XIANGMU HUA XUEXI：PEIYANG XUESHENG 6 DA HEXIN NENGLI DE YANJIU YU SHIJIAN

编　　著：韩　玲　洪　萌
出版发行：上海交通大学出版社　　地　　址：上海市番禺路951号
邮政编码：200030　　电　　话：021-64071208
印　　制：苏州市古得堡数码印刷有限公司　　经　　销：全国新华书店
开　　本：710mm×1000mm　1/16　　印　　张：16.75
字　　数：345千字
版　　次：2024年11月第1版　　印　　次：2024年11月第1次印刷
书　　号：ISBN 978-7-313-31580-9
定　　价：78.00元

序

培养学生探索性、创新性思维品质的有益探索

当今时代，新一轮科技革命和产业变革突飞猛进，科学技术和经济社会发展加速渗透融合，国际科技竞争日趋激烈。我国要实现科学技术高水平自立自强，就要坚持走科技创新人才自主培养之路，而加快建设教育强国则是实现高水平科技自立自强的重要支撑。2023年5月，习近平总书记在中共中央政治局第五次集体学习时强调："建设教育强国，基点在基础教育。"基础教育既要夯实学生的知识基础，也要激发学生崇尚科学、探索未知的兴趣，培养其探索性、创新性思维品质。

怎样培养广大中小学生探索性、创新性思维品质，是我们基础教育工作者必须认真思考研究、实验探索的重点任务。2022年7月，教育部颁发的《义务教育课程方案和课程标准(2022年版)》明确提出了在课程实施过程中要遵循的一个基本原则是"加强课程综合，注重关联"。我们要加强课程内容与学生经验、社会生活的联系，强化学科内知识整合，统筹设计综合课程和跨学科主题学习。要深化教学改革，探索大单元教学，积极开展主题化、项目式学习等综合性教学活动，促进学生举一反三、融会贯通，加强知识间的内在关联，促进知识结构化。近年来，国内一些先进省市已经开展了相应的实验探索，特别是上海市在大单元整体教学设计和项目化学习方面取得了不少经验成果。但在海南省中小学开展项目化学习研究和实验的学校还不多，取得一定经验成果的更少。

可喜的是，最近我收到海口市海燕小学韩玲校长等编著的学校师生开展项目化学习的优秀成果案例集——《项目化学习：培养学生6大核心能力的研究与实践》的电子稿，我花了三天时间认真阅读了这些文章和案例，感觉海燕小学的实验成果非常优秀，案例非常生动，这是"怎样培养学生探索性、创新性思维品质"的有益探索，也是落实新课程方案所要求的"发展学生核心素养"的具体实践，为海南省中小学广泛开展项目化学习提供了丰富的、可资借鉴的经验案例。

项目化学习是为适应新时代科技人才教育三位一体的综合竞争、培养更多拔尖创新人才、发展学生适应时代变革的核心素养的一项实践探索。项目化学习是在本学习单元或本学期中，梳理学科或跨学科的核心概念和学习主题，研究其本质问题，把它转换成学生感兴趣的驱动性问题和生成性学习任务，让学生通过自主与合作的

方式,开展一系列探究性、实践性学习活动,在基于项目任务的问题解决过程中,自主建构生成核心知识、关键能力和正确价值观念的一种学习方式。海燕小学通过组织学生开展丰富多样的项目化学习活动,重点培养学生发现问题能力、科学探究能力、发散性思维能力、批判性思维能力、数字信息技术能力和合作学习能力,取得了明显效果。

本书围绕6大核心能力的培养,除了有系统的理论阐释和项目实施的基本流程等内容外,还有丰富的实践案例。例如,海燕小学六年级的学生和教师们,发现自己学校地处城乡接合部,校门口是一条只能容纳一辆小汽车通行的村道,近几年,随着学校教学质量稳步提升,学生越来越多,每到放学时,校门口交通拥堵不堪。针对这个问题,他们提出了如何做才能让校门口的交通更有序的研究任务。经过一段时间的调查研究,他们提出了具体的改进措施,形成了研究报告"疏拥堵,保通畅——让校门口的交通有序",在这个调查研究和提出改进措施的过程中,培养了学生发现问题和解决问题的能力。韩玲校长和洪萌副校长还带领教育集团成员校的老师们一起开展项目化学习实践。例如,海口市高坡小学三、四年级的师生,根据学校特点,设计出"让喜欢的蔬菜长在自己的校园里"这个学习项目,采取相应措施引导学生运用观察能力和动手实践能力实现蔬菜的成功种植,培养了学生的实践探究能力,激发了学生的劳动兴趣和热情,锻炼了学生的劳动能力。

从海燕小学开展项目化学习实践的系统总结和丰富案例中,我们可以感受到项目化学习的过程既是一个学生探究创新的过程,也是一个让学生产生情境式体验的过程,还是一个小组合作学习与沟通交流的过程。项目化学习是夯实学生的知识基础,激发学生崇尚科学、探索未知的兴趣,培养学生的探索性、创新性思维品质的一种有效方式,是落实新课程方案、培养学生核心素养的一种可行路径。期待海南省更多的中小学校能够借鉴海燕小学项目化学习的经验成果,积极开展大单元教学和主题化、项目式学习,为中国式现代化建设、为海南自由贸易港建设培养一大批优秀的人才。

海南省教育研究培训院　李洪山

2024年7月18日

目录

第一章
项目化学习中学生问题发现能力的培养策略

问题发现能力是问题解决能力的第一步,也是创新思维的重要体现。在项目化学习中,学生需要主动观察、思考并探索,从而发现潜在的问题或挑战。这一过程不仅有助于学生深入理解学科知识,还能培养他们的观察力、思考力和判断力。同时,问题发现能力也是学生未来适应社会、解决复杂问题的重要基础。项目化学习在培养学生问题发现能力方面具有显著优势。

一、核心素养与问题发现能力的内涵和概念界定

(一) 什么是核心素养

核心素养是指学生在接受相应学段的教育过程中逐步形成的适应个人终身发展和社会发展需要的必备品格和关键能力,是关于学生知识、技能、情感、态度、价值观等多方面的综合表现,是每一名学生获得成功生活、适应个人终身发展和社会发展都需要的、不可或缺的共同素养。

(二) 什么是问题发现能力

问题发现能力是指个体对事物的现状与预期之间差距的认识与提炼的能力,即学生能够有效地运用知识、技能和策略,通过观察与实践敏锐地寻找到事物的这种差距。这种能力不仅仅涉及对事物的这种差距的理解和分析,还应该延伸至制订计划、执行方案以及评估结果等多个环节。

(三) 项目化学习中问题发现能力的重要价值

项目化学习中的问题发现能力是一种综合性的能力,它要求学生能够深入观察、学会识别,注重探究,能够更好地理解和掌握寻找与提炼的方法与技能。在项目化学习活动中学生问题发现能力的重要价值在于着眼培养好奇心,鼓励他们对周围世界保持好奇,激发他们探索和学习的动力;提高观察力,使他们学会更细致地观察事物;发展逻辑思维,锻炼他们的逻辑思维和推理能力;提高学生解决问题技能,使他们在面对困难时更加自信和具备解决问题的能力;激发学生的创造力,鼓励他们学会创造性地思考;增强学生的责任感,使他们学会对自己的行为和决策负责。

二、学生问题发现能力的动力分析

(一) 基于学生年龄与心理特征

学生对项目主题的兴趣和好奇心是推动他们主动发现问题的主要动力,具备自

主学习意愿的学生更倾向于主动发现问题，并寻求解决方案。

(二) 基于马斯洛需求层次理论

基于学生问题发现能力的动力分析，马斯洛需求层次理论为我们提供了一个有趣的视角。根据这一理论，我们可以将小学生发现问题和寻求答案的动机与他们的需求层次相联系。

(1) 社交需求：社交需求在项目化学习中尤为重要。团队合作是项目化学习的核心，学生在与同伴的互动中交流想法、分享经验，这不仅能促进问题的解决，还能激发学生的创新思维。此外，同伴的认可和支持也能增强学生的自信，进一步推动他们的问题发现能力。

(2) 尊重需求：尊重需求包括自我尊重和来自他人的尊重。在项目化学习中，学生的努力和成果被同伴和老师认可，能极大地满足他们的尊重需求。这种满足感能进一步激发学生的学习热情，使他们更积极地投入项目中去，从而发现和解决更多的问题。

(3) 自我实现需求：是马斯洛需求层次理论中的最高层次。在项目化学习中，学生通过解决问题、实现项目目标来满足这一需求。学生追求个人潜能的充分发挥，努力达成个人理想和目标，这促使他们不断地寻找和解决问题，从而实现自我成长和提升。

(三) 基于鼓励提问的教育氛围

在项目化学习中，形成鼓励式提问的教育氛围对于激发学生的好奇心、培养批判性思维和创新能力至关重要。如何在这种教育环境中进行鼓励式提问，其主要策略如下：

1. 教师角色的转变

如何从“教师立场”转变到“学生立场”？首先，将学习的主动权交给学生，教师成为学习的引导者和促进者；再者，从“教学设计”到“学习设计”转变，设计更具启发性和探究性的项目任务，引导学生主动探究。增强学生的主体地位，提高学习的主动性和积极性，有助于培养学生的自主学习能力和终身学习的习惯。

如在探索关于“可再生能源”的项目时，教师不再直接给出答案或解决方案，而是作为引导者提出问题，如：“你们认为哪种可再生能源最具潜力，为什么？”这类问题鼓励学生自主思考，并促使他们寻找答案。

2. 小组讨论与互动

分组讨论，确保每组学生都有机会发表自己的观点和看法，鼓励学生在小组内相互提问、相互解答，形成积极的互动氛围，促进知识共享，拓展学生的视野和思维。培养学生的批判性思维和解决问题的能力，提高团队合作和沟通能力。

如在项目初期，学生被分成小组进行头脑风暴。教师鼓励每个小组成员都提出自己的想法和问题，如：“在研究太阳能时，你们认为有哪些技术挑战？”小组成员之间互相提问和回答，形成积极的讨论氛围。

3. 正面反馈与激励

及时给予学生正面的反馈和评价，肯定他们的努力和进步，设立奖励机制，激励学生积极参与项目化学习，增强学生的自信心和参与度，激发他们的学习热情，有助于形成积极的学习氛围，提高学习效果。

如当一个学生提出一个独特的问题或创新的观点时，教师及时给予正面反馈，如："这个问题提得很有深度，值得我们深入探讨。"这种激励性的语言能够增强学生的自信心，并鼓励他们继续提问。

4. 强调问题的重要性

在项目化学习中，强调问题的重要性，引导学生关注问题的本质和解决方案，鼓励学生提出问题，培养他们的问题意识和探究精神，培养学生的好奇心和求知欲，激发他们的学习动力，有助于培养学生的创新能力和解决实际问题的能力。

在项目的每个阶段，教师都强调问题的重要性，并引导学生思考问题的本质和影响。例如，在探讨"环境污染"项目时，教师可以提问："如果这个问题得不到解决，会对我们的生活和环境造成什么影响?"这种问题能够帮助学生认识到问题的紧迫性和重要性，从而更加积极地投入到项目中。

5. 培养学生相互提问的习惯

在小组讨论和互动中，鼓励学生相互提问，形成积极的提问氛围。教师可以设计一些"相互提问"的活动，如"你问我答"等，来培养学生的提问习惯，培养学生的批判性思维和独立思考能力，让他们学会从不同角度看待问题，增强学生的互动和合作能力，提高他们的社交技巧。

在项目化学习中，教师可以鼓励学生之间互相提问，这不仅可以锻炼他们的沟通能力，还可以帮助他们从不同的角度思考问题。例如，在一个关于"健康生活方式"的项目中，一个学生可以向另一个学生提问："你觉得在日常生活中我们应该如何保持健康的饮食习惯?"这种相互提问的方式有助于形成积极的学习氛围。

综上所述，教师角色转变、小组讨论与互动、正面反馈与激励、强调问题的重要性和培养学生相互提问的习惯在项目化学习中具有重要作用，能够激发学生的好奇心、培养批判性思维和创新能力，提高学习效果。

三、学生问题发现能力培养的主要途径

(一) 养成记录日常生活中质疑的习惯

在培养学生问题发现能力的过程中，养成记录日常生活中质疑的习惯是一个非常有效且实用的途径。这种习惯不仅有助于学生增强对周围世界的观察力和感知力，还能促使他们主动思考，从而提升问题发现的能力。

（二）养成帮助他人解决困难的品德

在项目化学习中，学生不仅学习知识和技能，还能通过实践培养各种品德，这种品德不仅有助于学生在日常生活中更加关注他人的需求，还能更好地培养他们的责任心。

1. 家庭项目：智能家居改造

如学生小明参与了一个关于智能家居改造的项目。在项目中，他学习了如何安装和配置智能设备，如智能灯泡、智能插座和智能安全系统等。当他发现家中的老人对使用传统电器存在困难时，小明决定利用所学的知识和技能，帮助家人进行智能家居改造。他耐心地教老人如何使用智能手机控制家中的电器，并设置了简单易懂的界面。通过这个项目，小明不仅提高了自己的技术能力，还培养了帮助家人解决困难的品德。

2. 社区服务项目：环保行动

如小芳参加了一个旨在提高社区居民环保意识的项目。在项目中，她学习了如何组织环保活动、宣传环保知识以及制订环保计划。当她发现邻居小王因为工作繁忙无法参与社区环保活动时，小芳主动提出帮助他完成一些任务，如收集废旧物品、制作环保宣传海报等。她用自己的实际行动支持小王，让他感受到了温暖。通过这个项目，小芳不仅为社区做出了贡献，还培养了帮助他人解决困难的品德。

3. 跨学科项目：健康饮食推广

小刚参与了一个关于健康饮食推广的跨学科项目。在项目中，他学习了营养学、烹饪技巧以及市场营销等方面的知识。当他发现身边的朋友因为不良饮食习惯导致健康问题时，小刚决定利用所学的知识帮助他们改善饮食习惯。为此他制订了个性化的饮食计划，并亲自教授朋友们如何制作健康美食。通过这个项目，小刚不仅提高了自己的综合素质，还培养了帮助朋友解决困难的品德。

4. 团队合作项目：解决社区问题

小李和他的团队成员参与了一个旨在解决社区问题的项目。在项目中，他们发现了社区内存在的一些问题，如交通拥堵、噪声污染等。为了解决这些问题，小李和团队成员积极与社区居民沟通，了解他们的需求和意见。在解决问题的过程中，小李发现一些居民因为年龄、身体等原因无法亲自参与活动。于是，他主动承担起更多的责任，帮助这些居民解决困难。通过这个项目，小李不仅培养了团队合作能力，还养成了帮助他人解决困难的品德。

从以上项目化学习案例中可以看出，在项目化学习中，学生可以通过实践养成帮助亲友解决困难的品德，这种品德的培养不仅有助于提高学生的综合素质和社交能力，还能让他们在关心和帮助他人中享受到乐趣，从而持久地保持优秀的品德。

（三）激发学科知识迁移联想的思维

教师在教学过程中应强调不同学科之间的内在联系，帮助学生认识到知识是相互关联、相互渗透的。通过跨学科的项目学习、案例分析等方式，引导学生将所学知识应用到不同领域，激发他们的迁移联想思维。在项目化学习中，激发学科知识迁移联想的思维是提高学生跨学科应用能力和创新思维的关键。下面这个案例具体说明如何在项目化学习中激发学科知识迁移联想的思维。

设计跨学科的驱动性问题，首先提出问题；以一个真实世界的问题为起点，这个问题需要涉及多个学科知识。例如，设计一个关于“城市绿化与环境保护”的项目，这个问题既涉及生物学（植物的生长习性）、地理学（城市气候与环境），也涉及社会学（公众参与与决策）等多个学科。接着迁移联想，学生需要将自己在不同学科中学到的知识迁移到这个问题中，进行综合分析。例如，学生需要思考哪些植物适合在城市中生长，如何根据城市的气候和环境选择合适的植物，以及如何动员公众参与绿化活动等。然后是任务设计，设计一系列跨学科的项目任务，让学生在实践中进行知识迁移和联想。例如，在上述“城市绿化与环境保护”的项目中，可以设计以下任务，调研城市的气候和环境特点，选择合适的绿化植物（涉及生物学和地理学知识）。最后设计一份绿化方案，包括植物的选择、布局和养护等（涉及设计学和生物学知识）。制订一份宣传计划，动员公众参与绿化活动（涉及社会学和市场营销知识）。

学生在完成这些任务时，需要不断地将自己在不同学科中学到的知识进行迁移和联想，形成跨学科的知识网络。例如，在设计绿化方案时，学生需要考虑到植物的生长习性、城市的气候条件以及人们的审美需求等多个因素，这就需要他们综合运用生物学、地理学和设计学等多个学科的知识。

鼓励小组协作与讨论，将学生分成若干小组，让他们在项目中进行协作学习。小组内成员可以来自不同的学科背景，通过互相交流、讨论和合作，促进学科知识的迁移和联想。教师可以引导学生在小组讨论中积极发言、分享自己的见解和想法，鼓励他们从多个角度思考问题并提出解决方案。通过小组讨论和协作学习，学生可以更加深入地理解问题并找到解决问题的有效方法。让学生将自己的学习成果进行展示和分享。这不仅可以检验他们的学习成果，还可以促进他们之间的交流和学习。例如可以要求学生制作 PPT、海报或视频等形式来展示他们的绿化方案和宣传计划。

最后，教师对学生的学习成果进行评价和反馈时要注重跨学科知识的应用和迁移能力，可以采用多元评价的方式，如自我评价、小组评价和教师评价等综合评价学生的学习成果和能力发展。

（四）实施表扬鼓励“质疑好问”的评价

在项目化学习中，实施表扬和鼓励“质疑好问”不仅能激发他们的学习热情，而且还能培养他们的创新思维和批判性思考能力。

1. 表扬学生的好奇心

当学生表现出对某个话题或现象的好奇时，教师应及时认可他们的兴趣，并回应他们的疑问；分享与学生好奇点相关的科学家或发明家的故事，强调好奇心对成功的重要性；提供丰富的资源和材料，鼓励学生深入研究和探索。

表扬能够增强学生的好奇心，进一步激发他们探索和学习的动力，通过不断地表扬和认可，学生可以更加专注于自己感兴趣的领域，形成持久的兴趣，学生会形成积极的学习态度,认为学习是一种乐趣而非负担。如学生在探讨一个关于环境保护的项目时,提问:"如果我们采用这种新材料,它是否会对环境造成二次污染?"这个问题不仅展现了学生的好奇心,还促使团队进一步探讨新材料的可持续性。

2. 肯定学生的批判性思维

鼓励提问,在课堂上鼓励学生提出质疑和疑问,不限制他们的思考,当学生提出观点或疑问时,教师引导他们进行深入的分析和讨论,对学生的批判性思考给予积极的反馈和表扬,强化他们的自信心。

从中,学生能够通过批判性思维发展出独立思考的能力,不盲从权威。批判性思维有助于学生在面对问题时找到更有效的解决方案,在快速变化的社会中,批判性思维是学生适应未来挑战的关键能力。如在规划一个社区活动项目时,学生提出:"我们是否应该考虑不同年龄段居民的需求?比如老年人和儿童可能更需要一些特殊的设施和活动。"这种质疑促使团队更加全面地考虑项目的受众和细节。

3. 鼓励学生的主动探索

提供资源,为学生提供丰富的学习资源和材料,支持他们的主动探索;设计具有挑战性和开放性的学习任务,激发学生的求知欲;鼓励学生在课堂上或小组内分享自己的探索成果,提高他们的表达能力。

通过主动探索,学生能够培养自主学习的能力,为终身学习打下基础,在探索过程中,学生需要不断尝试新的方法和思路,从而培养创新思维,主动探索能够为学生提供更多的实践经验,帮助他们更好地理解和应用所学知识。如学生在研究一个历史课题时,对某个历史事件的真实性产生了疑问。他利用网络资源、图书馆等渠道进行了深入的探索和研究,最终找到了问题的答案,并与其他同学分享了自己的发现。

项目化学习对于培养学生的核心素养具有独特优势。它有助于激发学生的学习兴趣和需求,使学生成为学习的主人;它促使学生打破学科界限,以联系的视角看待知识学习,更好领悟知识的关联性;它还能全方位地锻炼团队合作、表达沟通等综合能力,为学生面向未来的科学精神、创新能力、批判性思维等提供载体。项目化学习是一种有效的教学方式,它通过实践性强、综合性高、学生主导、合作学习、真实情境、反思与改进以及个性化学习等特点,有效地促进了学生的全面发展,提高了学生的学习兴趣和乐于发现和解决问题的能力。

案例分享

疏拥堵,保通畅——让校门口的交通有序

项目类型	年级	课时数	学校	设计者	实施者
跨学科项目	六年级	8课时	海口市海燕小学	洪萌	洪萌、董秋敏、李海波

一、项目概述

学校地处城乡接合部，毗邻南航部队与头铺村，校门口是一条只能容纳一辆小汽车通行的村道。近几年，学校教学质量稳步提升，带动周边新盖了十几个小区，学生越来越多，而校门口的道路由于是村道，交警无法采取一定的惩罚措施改善交通情况，所以每到放学时期，校门口的交通会拥堵不堪。选择这个项目是想让学生规划、设计一个有效的出行方案，让校门口的交通更加有序。在这个项目当中，需要学生自己考察校门口的交通情况，了解校门口拥堵的原因，通过采访，了解学校已经采取什么措施改善交通情况，学生和家长应该如何做才能让我们校门口的交通更加有序。让学生在观察中思考，在实践中体验，在采访交流中提出各种实际问题，如放学时校门口的交通为什么这么拥堵？有什么好的建议或措施？如何错峰放学？学生需要通过思考、提问、分析，寻找他们想要的答案，特别是在采访环节，他们要学习如何撰写访谈提纲、采访等一系列从未接触过的事情，这对学生来说是很大的挑战，最后他们还要通过自己的努力规划出一份科学的出行方案。学生在这样的项目化学习过程中，既充满挑战，又真实有趣，乐于参与。在开展项目化学习的过程中，学生系统地解决问题的思维得到不断培养，探究的精神、质疑的勇气、合作的意识也不断增强，从而唤醒他们主动学习的意识，提高他们的分析力、理解力和创造力，并让他们体会到学习的乐趣，成为自我学习者、终身学习者。

基于以上的思考，学校尝试用项目化学习的方式探究社会实践活动的新路径。

二、项目目标

(一) 知识与能力目标

(1) 语文：通过项目研究，学会表达自己的思维和行为、学会交流沟通、学会撰写倡议书和宣传交通规则。

(2) 综合实践：能在项目化学习过程中，了解交通规则，知道城市道路与村路的执法区别，探究更合理的解决交通拥堵的方案，培养科学探究精神。

(3) 信息技术：能在项目化学习过程中，通过网络媒介查找资料，梳理资料信息，并能制作线上调查问卷及展示 PPT。

(4) 美术：学会设计手抄报。

(二) 学习素养目标

(1) 学习搜集、整合资料的方法，注意运用关键词法整合资料，进行信息的搜集与概括，具备初步搜集和整理信息的能力。

(2) 学习各类应用文的得体表达（说明文、采访稿、主持稿），能根据不同交际场合使用恰当的口语表达(采访、访谈、街头调查等)。

(3) 科学探究:应学会经过调查发现问题、用各种学习工具确定要解决的问题、提出解决假设和验证,最终给出各种解决方案。

(三) 核心价值目标

(1) 形成规范停车、有序出行的意识。

(2) 形成遵守交通规则、人人有责的价值观念。

三、挑战性问题

(一) 本质问题

如何通过开展“疏拥堵,保通畅——让校门口的交通有序”这个项目化学习,引导学生科学地解决校门口交通越来越拥堵的问题,同时又培养学生基于真实情境解决问题的能力,提高学生的社会责任感。

(二) 驱动性问题

上学、放学时,校门口的交通情况是怎样的?对于解决校门口的交通拥堵,学校已经采取了哪些措施?我们怎样做才能帮助学校缓解校门口的交通拥堵?怎样做才能让更多的同学合理、安全出行?

四、预期成果

(一) 产品形式

设计一份科学出行的规划方案,包括校门口的交通状况调查问卷、出行时间的规划、设计交通安全宣传标语、交通知识手抄报、文明出行倡议书等。

(二) 公开方式

12 月 2 日是“全国交通安全日”,在校内展示“疏拥堵,保通畅——让校门口的交通有序”科学出行规划方案。

五、项目评价

(一) 过程评价

(1) 在开展校门口的交通状况调查中,能够与同学合作,设计调查问卷并开展问卷调查。

(2) 能合理规划出行时间。

(3) 能运用艺术表现能力制作交通知识手抄报。

(4) 能运用文字表达文明出行倡议书。

(二) 结果评价

项目介绍、产品展示评价。

六、项目资源与工具

(一) 项目资源

计算机、平板电脑、网络与交通知识相关的资料信息、绘图工具、美术材料等。

(二) 制作工具

8K 纸。

(三) 计划时间表(见表 1-1)

表 1-1　计划时间表

时间	内　　容
第 1 课时	发布项目主题,调查数据分享,确定探究内容,开展入项活动
第 2～3 课时	明确活动任务,制订活动路径,设计标语标识,规划出行时间
第 4～6 课时	提供知识技能,掌握技术工具,设计手抄报,撰写倡议书
第 7～8 课时	提出修订建议,形成最终成果,演示文稿报告,公开成果展示

七、项目实施设计

(一) 入项活动

教师出示提前拍摄的校门口放学拥堵的照片,让学生初步感受校门口的拥堵,激发他们实地观察,通过采访调查,设计科学出行的规划方案来解决校门口交通拥堵的强烈愿望。

(1) 将全班学生分成若干组,以小组为单位,利用课间时间,随机对全校师生进行采访,了解学生和教师对放学时校门口的交通秩序的感受及学校已经采取的相关措施。

(2) 将全班学生分成若干组,以小组为单位,利用放学前 10 分钟,随机采访在校门口等待接孩子的家长,了解家长的愿景。

教师将学生提出的问题进行汇总并打印“调查校门口的交通状况”活动任务清单(见表 1-2)。

表 1-2 “调查校门口的交通状况”活动任务清单

________小组	姓名:	指导教师:
调查对象	调查问题	调查结果
学生	1. 你观察过放学时校门口的交通秩序吗?有什么发现?	
	2. 关于放学时校门口的交通秩序,你有什么感受?	
家长	1. 放学时的校门口,给您留下了什么印象?	
	2. 您对放学时校门口的交通秩序有什么建议?	
校警	1. 您对校门口的交通安全满意吗?	
	2. 您对改善校门口的交通有什么建议?	
教师	1. 学校针对放学后校门口的拥挤有没有采取什么措施?	
	2. “错峰放学”具体是怎么做的?	

(3) 公布调查活动组员互评表(见表 1-3),激发学生积极参与调查活动的热情,从而为学生制订科学出行的规划方案提供依据,让学生有序离校,解决校门口交通拥堵的问题。

表 1-3 调查活动组员互评表

评价内容	量分标准			
	组员 1 评价	组员 2 评价	组员 3 评价	平均值
调查时,积极参与				
调查时,认真倾听				
调查时,认真记录				
调查完后,与组员讨论,分析调查结果				

注 量化分析:“极好”为 4 分,“较好”为 3 分,“一般”为 2 分,“较差”为 1 分。

(二) 项目实施

1. 知识竞赛:交通知识知多少

开展交通知识竞赛,题型包括选择、判断、理解与情境分析,答题方式为抢答,通过活动让学生了解交通知识,知道遵守交通规则的重要性。

2. 寻求路径:探索疏通校门口拥堵的解决方案

(1) 初定解决路径。学生围绕问题进行讨论,对驱动性问题进行分解,形成思考路径和问题链,明确学习活动的进程和时间节点以及提交材料的要求。让学生分组按照以下路径开展项目化设计，最终形成一份科学出行的规划方案：活动一：设计宣传标语、路线标识；活动二：规划出行时间；活动三：绘制离校时各班排同路队的位置平面图；活动四：设计手抄报；活动五：撰写倡议书。

（2）学生分组探索解决疏通校门口拥堵问题的有效途径。

① 活动一：设计宣传标语、路线标识。设计符合学校需求的独特的宣传标语，让师生知道有序出行、遵守交通规则的重要性。学生需要思考：为什么要设计这条宣传标语，这条宣传标语有什么作用？

结合学校的实际情况，学生要在教师的指导下梳理离开学校的路线，并在美术教师的指导下设计出形象、美观的路线标识。学生需要实地观察、调查并解决以下问题：放学离开学校有几条路线？怎样设计出形象、美观的路线标识？

② 活动二：规划出行时间。目前在本校区就读的学生是三至六年级，一共29个班级，课后服务结束后的放学时间都是18:15。由于人数多，时间集中，这时候放学肯定拥堵不堪。引导学生根据采访调查的结果，做出“错峰放学”的决定，那么“错峰放学”的时间如何安排才合理呢？讨论好后制订出“错峰放学”时间安排表（见表1-4）。

表1-4　“错峰放学”时间安排表

年级	三年级	四年级	五年级	六年级
放学时间				

学生需要解决以下问题：调查每个年级的班数；计算每个班级到达指定地点排同路队所需要的时间。假如每个班到达指定地点排同路队所需要的时间为10分钟，同一年级同时进行，每个年级需要10分钟，如果观海楼前空地能够同时容纳两个年级排队，那两个年级同时进行也是需要10分钟。

③ 活动三：设计离校时各班排同路队的位置平面图。为了让各班同学更有序离校，教师要指导学生设计离校时各班排同路队位置平面图。学生需要解决以下问题：测量观海楼前空地的周长；计算每个班排同路队所需要的面积。根据以上结果设计离校时各班排同路队的位置平面图。

④ 活动四：设计手抄报。要求：手抄报的内容要呈现前三个活动的学习成果，设计版面要恰当、美观，让学校教师、学生知道有序出行、遵守交通规则的重要性。评价标准见表1-5。

表1-5　“疏拥堵，保通畅——让校门口的交通有序”手抄报评价标准

评价项目	评价内容	分值	得分
主题内容	准确性：内容要准确无误	20分	
	完整性：内容要全面，涵盖了所要表达的主题或信息	20分	
语言方式	语言表达：文字要准确、流畅，语法正确	15分	

续 表

评价项目	评价内容	分值	得分
	图片与图表：插图和图表要清晰、美观，与内容相符合，能够有效地传达信息	15分	
美观程度	版面设计：版面设计要合理，文字和图片的排版要整齐、美观	15分	
	色彩搭配：色彩搭配要协调，符合主题和内容，使用适当的色彩能够提升整体美观度	15分	

⑤ 活动五：撰写倡议书。为了帮助学生更好地掌握倡议书的书写技巧，语文教师要安排一节课时间组织学生进行学习。学生要在教师的指导下，学会写出规范、有力的倡议书。

(3) 教师提供项目活动的小组学习评价表及评价量规表（见表1-6、表1-7）。

表1-6 “疏拥堵，保通畅——让校门口的交通有序”项目学习评价表

评价内容	评价等级			评价形式		
	☆☆☆	☆☆	☆	自评	互评	师评
参与度	每一个组员都参与	大部分组员参与	小部分组员参与			
配合度	与组员合作有序，配合默契，帮扶有效	与组员配合一般	与组员无配合			
合理度	方案设计很合理	方案设计一般	方案设计不合理			

表1-7 “疏拥堵，保通畅——让校门口的交通有序”项目设计小组学习评价量规表

要点	A. 做得很好	B. 基本做到	C. 有待改进
内容	讨论有实质性的进展，或有价值的成果出现	讨论有一些进展，或有一点成果	讨论进展慢，讨论结果不明显
倾听	每个成员愿意听取别人的意见	成员只听取很少人的意见或愿意听取别人的意见	成员不太愿意听取别人的意见
互动	每个成员积极参与小组活动	少部分成员参加小组活动	每个成员较少参与小组活动
合作	小组关系融洽，任务总是按时完成	小组关系尚可，任务大部分时候能按时完成	小组关系冷淡，任务不能按时完成
总体评价：			

(三) 出项活动

开展“疏拥堵，保通畅——让校门口的交通有序”方案展示会，学生通过展示自己的方案，讲解自己解决校门口拥堵的想法与倡议。由实施项目化教师进行评价打分。

评价表见表1-8。

表1-8　“疏拥堵,保通畅——让校门口的交通有序”方案展示会评价表

组别	规划出行时间科学	排同路队平面设计合理	宣传标语观点明确	手抄报设计精美	倡议书合理	目标达成程度	专家提问	总分
	5分	20分	10分	20分	20分	20分	5分	100分
1								
2								
3								
4								
专家提问建议: 1. 在项目实施过程中遇到哪些问题(困难)? 2. 小组的分工合作是如何实现的?是否有不合作的现象,又是如何解决的? 3. 你们争论最多的是什么?你们是如何解决这些问题的? 4. 为了制订出科学出行的规划方案,你们需要掌握哪些学科的知识和技能? 5. 你在这个项目中收获了什么?								

八、反思与展望

(一) 基于真实环境开展学习

学生在项目探究中,体验了一次又一次的挑战,这个项目化学习是在校园真实环境里开展,在开展项目化学习的过程中,需要与同学、家长、教师、校警面对面,进行真实的采访,事前没有演练、没有模拟,因此,在采访前,需要学生进行完善的策划,制订采访提纲,比如要采访哪些人员,要采访哪些问题,怎样与同学、家长、教师、校警交流才能让他们乐意接受采访,遇到思想比较激进的家长该怎么化解矛盾,等等。一开始学生只想到要采访家长、教师、校警,而忽略了身边最重要的人员——同学;学生平时的人际交往关系比较简单,当他们面对家长时,特别是遇到一些思想比较激进的家长往往不知所措,这些都是学生在课堂学习中没有遇到过的,面对这样的困境,教师不断用问题去引导并提供学习支撑,帮助学生进一步分析问题、解决问题。不少学生在完成调查采访后也发出感叹,原来要完成一次采访需要做这么多的准备工作。学生在真实的环境中开展项目化学习,通过实践探究,表达能力和善于提问的素养在不断被培育,解决问题的能力不断得到提升,如学会根据不同交际场合使用恰当的口语表达,学会交流沟通。这样的能力迁移到学习上,能激发学生学习上的主动性,让学习变得更有意义,也更有质量。

(二) 基于评价量表开展活动

在开展项目化学习的过程中,每一个活动应该伴随相对应的评价量表,给每个学生在活动中的表现进行量化打分，这样才能激发人人参与的热情，促进积极思考，培养解决问题的能力。在活动前，先提前亮出评价量表，倒逼学生根据量表中的评价内容开展活动，让学生在项目学习中成长，不断培养他们的思考力、解决问题的能力。如刚开始入项学习进行采访时，由于没有设定好评价量表，有的学生表现不积极，采访的时候参与意愿不强，活跃度不高。为了改变这种状况，教师制订了“调查活动组员互评表”进行评价，有了评价量表，对学生的表现有了具体的量化，学生不敢再敷衍，都积极参与活动。

在项目化学习评价实施过程中，依据项目成果评价并不困难，困难的是在过程中如何展开评价，评价不仅要能促进学生行为的转变，通过评价让其知晓怎样的行为表现是对的、是有效的，怎样的行为表现是要关注和改正的。教师也可以通过评价，特别是过程评价，对学生的学习状态和过程进行观察，根据学生产生的问题进行学习调整，让真实学习伴随评价发生。在整个项目开展过程中，制订了“调查活动组员互评表”“手抄报评价标准”等评价量表。当然，评价量表也是随着学生的活动探究，根据需要不断地调整。如“‘疏拥堵，保通畅——让校门口的交通有序’方案展示会评价表”这个评价量表，刚开始是这样设计的(见表1-9)：

表1-9 “遵守交通规则，疏导校门口拥堵”方案展示会评价表

评价内容	☆☆☆	☆☆	☆	总评
参与态度	小组成员积极参与	小组成员参与热情一般	小组成员不积极参与	
小组合作	与小组同学合作有序，配合默契，帮扶有效	与小组同学配合一般	小组成员无合作、无配合	
方案展示	方案设计合理、结合实际、可行性高	方案设计效果一般	方案设计效果较差，执行较难	

由表1-9可以看出，这个展示会评价表的评价内容比较少，而且量分不具体，随着项目的实施，结合学生所开展的活动，制订了更具体详细的评价内容和评分标准(见表1-8)。

案例分享

我理想中的传统节日

项目类型	年级	课时数	学校	设计者	实施者
跨学科项目	二年级	8课时	海口市海燕小学	王怡	王怡

一、项目概述

本项目基于统编版语文教材二年级下册第三单元“传统节日”的内容，以传统节日为活动背景，用真实的驱动性问题激发学生的学习兴趣，并整合其他学科设计学习活动，帮助学生了解传统节日的由来，探索传统节日的其他习俗。中国传统节日，历史悠久，习俗丰富多彩。但基于学生年龄小，受传统节日文化熏陶比较有限，他们还不知道什么时间对应什么传统节日，对节日的意义也不太清楚。

本项目秉持“与学生亲历学习”的理念，整体设计项目化学习任务，并以此安排阶段性分层任务，共有 7 个主题活动，通过让学生访问调查了解，找到自己最喜欢的节日，尝试用自己喜欢的方式过节，加深学生对传统节日习俗的了解，提高文化传承与理解、审美鉴赏与创造等语文核心素养，激发学生对我国传统节日的兴趣，热爱并弘扬我国优秀传统文化。

二、项目目标

(一) 知识与能力目标

通过查阅资料，让学生对我国传统节日的民俗风情有一个初步的了解。通过交流让学生了解更多传统节日习俗。激发学生的民族自豪感和热爱中华民族的美好情感。

(二) 学习素养目标

学会收集、分析、补充传统节日的资料，并用自己喜欢的方式展示小组活动成果。

(三) 核心价值目标

了解传统节日以及有关的故事，完成《我眼中的传统节日之________》习作，展示成果。

三、挑战性问题

本质问题：如何进一步了解我国的传统节日？这个节日我们要怎么度过？

驱动性问题：过段时间将会有外国学生来我校访学，请你作为我国传统节日的代言人，你将会如何向外国学生介绍呢？

四、预期成果

(一) 产品形式

图文作品、短视频、多媒体影音作品、访谈记录、为节日制作的一些纪念小物件。

(二) 公开方式

学习结束后，举行“我眼中的____节日”作品展，选择学校主席台、多功能厅、班级展示角等公开展示，营造“____节”氛围，邀请本班任课教师、家长与其他年级感兴趣的同学、教师参加。每个学生还可以用文字记录、口头报告、视频记录的形式展示“××节”这一天的生活体验。

五、项目评价

(一) 过程评价

1. 文化传承与创新评价

在评价过程中，首先要关注学生是否有效地传承了传统节日的文化内涵，是否能够通过自己的方式去展示和解释这些文化内涵。同时，也要重视学生在项目中的创新表现，看他们是否能够在保持传统的基础上，进行有益的创新和尝试，使传统节日焕发新的活力。

2. 项目设计与实施评价

项目的设计和实施是评价的重要环节。评价时要考虑项目的完整性、合理性和可行性，看学生是否能够在规定的时间内，按照既定的目标和计划，有效地推进项目的进展。同时，也要关注学生在项目实施过程中的团队合作、沟通协调等能力，看他们是否能够充分发挥团队的力量，共同完成项目任务。

(二) 学习成果与反思评价

学习成果是评价的重要标准之一。评价时要关注学生提交的项目成果，看其是否能够充分展示他们在传统节日项目学习中的收获和进步。同时，也要重视学生的反思和总结，看他们是否能够对自己在项目中的表现进行深入的反思，找出自己的不足和需要改进的地方，并提出具体的改进措施。

六、项目资源与工具

(一) 项目资源

传统文化资料、节日物质资源、社区与家庭资源、技术与媒体资源、专家与教师资源。

(二) 项目工具

信息技术工具、多媒体制作工具、创意设计工具、互动教学平台、实地考察工具。

（三）计划时间表（见表 1－10）

表 1－10　计划时间表

时间	内　容
第 1 课时	1. 项目介绍与分组，明确项目目标和任务分配。 2. 资料收集与整理，初步了解传统节日的起源、历史和文化内涵。 3. 确定项目主题和具体实施方案，制订详细的项目计划。 4. 准备项目所需工具和资源，进行必要的技能培训。
第 2～3 课时	1. 进行实地考察和社区调研，了解传统节日的庆祝方式和习俗。 2. 根据项目主题，进行创意设计和手工制作，如制作节日特色食品、装饰物等。 3. 利用信息技术工具，进行多媒体作品制作，展示传统节日的文化魅力。
第 4～6 课时	1. 组内讨论与演练，完善项目成果。 2. 进行项目展示，包括作品展示、口头报告等形式。 3. 组织班级或校级的交流活动，分享项目学习经验和成果。
第 7～8 课时	1. 整理项目资料，撰写项目总结报告。 2. 进行项目反思，分析成功与不足之处，提出改进建议。 3. 进行项目评价，表彰优秀项目和个人，为下一次项目学习积累经验。

七、项目实施

（一）入项

1. 活动一：框架问题我来建

学习目标：通过查阅资料、搜集信息，初步了解传统节日。

引导问题：关于传统节日，你最喜欢哪个？你想了解节日的哪些方面？你理想中的传统节日是什么样的？

活动内容：学生交流自己最喜欢的传统节日，并分享对该节日的印象。根据学生的发言意向在线分组，小组分工合作，自主查阅资料、搜集信息再整合。

以访谈的形式调查大家是如何过节的；说说你对传统节日的评价；讨论确定研究的传统节日；讨论收集资料的方式，如通过书籍了解传统节日的由来，利用互联网查阅相关资料；讨论成为“传统节日小使者”应该具备哪些条件；讨论项目成果的呈现方式：手抄报绘画、传统节日写话、诗词朗诵会、以“传统节日小使者”的身份说故事等。（讨论记录的方式：照片、视频、美篇）

2. 活动二：节日要素我来说

学习目标：分享探究过程中印象最深刻的节日要素，感受传统节日背后蕴含的丰富文化。

引导问题：经过一段时间的探究，说说你对节日印象最深刻的一个方面。

活动内容：在线小组讨论，说说最深刻的传统节日。通过成员间的沟通交流，加深对节日的了解，有助于后续制作展示作业以及介绍任务。学生首先介绍节日的具体时间，一般是农历时间，也可以加上阴历时间，这样能表达得更清楚。其次介绍节日的起源，讲清楚这个节日是基于历史上某人而来或是基于某个特定时间点的节日。如果是因人而起，就先介绍人，再讲故事；如果是特定时间点，一般讲一讲在这个时间点因何事而庆祝。最后介绍延续至今的庆祝习俗，一般是在此节日，人们开展的活动以及制作的美食，可以讲一讲具体的活动过程和美食制作的过程，它们分别有着怎样的寓意。

(1) 收集资料。各小组根据确定好的传统节日进行研究，组员根据自己的兴趣、已有的知识储备、生活经验等填写项目化学习单。在此基础上，通过不同的方式搜集传统节日相关资料。

(2) 整理资料。组员将自己获取的资料进行分享，大家共同讨论，整理筛选，进一步修改学习单。

(3) 借助整理好的资料完成作品。组员们通过向身边人进行访谈，为自己说传统节日的故事打好基础，通过书籍和互联网获得的资料绘制传统节日手抄报，为写作文以及朗诵会的开展提供素材。

3. 活动三：节日报告我来制

学习目标：能从几个方面将节日报告以PPT或者手绘图展现出来。

引导问题：传统节日的介绍要素如何按顺序介绍？各个方面的资料是否已筛选？

活动内容：运用语文课上所学的“从几个方面把一个事物介绍清楚”的方法说说如何介绍，确定报告的大致框架，交流制作PPT或者手绘报告的诀窍和方法，小组合作完成节日报告的制作。

(二) 项目实施

1. 争当“传统节日小使者”

各小组选择自己喜欢的传统节日进行学习，将习得的资料进行归纳整理，完成学习单后，向身边的人讲传统节日故事。

2. 传统节日诗歌朗诵会(宣讲会)

各组成员将收集到的有关传统节日的诗词进行筛选，利用传统节日相关诗词编排成一场完整的线上诗歌朗诵会。

3. 手抄报与作文展出

记录节日中自己最喜欢的一个部分，可以是节日的起源、习俗、传说等，并以手抄报和作文的形式进行展示。

4. 节日纪念物展出

组员个人或组内成员共同制作与传统节日相关的纪念品，并附上文字讲解，制作过程可以用照片或是视频的方式进行记录。

5. 实践活动以“我眼中的传统节日之端午节”为例

(1) 活动一:学习端午节习俗。①初步了解端午节吃粽子的习俗及来历。②能用思维导图的形式介绍粽子的材料、种类、味道,激发学生对端午节的兴趣。③教师讲解端午节习俗的来历,学生自己用思维导图进行粽子介绍,同时教师还会准备一些粽子给学生品尝,一边品尝一边创作。

(2) 活动二:讲述端午故事、感受端午文化。①搜集有关端午节来历的故事,试着讲一讲,并了解端午节的文化。②学生把搜集来的资料试着在班里讲一讲。

(3) 活动三:走进古人的端午。①朗读古代描写端午节的诗歌,从诗歌中搜集端午节的习俗,了解端午节的习俗。②学生搜集端午诗歌,教师组织学生在班级里分享。

(4) 活动四:“我是小记者之端午习俗”的调查。①小组合作制订调查计划。②通过街头采访、电话采访、家庭采访等方式搜集端午节的习俗,让端午节走进生活,进一步感受端午节习俗的丰富。学生分享一些调查访谈所得。

(5) 活动五:五月五佩香囊、体验端午习俗。了解香囊的用处并试着制作香囊,提高审美能力,进一步感受端午文化。

(6) 活动六:五月五品粽味。①学习粽子制作所需材料及制作方法。②和同学们一起动手制作粽子并品尝粽子,感受端午节日氛围。

(7) 活动七:我的“端午节日记”、展现端午生活。本阶段进行个人和团队成果展示,引导学生尝试用多种形式展现多姿多彩的端午生活。

(三) 出项

1. 个人成果

个人成果主要以“端午节日记”的形式呈现,具体可以通过文字记录、口头报告、视频记录的形式展示端午节这一天的生活体验。还可以结合自己的学习收获,制作“我眼中的端午节”绘画并进行展示,促进学生互动、反思,让知识更加可视化。

2. 团队成果

团队成果主要以“香囊走廊作品展”的形式呈现,将同学制作的香囊悬挂在学校的醒目位置。这样的环境布置能够让学生沉浸于节日的氛围感,增加学生节日的参与感与自豪感,感受过节的愉快心情。活动结束后,学生可将自己的作品进行互赠,增添仪式感,让传统文化习俗在生活中生根发芽。

3. 成果的呈现方式

图文作品、短视频、多媒体影音作品、访谈记录等。

4. 成果的公开方式

本课学习结束后,举行“我眼中的端午节”作品展,选择学校主席台、多功能厅、班级展示角等公开展示,营造端午节的节日氛围,邀请本班任课教师、家长与其他年级感兴趣的同学、教师参加。每个学生还可以用文字记录、口头报告、视频记录的形式展示端午节这一天的生活体验。

5. 实践活动方式

(1) 学习实践活动:能用自己的话说一说粽子的样子、味道等,初步了解端午节包粽子、吃粽子的习俗和来历。

(2) 社会性实践活动:通过社会实践调查的方式来搜集资料。学生可以街头采访、电话采访、家庭采访等方式搜集端午节的习俗。

(3) 探究性实践活动:在驱动性问题的引导下解决问题。

(4) 合作性实践活动:形成合作小组,明确分工和职责,制订小组合作方案。

(5) 调控性实践活动:依据方案有序推进项目化学习过程,通过评价细则考查学生在学习过程中体现的学习品质,基于理据评价学习成果。

6. 实践活动过程

提出问题:端午节,我们要怎么度过呢?

教师提出的驱动性问题会激发学生的学习兴趣,学生从"对端午节你已经知道了什么"转向"关于端午节你还想知道什么",比如说端午节的来历,端午节还有什么习俗等,引发进一步的思考——我们如何查找端午节的习俗?找到了端午节的习俗,我们又该如何度过这个传统佳节?在这些操作要点下,学生在学习的过程中能够持续探索驱动性问题。

(1) 能力建构:基于"传统节日"一课,教师拓展了端午节的故事及与端午节有关的诗歌,通过学科学习,以讲故事、诗歌鉴赏等形式,培养阅读能力、表达能力和提取信息、解读信息的能力。另外,通过朗读古诗词,学生也能在头脑中建立画面,获得审美体验,从而唤醒学生的审美意识。通过探究性活动,扩展学习空间,调查端午节的习俗,并制作调查计划,确定采访的对象、时间、问题、地点、如何记录等,有利于培养学生决策能力、调研能力、人际交往能力、整理资料的能力、解决问题的能力、团结合作的能力,提升学生探究与发现的核心素养,通过制作香囊及粽子等实践性活动,还可以培养学生审美能力、创新能力及动手能力。

(2) 实践探索:项目共设计了四个大环节、七个活动,活动内容丰富,学习空间从学校扩展到家庭和社会,学习形式多样。个人完成或与学习伙伴共同完成访问调查(见表1-11),完成访谈记录,汇总相关素材(文字、图片、影像等)。最后完成自评表(见表1-12)。

表1-11 调查访问学习实践评价表

评价项目	评价指标	评价等级			评价者		
		☆	☆☆	☆☆☆	自己评	家长评	老师评
社会性实践	在与别人交流时"我"的用语文明礼貌						
	"我"能在别人发表意见的时候表现出积极倾听的态度						

续　表

评价项目	评价指标	评价等级			评价者		
		☆	☆☆	☆☆☆	自己评	家长评	老师评
	“我”在表达时能做到声音响亮、组织流畅						
调控性实践	完成任务的过程中，“我”能保持专注，基本不受外部干扰影响						
	遇到困难或者不会做的内容“我”能坚决尝试解决，克服困难						
	“我”能热情投入并完成全部任务						

表1-12　项目化学习自评表

学习主题		组别		姓名	
评价指标	评价内容	评价要点	自评		
实践探究	查找资料	能围绕小组商定的传统节日查找相关资料	☆☆☆☆☆		
		能通过上网、查课外书、询问家长等各种途径来查找需要的资料	☆☆☆☆☆		
	整理资料	能用自己喜欢的记录方式记录找到的相关资料	☆☆☆☆☆		
		能根据记录的要点联系介绍查找的内容	☆☆☆☆☆		
	小组合作	成员分工合理，人人都能发挥特长	☆☆☆☆☆		
	口语表达	展示过程中声音响亮、条理清楚、仪态大方	☆☆☆☆☆		
	展示形式	自选：形式多样，有创意 必选：手抄报版面美观、布局合理、主题突出			

八、反思与展望

通过一系列活动的开展，学生渐渐地对端午节产生了浓厚的兴趣，对端午节的民俗文化有了更深入的了解，充分感受到端午节这一传统节日的文化魅力。通过绘制思维导图的方式，从味道、材料、种类等方面提取出端午粽子的相关知识信息。

了解吃粽子是端午节的传统习俗，初步了解吃粽子是为了纪念爱国诗人屈原，激发了学生对端午节的喜爱，引发对端午节故事的兴趣，进而唤起学生对传统节日——端午节的向往。

要想过有意义的端午节，还可以看一看古人的端午节是怎么过的。朗诵老师搜集好的有关端午节的诗词，学生在体味古典诗词之美的过程中，对端午节文化有了更深的体悟。

联系日常生活,搜集端午资料。端午节期间的习俗丰富多彩,除了从古诗中寻找证据,还可以通过社会实践调查的方式来搜集资料。学生通过家庭采访、街头调查、电话采访等方式完成端午节习俗调查,向身边人了解端午节的习俗和文化。在此过程中,拉近了学生与端午节的距离,并锻炼了学生的表达与倾听的能力。

制作佩戴香囊,表达节日祝福佩香囊,是端午节传统习俗之一。香囊不仅能够驱邪避害,还是一种漂亮的装饰品。在美术课上,学生可以利用彩纸、彩线、水彩笔、固体胶等材料制作香囊,对香囊进行有创意的装饰。香囊还代表着平安吉祥,学生可以将香囊赠送给家人或同学,表达美好的祝愿。由此,学生能从中感受到端午浓浓的节日氛围。

学习制作粽子,感受节日氛围。学生绘制了端午节日的思维导图。粽子怎么制作,劳动课上教师详细讲解制作端午粽所需的材料、制作的过程及方法。学生们尝试动手制作粽子、品尝自己亲手做的粽子,感受劳动的快乐及端午节的快乐气氛。在整个过程中,学生沉浸在幸福的氛围之中,在锻炼动手实践能力的同时,体会到了传统节日背后深层的文化内涵。

创作"端午日记",领略节日魅力。在成果展示阶段,是以"我的端午节日记"的形式呈现,可以通过文字记录、口头报告、视频记录等形式展示,或结合自己的学习收获,制作"我眼中的端午节"绘画并展示,形式多样。学生在一项项充实的活动中,深入感受到了端午节独特的习俗及文化,并形成属于自己的独特成果。

本次学习活动整合了语文课、综合实践课、美术课及劳动与技术课的课程内容,联结课堂内外、学校内外,拓宽语文学习和运用领域。围绕传统节日"端午节",开展阅读、梳理、探究、交流等活动,在综合运用多学科知识发现问题、分析问题、解决问题的过程中,实现跨学科学习,为后续的"我理想中的传统节日"整个项目的学习打下基础。

案例分享

制作创意小乐器

项目类型	年级	课时数	学校	设计者	实施者
跨学科项目	1～5年级	8课时	海口市海燕小学	胡丽冰	胡丽冰

一、项目概述

创意小乐器是面向1～5年级的跨学科项目化学习,以音乐学科为主,融合美术、科学、劳动等学科素养,为学生在创作过程中提供知识与技能的支持。本项目鼓励学生以小小音乐家的方式与角度去思考、去整合、去实践、去创作。在生活中更好地发现音乐、感受音乐、理解音乐、创造音乐。培养学生的科学探究能力，提高学生的审美力、专注力、思考力和实践能力。

二、项目目标

（一）核心知识与能力目标

（1）音乐：通过制作创意小乐器，参与音乐课堂和音乐表演；在制作创意乐器参与音乐过程中提高学生的音高、音准、节奏以及音乐创作能力。

（2）美术：从乐器设计、乐器制作、乐器编程到演奏，培养学生的设计能力；以学生为主体原则，培养学生的自主性，体现学生个性化发展；在制作过程中培养学生善于观察、善于发现、善于动脑和动手的能力。

（3）科学：发现材料的音色，了解乐器材料的特性，收集制作的材料；思考材料搭配的合理性、可行性。

（二）学习素养目标

（1）在如何收集资料、设计、发现中培养学生的科学探究能力，提高学生的专注力、思考力和实践能力。

（2）增强学生的创新力、创造力、自信力，释放了学生的想象力，让学生有机会创造、乐于创造、有所创造。

（3）在音乐制造过程中，音乐、美术、科学等多学科得到有机的融合，更好地培养了学生解决问题的能力与创新精神。

（4）探索更多的可能性，开拓学生的创新思维。

（三）价值观念目标

（1）提升学生的思维审美、音乐审美、文化审美。

（2）培养学生能感受美、享受美、思考美、创造美的生活态度。

（3）培养学生节约的行为习惯和环保理念及精神。

（4）培养学生乐于科学探索，勤于科学探究的精神。

（5）培养学生养成乐于动脑、动手的好习惯。

三、挑战性问题

（一）本质问题

如何将生活中的材料变成可用乐器材料，进行制作并演奏？

（二）驱动性问题

如何利用不同材质的环保物品，合理改造成发声音色不同的乐器并表现得精彩绝伦呢？

四、预期成果

（一）产品形式

（1）自制创意乐器。

（2）乐器制作微视频。

（3）撰写乐器制作的心得体会。

（二）公开方式

音乐活动表演会。

五、项目评价

（一）过程评价

从材料搭配的合理性、所需工具繁简程度、制作时间长短、制作难度、合作学习情况进行评价。

（二）结果评价

从作品的可操作性、乐器展示效果、演奏乐曲流畅及完整程度、制作小乐器的设计方案、使用的材料的环保指数、乐器风格的创新设计、艺术外观的合理搭配等以上评价指标作为最终的评价手段。

六、项目资源及工具

（一）项目资源

一切可再次利用并能转化为小乐器的生活中的材料。

（二）制作工具

纸、笔、电脑等绘图工具及美术材料。

（三）计划时间表（见表1－13）

表1－13　计划时间表

时间	内　　容
第1课时	发挥想象、设计乐器图
第2～3课时	挑选材料、设计方案
第4～6课时	调整音色、音高、音准，物化制作成果

续 表

时间	内 容
第 7 课时	展示交流,优化设计
第 8 课时	音乐活动展演会

七、项目实施设计

(一) 入项活动

播放创意乐器制作和学生用乐器参与演奏的视频,引起学生的好奇心理,通过畅想自己自制乐器的品类、外观和音色来提升孩子对创意乐器制作的兴趣。

(二) 项目实施

1. 任务一:发挥想象、设计乐器图

(1) 提前让学生准备好绘画的工具。

(2) 在学生动手设计之前,播放一些创意小乐器制作并演奏的视频,进行欣赏学习,让学生明确自己的设计任务和目标。

(3) 跟学生强调设计图可以是各式各样的形状和颜色搭配,但是一定要构思好操作的可行性,能真正制作出实物,而不是只能纸上谈兵。

(4) 发挥想象设计小乐器设计图并进行展示。

(5) 根据学生们的组别,以分组展示的形式,让每个学生都上台展示他们自己的设计图。

(6) 让学生进行设计图的设计灵感分享,并对制作出来的乐器音色做一个想象发言。

(7) 拍照记录学生们的准备过程和分享过程并进行整理存档。

2. 任务二:挑选材料、设计方案

(1) 选择合适的材料并找到让其发出高低不同声音或鼓点的方法。

(2) 给学生展示常见的乐器种类,如打击乐器、弦乐器和管乐器等。了解不同乐器的发声原理,让学生初步确定自己的选材。

(3) 根据选材设计相应的乐器制作方案。

(4) 在课堂上分享自己的乐器制作方案。

(5) 让学生仔细观察并聆听生活中能发出美妙声音或者独特音色的材料,进行收集,对比、组合。

(6) 收集好材料之后,根据材料的特性和音色,设计方案。

(7) 学生在设计方案过程中要将课堂上所学的音乐知识与实际的乐器材料相结合,了解不同乐器的发声原理。我们知道有的材料是通过改变物体长短来改变音高,有的材料是通过改变物体粗细来改变音高,有的材料是通过改变空间大小来改变音高。要在这个环节做好对比和考量,最后再确定方案。

(8) 把每个操作步骤标注清楚,为接下来的制作做好铺垫,制作时让制作条理更清晰、更高效、更便捷。

(9) 教师对学生合理的选材及使用方式予以肯定以及给予建设性的意见,并及时进行概括总结,方便下一步的方案设计。

3. 任务三:调整音色、音高、音准,优化制作成果

(1) 让材料发出高低不同的音阶或鼓点节奏。

(2) 展示所选材料,并使其发出声音,通过改变物体发出不同的声音,利用调音器调节音高,最终能够发出较准确的音阶。

(3) 应用测量、绘画、模型制作等多种方式,设计制作出小乐器。

(4) 组装乐器,美化外观。

(5) 解决核心问题:如何调整所选材料的音高或鼓点。物体发出声音是一个简单的任务,但是要让物体发出高低不同的声音,并产生相应的音阶,对学生来说有较大的困难。在这个环节,建议学生可以采用电子设备上的调音软件,让调节音高的过程可视化,降低了难度,也增加了趣味性,提高了物体发声的音高准确性。在打击乐器方面,如何让材料发出自己想要的声音,可以通过增加或者删减乐器材料的方式去实现。乐器外观的设计不仅要考虑美观,还要结合不同乐器种类的演奏特点,创新设计不能妨碍到演奏的可操作性。这个环节我让学生们进行一个小组合作模式,互相学习、互相提出建议,展示自己的小乐器的外观图和选择的材料,讨论不同乐器特有的结构,集思广益让作品更加完整,并进行最后的制作环节。

(6) 对项目实施过程进行过程性评价,用以下评价表(见表1-14)的方式进行操作过程相关内容的评价指数。

表1-14 评价表

项目名称	星级评分
材料搭配合理性	☆☆☆☆☆
所需工具繁简度	☆☆☆☆☆
制作时间长短	☆☆☆☆☆
制作难度	☆☆☆☆☆
合作学习情况	☆☆☆☆☆

4. 任务四:展示交流,优化设计

(1) 利用自制小乐器独奏、合奏或伴奏出简单的乐曲。

(2) 展示自己小组的乐器成品,做一个简单的产品介绍。

(3) 乐器演奏展示,每个小组派代表独奏、合奏或伴奏一首简单的乐曲,并进行评比。以下列评分表(见表1-15)进行评分。

表1-15　评分表

评价指标	一般	良好	优秀	自评	互评	师评	合计
可操作性（20分）	不易演奏	练习后能够演奏	容易演奏				
展示效果（20分）	音响效果单薄	音响效果一般	音响效果清晰丰满				
演奏乐曲（20分）	不能演奏完整的乐曲	能够演奏一首完整的乐曲，但不够流利	能够演奏一首完整的乐曲，发音准确，节奏流畅				
设计方案（10分）	设计图元素缺失严重	有基本的乐器结构设计	方案完整有材料尺寸等标注				
环保材料（10分）	花费高，几乎没有利用废旧物品	花费中等，利用少量的废旧物品	花费少，充分利用了废旧物品				
创新设计（10分）	没有创新	有改进，但是没有特色	有特别的设计和制作				
艺术外观（10分）	成品外观没有设计感，制作粗糙	结构合理，略有设计感	有设计感，外形精美				

（4）发现问题，设计改造，对自制小乐器进行优化设计。

（5）善于学习他人长处，通过相互交流改进作品。

（6）解决核心问题：如何演奏好一首乐曲。通过音乐课的学习，我们知道，想要演奏一首简单的乐曲，需要熟悉了解乐曲节拍、节奏、音高、速度、情绪。

（7）掌握自制乐器的演奏方法并不断地练习，流畅演奏。

（三）出项活动

（1）进行音乐会展演活动，评奖并颁发奖品礼物。

（2）学生代表上台分享整个制作和演奏过程的感想。

（3）教师进行整个项目化学习的总结。

八、反思与展望

（一）项目教学反思

在项目实施的过程中，我积极鼓励学生通过动手制作简易乐器，体验音乐、美术和科学的融合。这次活动让学生充分展露出他们的创新思维和实践能力，学生们参与度极高，他们利用日常物品创造出五花八门的乐器，让我深感欣慰。

有部分学生对音阶、音高原理理解不足，导致制作的乐器音质不稳定。部分学生过于关注乐器外观，而忽视了其音质和演奏功能，不过相信他们多学习、多接触、多思考，日后定会慢慢完善乐理体系。在未来教学中，我将会加强学生们的乐理知识学习，细化评价指标，既关注乐器的创新设计，也重视其实用性和音效表现，并引导学生深入了解乐器的工作原理。

在今后的教学中，我会更注重理论知识与实际操作相结合，增加一些生动直观的教学手段，如实验演示等，帮助学生准确理解和运用相关音乐原理。学生们的团队协作能力和解决问题的能力，在自制乐器活动中得到了很好的锻炼。

（二）对未来的展望

通过小乐器的制作，学生在简单的动手实践中可以学习、感悟出新的知识技能，提高手脑的协作能力，并不断生成新的目标，促进学生身心健康发展，让学生在动手的过程中体验音乐带给我们的愉悦心情。

在日常的音乐课堂中，通过项目化学习帮助学生在音乐学习的过程中实现音乐素养的发展，提升学生对音乐的兴趣。

在不同项目活动中，获得多角度、多维度的思考，活动过程有助于学生端正学习态度，明确学习目的和增强学习动力，改善学习方式，由被动学习转变为主动学习，帮助学生得到能力的发展，获得音乐审美的体验。

案例分享

种子到芽的成长记

项目类型	年级	课时数	学校	设计者	实施者
跨学科项目	四年级	8 课时	海口市高坡小学	陈朝红	陈朝红

一、项目概述

四年级语文有写观察日记的教学要求，而四年级的学生对于观察日记的写作目的和方法还不够明确。他们不清楚为什么要写观察日记，也不知道如何选择合适的观察对象、如何记录观察过程、如何总结观察结果等。观察日记需要学生对事物进行连续、细致、全面地观察，并记录下自己的发现和感受。一篇习作最能打动读者的是作者用自己的语言描绘自己的经历、感受和思考，文字充满生命力和感染力，触动读者的心灵。

如果能结合学生的年龄特点和认知水平，设计简单、有趣、人人能做且用时短、富有启发性的实验，去指导学生实验与观察，精准翔实地记录实验步骤，鼓励学生用生动的语言描述观察到的实验现象，在观察日记中记录自己的思考和感受，并组织学生分享与交流，学生不但可以逐渐掌握通过实验写观察日记的方法，还会培养其观察能力、记录能力和分析能力,也有助于激发学生对科学探究的兴趣和热情。

基于以上思考,我尝试用项目化学习的方式探究观察日记的写作,于是就有了水培种子发芽的实验。

二、项目目标

(一) 核心知识与能力

(1) 语文:通过项目研究,学会表达自己的思维和行为、学会言语交流沟通、学会写观察日记。

(2) 科学:培养学生观察、实验、记录和分析数据的能力,提高科学研究的素养。

(3) 信息技术:能在项目过程中,通过网络媒介查找资料,梳理资料信息。

(4) 美术:审美感和艺术表现。如用画画来记录种子的成长、用摄影来留下美的瞬间。

(5) 劳动:培养学生的实践能力和探究精神,通过实践操作、观察记录等活动亲身体验种子发芽的过程。

(二) 学习素养

(1) 学习搜集、整合资料的方法,进行信息的搜集与概括,让学生具备初步搜集和整理信息的能力。

(2) 让学生了解种子发芽的过程和所需条件,学习相关的科学知识和实验方法。学会观察、记录,学写观察日记。

(3) 培养学生的实践能力和探索精神,通过实验操作、观察记录等活动,亲身体验种子发芽的过程。

(4) 引导学生运用科学思维方法,分析和解决问题,例如观察、比较、归纳等。

(三) 价值观念

(1) 见证种子从发芽到成长的过程,使学生联想到自身的成长,从而引导他们树立积极的人生态度和价值观,珍爱生命、健康成长。

(2) 让学生在照顾种子发芽的过程中,培养其责任心和耐心。

(3) 强调种子成长与环境的关系,培养学生的环保意识和对自然的敬畏之心。

(4) 培养参与者的团队协作精神和创新能力,让他们在完成任务的过程中学会沟通、协作和解决问题。

三、挑战性问题

(一) 本质问题

通过水培各种种子,学会观察、记录、查找资料、比较、分析(高阶)的科学研究方法及清晰的语言表达。

(二) 驱动性问题

(1) 激发学生的好奇冲动,进行种子栽培,通过观察、思考、分析,在实验的过程中思考如何观察才能做到细致。

(2) 如何运用准确、恰当、生动的表达,将自己连续的观察记录下来?

四、预期成果

(一) 产品形式

(1) 种子萌发实验计划方案、表格。

(2) 种子萌发的观察日记展、图片展。

(二) 公开方式

图文作品展、短视频。

五、项目评价

(一) 过程评价

(1) 能知道种子的结构。

(2) 能通过实验探究种子发芽的外部条件。

(3) 能懂得种子发芽除了外部条件还和自身条件有关。

(4) 能用图片、文字描述种子发芽的过程。

(二) 结果评价

(1) 教师、家长评价表。

(2) 图文作品展。

六、项目资源及工具

(一) 项目资源

计算机、平板电脑、网络、与种子萌发相关的书籍或其他形式的资料信息、绘图工具、美术材料等。

(二) 项目工具

种子、透明玻璃杯、勺子、餐巾纸、冰箱等。

(三) 计划时间表(见表1-16)

表1-16 计划时间表

时间	内 容
第1课时	发布项目主题,激发兴趣,确定探究内容,开展入项活动
第2～3课时	观察种子的特征,了解种子的结构,分工合作,确定职责,制订实验方案
第4～6课时	提供知识技能,掌握技术工具,设计实验方案,开始进行实验
第7～8课时	提出修订建议,形成最终成果,演示文稿报告,公开成果展示

七、项目实施设计

(一) 入项活动

我们要向大家介绍一个非常有趣的项目——水培种子发芽！在这个项目中,我们将一起探索植物世界的奥秘,见证种子在水中发芽的神奇过程。

首先,我们将选择适合水培的种子,如豆类、蔬菜或花卉种子。然后,将种子放入特制的水培容器中,加入适量的清水,让种子在水中浸泡。接下来,我们要做的就是耐心等待,观察种子的变化。

在等待的过程中,我们将学习到种子发芽所需要的条件,如适宜的温度、光照和水分。同时,我们还将了解到不同种子的发芽时间和生长速度。

为了更好地记录种子的成长过程,我们会要求大家小组合作,通过实验去观察并记录下种子每天的生长变化。大家可以用绘画、拍照或文字的方式来记录,还可以分享自己的观察结果和感受。

通过参与这个项目,大家不仅可以学到植物生长的知识,还能培养自己的观察能力和耐心。同时,也能让大家更加了解自然、尊重生命。

让我们一起动手,加入水培种子变芽的项目吧！在这个过程中,大家将不仅仅是观察者,更是创造者。用你们的双手和爱心,见证生命的奇迹。

(二) 项目实施

1. 认识种子

(1) 植物的新生命是从哪里开始的?(种子)

(2) 出示图片认识各种种子,介绍种子的构造。

(3) 观看各种水培种子发芽的视频。

2. 运用问题链,聚焦实验

(1) 许多植物的新生命都是从种子开始的,水培种子的发芽需要条件吗?

(2) 需要哪些条件呢?

（3）如何用实验来验证自己的想法？

3. 组建小组，初探种子发芽实验方案

（1）学生组建项目合作小组（见表1－17），4人为一组，成立6个小组。

表1－17 项目合作小组人员分配表

组长	组织成员按操作步骤进行操作
讨论内容记录员	记录小组成员讨论时遇到的问题与得出的结论
实验主操作人	按照讨论好的操作步骤进行操作并及时反馈实验现象
观察记录员	记录实验现象

（2）结合生活经验，提出假设。种子发芽需要阳光、空气、水分、温度……

（3）用问题链，引出对比试验。①计划怎样开展实验研究？②预测结果会是怎样的？③怎样让实验更公平？（对比实验：只能改变选择研究的条件，其他条件不变）④实验所使用的种子的数量是多少？⑤选择一个条件设计实验。

怎样通过实验来验证上述假设呢？在教师的指导下，小组成员一起研讨，设计实验的表格。

（4）教师通过两组实验进行对比，确定以下实验表格（见表1－18、表1－19）。

表1－18 设计"光照影响种子发芽实验"

研究的问题	种子必须有光照才能发芽吗
预测	种子必须有光照才能发芽
相同的条件	水、温度、大小相同的种子各6粒
不同的条件	提供光照和不提供光照
实验方法	1号组种子用透明杯罩住；2号组种子用黑色袋子罩住杯子。这个实验至少要有两个小组同时进行

表1－19 种子发芽和______的关系实验记录表

日期	种子的变化			
	图片或照片	1组（有____）	图片或照片	2组（无____）
____月____日				
____月____日				
____月____日				
____月____日				

实验组：水培黄豆发芽有光照。

对照组：水培黄豆发芽没有光照。

4. 用对比实验来探究种子发芽的外部条件

以两个小组为一个对比实验组，选择一个假设的问题，小组合作实验，定时观察，认真记录种子发芽实验的现象和结果。提出假设问题①：种子发芽和温度有关？提出假设问题②：种子发芽和空气有关？提出假设问题③：种子发芽和水分有关？

……

5. 对比实验后，提出各组发现的问题

对比实验后，小组之间进行再交流，提出各组发现的问题，推测实验结果。

(1) 预测实验结果：种子萌发的环境(外界)条件为：适宜的温度、一定的水分、充足的空气。总结：种子萌发所需要的环境条件是适宜的温度、一定的水分、充足的空气。

(2) 小组交流研讨实验结果，提出发现的问题。预测：各小组成员已经探寻出种子萌发的环境条件了，然而，环境条件只是种子萌发的必要条件，生活中的糖炒栗子、五香瓜子无论在怎样的环境下都不会萌发。

提出问题：种子在适宜的环境条件下一定会发芽吗？

大家都有这样的生活经验，一批种子种在同样的环境中，但总是有没有发芽的种子。这说明即使在条件适宜的环境中，种子也不一定都能萌发。因为这与种子自身的条件也有关系。思考：种子萌发需要的生活条件都有哪些，与种子自身条件有什么关系？

预测：小组合作查找资料从中得出结论，种子萌发需要的自身条件如下：种子是活的，而且是完整的；种子没有处于休眠期。

结合前面实验得出的结论，学生就可以总结出：种子发芽的条件除了与环境条件有关，也和自身条件有关。

6. 展示汇报，解密种子发芽过程

(1) 个人和小组展示观察记录结果及图片分析总结。

(2) 陈述水培种子发芽的过程。

预测：①种子吸水膨胀；②长出根；③发育成茎和叶；④发育成新植物体。

通过观察与实践，总结种子的发芽过程：先长根，接着发芽，然后芽进一步发育成茎和叶。

7. 指导学生梳理各种实验表格、图片、观察日记等

(三) 出项活动

展示种子发芽的实验设计表格，优秀观察日记、种子发芽过程的绘画作品及摄影图片展，以及小组活动评价表，均由实施项目化的老师打分(见表 1-20、表 1-21、表 1-22)。

表1-20 “种子成长记”小组活动评价表

评价内容	评价等级			评价形式		
	☆☆☆	☆☆	☆	自评	互评	师评
参与度	每一个组员都参与	大部分组员参与	小部分组员参与			
配合度	与组员合作有序，配合默契，帮扶有效	与组员配合一般	与组员无合作、无配合			
合理度	表格设计很合理	表格设计一般	表格设计不合理			

表1-21 观察日记评价表

等级	得星数量	评价标准
金牌小作家	10颗	字迹工整得一颗星 语句通顺得一颗星 按时间的顺利写出种子的发芽过程的得一颗星 写出种子发芽每一个阶段的样子的每处得一颗星 写出每一个阶段心里想法的每处得一颗星 用上修辞方法每处得一颗星
银牌小作家	8颗	
铜牌小作家	6颗	

表1-22 绘画(摄影)评价表

评价内容	评价等级			评价形式
	☆☆☆	☆☆	☆	师评
绘画（摄影）的内容	准确传达了种子到芽的生长过程和特点	基本上传达了种子到芽的过程和特点	种子到芽的发展过程不合理	
情感表达	能让人感受到生命的力量	基本上感受到生命的力量	几乎没有体现出生命的力量	
整体感受	给人一种积极向上的感觉	基本给人一种积极向上的感觉	没有积极向上的表现	

八、反思与展望

在这次项目化学习中，我以指导学生写观察日记为目标，让学生亲身经历了种子到芽的成长过程。通过实践，学生们不仅对植物的生长有了更直观的认识，还提高了他们的观察能力和写作能力。

然而，在项目的实施过程中也存在一些问题。首先，部分学生在观察时不够细致，导致日记内容不够丰富；有些学生的写作表达不够准确，需要进一步提高语文素养。其次，在实践过程中，部分学生可能由于各种原因未能充分参与，需要进一步优化活动设计及评价表格来提高学生的参与度。还有就是只是进行了相同种类的种子对比实验，没有拓宽不同种类的对比实验。

展望未来的教学，我们可以拓展项目内容，涉及更多种类的植物生长过程，让学生了解不同植物的特点和生长环境。同时，引入现代科技手段，如在线监测和数据分析，使学生能够更准确地记录和分析植物生长数据。此外，继续加强与其他学科的融合，如语文写作、美术绘画等，让学生通过多种方式展现对植物生长的理解。鼓励学生将观察日记制作成图文并茂的作品，提升他们的创意和表达能力。

真正的学习是让学生体会到学习自身的意义和价值，通过小组探究、个人挑战、自我驱动，希望此次项目化学习不仅激发了学生对事物进行连续观察的兴趣，帮助学生打开思路，为他们的习作打下坚实的基础，同时也让学生对生命、对成长有了新的认知和感悟。学习养护一粒种子，见证种子的变化，既是劳动也是生命对话。记录下种植的过程并体会成长，最后一起分享，难道这不是学习最可爱的模样吗？

案例分享

临“震”不慌，科学减灾

项目类型	年级	课时数	学校	设计者	实施者
跨学科项目	五、六年级	15课时	海口市苍西小学	周仁兴、韦长日、李佳欣、黄慧	周仁兴、韦长日、李佳欣、黄慧

一、项目概述

我国是世界上自然灾害最为严重的国家之一，自然灾害种类繁多，分布地域广，发生频率高，造成损失重。在全球气候变化和我国经济社会快速发展的背景下，近年来我国自然灾害损失不断增加，重大自然灾害时有发生，特别是在海南，由于地处热带、亚热带、南海地震带之间，导致台风、洪水、地震、火灾等频繁发生，给海南带来了巨大的人力、物力、财力的损失和人员的伤亡。在这种背景下，为了进一步增强学生防震减灾的安全意识，提高学生在地震或灾害中逃生自救、互救能力和抵御、应对紧急突发事件的能力，保障学生的生命安全，以实现教育一个学生、影响一个家庭、带动一个社会为目标，确保灾难来临时把损失降到最低限度。

二、项目目标

（一）知识与能力目标

（1）通过“临‘震’不慌，科学减灾”的探究活动，巩固数据统计知识，提取有效信息，提高解决实际问题的能力。

(2) 在探索“临‘震’不慌,科学减灾”宣教的过程中,了解防震减灾意识和自救自护能力的重要性,渗透安全意识。

(二) 学习素养目标

(1) 经历收集信息,解决防震减灾科学宣教中的实践问题,制订“临‘震’不慌,科学减灾”方案的过程,提升策略意识、培养数据分析观念。

(2) 加强学生在自救与互救的基本应急求生素养,通过一系列具体的实践活动,探究该活动对学生关键能力与必备品质的完善作用,从而进一步满足加强学生“核心素养教育”的要求。

(3) 经历小组合作设计出方案的过程,提高小组合作能力,增强综合分析与合作探究的能力。

(三) 核心价值目标

(1) 通过学习了解提高防震知识,增强安全意识。

(2) 通过学习演习了解自救自护的知识,提高自救自护的能力。

三、挑战性问题

(一) 本质问题

如何让学生建立避震避灾的意识?

(二) 驱动性问题

通过这个项目,能让学生养成保护生命、爱护生命的意识。万一灾害来临,我们如何保护自己及家人的安全呢?

四、预期成果

(一) 产品形式

地震疏散演练活动方案;防震减灾科普宣传挂图;绘制逃生路线示意图;绘制防震减灾科普活动手抄报;组织防震减灾知识竞赛活动;相关的演示文稿、条幅;全校师生的应急演练活动;宣传小分队,制作学校、家庭、社区防震减灾手册,宣传防震减灾的意识和方法。

(二) 公开方式

通过5月12日的全国防震减灾日,在校内利用主题班会时间宣传科普防震减灾知识。

五、项目评价

（一）过程评价

（1）能运用自己所学知识，绘制逃生方式方法和绘制逃生路线示意图的过程。

（2）能用文字描述、语言表达、肢体表达等方式向家庭成员宣传防震减灾知识。

（3）能详细记录并说出科学防震减灾的效果与作用的知识技能。

（4）能运用艺术表现能力绘制防震减灾科普活动手抄报、手册。

（二）结果评价

（1）知识技能：了解地震的相关知识，掌握科学的逃生技巧。

（2）信息收集与处理能力：通过互联网以及生活经验收集有关防震的知识和处理方式。

（3）创造力：知识竞赛、黑板报比赛、家庭逃生示意图比赛、手抄报比赛。

（4）实践能力：科普知识会、逃生工具正确使用、防震减灾应急演练。

六、项目资源及工具

（一）项目资源

网络与地震知识相关的书籍或其他形式的资料信息。

（二）项目工具

计算机、平板电脑、绘图工具、美术材料、防震减灾科普教室等。

（三）计划时间表（见表1－23）

表1－23　计划时间表

时间	内　　容
第1～3课时	发布项目主题，调查数据分享，确定探究内容，开展入项活动
第4～6课时	调查问卷，师生对于防震减灾知识了解程度，学习科普知识，绘画逃生路线
第7～12课时	提供知识技能，掌握技术工具，设计宣传手册，如何科学避震避灾
第13～15课时	提出修订建议，形成最终成果，演示文稿报告，公开展示学生作品、产品

七、项目实施设计

（一）入项活动

海口市苍西小学的学生大部分是外来人口，多数租住在学校附近的自建房里，学校处于苍东、苍西两大城中村之间、自建房比较多(防震级别比较低)、外来人口较多，自建房的防震等级多数是达不到国家标准的。所以提高学生及家长的防震减灾意识是重中之重的任务。

(1) 全校五、六年级学生以小组为单位，利用大课间时间，随机对全校师生进行问卷调查，统计全校师生对防震减灾知识的了解程度。

(2) 以小组为单位，统计出师生对于地震科普知识了解比较缺乏的个别知识点。

(3) 公布统计结果，激发学生的驱动力。制作学校、家庭、社区防震减灾手册，宣传防震减灾的意识和方法。

(二) 项目实施

1. 关于学生对地震及减灾知识基本认识的分享

(1) 学生在课前分组交流对地震已有的了解。学生在课后交流、记录、讨论中达成共识，组间分享。

(2) 达成共识的问题：关于防震减灾，我知道了什么？我想知道什么？

活动项目成立后，学生们自行分成4个小组，再次参观了学校的“临‘震’不慌，科学减灾”活动室。不同于上次在苍东村社区的科普性质的公益志愿活动，这次他们听得格外认真和仔细，大家都想一探“临‘震’不慌，科学减灾”项目的究竟。实地考察结束后，他们通过学校提供的“临‘震’不慌，科学减灾”项目资料包以及网络搜索、资料查找等方式记录下了他们找到的“临‘震’不慌，科学减灾”的相关知识，并提出了许多问题。教师将学生们提出的问题进行汇总，并整理出了“我想知道的‘临‘震’不慌，科学减灾’项目”活动任务单(见表1-24)。

表1-24 我想知道的“临‘震’不慌，科学减灾”项目活动任务单

________小组	姓名：	指导教师：
我的问题		
1. 地震是怎么形成的?		
2. 海南为什么要“防震”?		
3. 在校园，我们能为“防震减灾”做些什么呢?		
4. 学校那么多学生，都会科学防震减灾吗?		
5. 如何发动自己的同学来参与呢?		
6. 同学之间存在差异性，如果遇到冲突和矛盾该怎么办?		
7. “临‘震’不慌，科学减灾”项目实施后，同学们的满意度如何?		

2. 你认为“临‘震’不慌，科学减灾”项目成功的秘诀是什么

交流会后，教师分别组织学生进行讨论，并围绕“临‘震’不慌，科学减灾”项目成功的秘诀这一主题进行小组交流。各小组纷纷讲出了自己的见解。

各小组交流后，我们发现对于“临‘震’不慌，科学减灾”项目成功的秘诀，学生的认知比较浅显，各小组交流的内容也大相径庭，他们交流的内容更像是对于同学之间

交流的文字整理，而非提炼出的一些观点。

3. “临‘震’不慌，科学减灾”项目成功实施后，学校发生了哪些好的变化

面对问题2中遇到的困境，我们决定在学生对“临‘震’不慌，科学减灾”项目认知的基础上，一步步剖析问题，作为一个校园科学防震减灾的项目，学生首先应该明白什么是“地震”。而在前期活动的基础上，学生已经对“地震”有了一定的了解，为了让学生更深入地理解“科学防震及其相关概念”，教师设计了如下问题：

(1) 结合“临‘震’不慌，科学减灾”项目看，什么是科学防震？包含哪些要素？

(2) 结合“临‘震’不慌，科学减灾”项目看，“临‘震’不慌，科学减灾”包括哪些方面？

教师鼓励学生们通过个人、同伴合作等不同方式，围绕教师的支架去解决问题3，并将最后搜集到的资料，绘制成一份手抄报，在下一次项目化学习的活动上进行交流展示。

学习过程中，学生在教师的带领下分为男生队和女生队进行互动问答小游戏，学生们一个个认真动脑、积极互动、大胆发言。随后学生们在地震知识学习的基础上，亲自体验学习了在灾害来临时的自救互救技能，有效提高了学生们的自救意识和自我保护能力。

4. “临‘震’不慌，科学减灾”项目成功的背后取决于哪些因素

通过前期的活动，学生对“临‘震’不慌，科学减灾”项目有了更深入的了解，但是我们还没有解决根本问题：“临‘震’不慌，科学减灾”成功的秘诀到底是什么？这个答案依旧被迷雾笼罩，让人捉摸不透。为了拨开迷雾，项目组决定再次召开研讨会，围绕“临‘震’不慌，科学减灾”项目成功的秘诀这一主题，各小组先分享了自己的所见所闻。

(1) 教师在此基础之上，进一步引导学生进行总结与反思，并追问学生如下问题：①从上次交流的结果出发，你认为参与“临‘震’不慌，科学减灾”项目的会有哪几类人？②这几类人在“临‘震’不慌，科学减灾”项目中都发挥着什么作用？③“临‘震’不慌，科学减灾”项目作为社会治理的项目，这几类人是否会发生矛盾？如何解决？④这几类人对于“临‘震’不慌，科学减灾”项目是怎么看的？

(2) 在各小组的“头脑风暴”中，我们发现不同学生的关注点不同，学生们的回答逐渐将答案引向了四个不同的视角，于是我们决定对研究方向做出调整，从决策者、家长、项目小组学生骨干和普通学生四个视角去探寻“临‘震’不慌，科学减灾”项目成功的秘诀：①你平时在公共场所见过哪些防震减灾相关的宣传内容？②各式防震减灾宣传产品都有哪些优点和不足？③防震减灾宣传还有哪些作用？④你更喜欢用哪一种科普宣传方式？说一说原因。最后形成防震减灾知识调查信息统计表(见表1-25)。

表1-25　防震减灾知识调查信息统计表

产品	适用场所	使用效果	不足之处	造成影响	是否普及
防震减灾科普宣传挂图					
绘制逃生路线示意图					
绘制防震减灾科普活动手抄报					
组织防震减灾知识竞赛活动					
防震减灾手册					

(3) 以小组为单位，进行头脑风暴，组织学生展开讨论，提出校内防震减灾的方式，形成小组意见。

(4) 发表意见，形成决策。全班学生对各小组提出的防震减灾方式的利弊进行分析(见表1-26)，教师运用如下问题链驱动学生思考：①是否适用各个年龄认知阶段？②是否适合学校现在的学习环境下宣传？③是否有益学生健康成长？④是否方便理解和记忆？⑤是否可以节约经费支出？

表1-26　防震减灾知识科普利弊分析表

产品	年龄阶段	学习环境	健康成长	理解与记忆	经费预算
防震减灾科普宣传挂图					
绘制逃生路线示意图					
绘制防震减灾科普活动手抄报					
组织防震减灾知识竞赛活动					
防震减灾手册					

5. 探究制作方法

各小组在采访后，文字编辑组梳理出了采访大纲，后期组对采访素材进行了剪辑，最后四组决定从四个视角撰写“探寻临‘震’不慌，科学减灾成功的秘诀”探究报告。

但是学生对如何撰写探究报告一无所知，为了让他们能更好地完成探究报告，教师们事前搜集了很多探究报告撰写的资料，并专门上了一节“如何撰写探究报告”的微课，各小组围绕微课完成了探究报告的初稿。

各小组在撰写探究报告的时候，由于有的小组是分工各写一段，最后将四段内容拼成一篇探究报告，所以在行文风格、内容角度上都各不一样，导致初稿的内容显得杂乱无章，有的小组由于是一人执笔，内容上过于肤浅，只是泛泛而谈。

为了能进一步提升探究报告的质量，各小组在完成初稿后，结合专家给出的修改意见，并在教师的帮助下一起制订了评价标准(见表1-27)，并且选择了一组比较好的探究报告作为范本，各小组再根据范本来修改，最终形成了终稿。

表 1－27　“探究报告”评价量规

评分项目	具 体 要 求	评分(每项满分为 10 分)
题目	清晰、明了反映课题研究的问题	
课题的提出	能从理论依据和实践依据角度说明要进行此项课题研究的原因	
课题的设计	对课题研究的内涵进行详细阐述 明确课题研究的目标和内容 确定课题研究对象 说明课题研究采用的方法 阐述课题研究的原则 详细列出课题研究步骤的具体安排	
课题研究的实施	具体说明课题研究是如何进行的 该部分内容为重要部分,占有一定比例	
课题研究成果	反映课题成果的资料翔实、层次清楚、前后连贯、文字简明准确 研究的成果必须是严谨、科学、合乎逻辑的论证,切忌夸夸其谈,任意引申夸大	
讨论与思考	能够在研究的结论基础上,通过讨论和分析,对当前相关的教育理论或实践发展提出自己的认识、建议或设想	
参考文献	注明出处、作者、书刊号、页码	

(1) 题目就是探究报告的标题,要反映探究报告的问题,副标题是对题目的补充,可用来说明课题研究主要做的研究工作。

(2) 探究报告的提出一般要从理论依据和实践依据的角度进行说明:

① 探究报告的设计主要包括对其报告研究的内涵进行阐述;探究报告的目标和内容、对象的选择、探究报告采用的方法;探究报告的原则,探究报告步骤的具体安排。②探究报告要让别人了解研究成果是在什么情况下通过什么方法根据什么事实得来的,便于别人借鉴。③反映探究报告成果的资料要翔实、层次清楚、前后连贯、文字精准简明,内容必须严谨、科学、合乎逻辑的论证,切忌夸夸其谈,任意引申夸大。“临‘震’不慌,科学减灾”项目成功的秘诀到底是什么? 各组以四个不同的视角进行阐述,从决策者、家长、项目小组学生骨干和普通学生四个视角去探寻“临‘震’不慌,科学减灾”项目成功的秘诀。

(三) 出项

项目组师生为全校师生带来了一场“防震减灾”的演练展示活动,这也是本学期活动项目的出项活动,参加出项的人员有学校的师生,还有学生家长。由于这个项目在学校和社区开展,所以在出项时邀请社区的社工和全校师生、家长一起参加体验,让学生增加真实感,也可以让学生们从实践中真实感受这个活动的真正意义,从而提高对防震减灾的意识。

1. 如何向观众们“再现”项目的精彩过程

项目活动一开始,先由本项目的负责教师为大家介绍整个项目的由来,然后是学生们的汇报展示。项目组教师们从设计该项目开始,就预设了出项时会进行汇报展示活动。他们先问自己“为什么要用这种形式,想让观众看到什么?怎样才能呈现出实施的核心内容”。

2. 微课堂——“再现”项目瓶颈的突破点

师生通过微课堂再现了子问题4中遇到的瓶颈:“防震减灾”的意义到底是什么?学生在教师的引导下,通过讨论、绘画、问卷的形式共同制订出针对不同角色的采访任务。

3. 汇报展示——“再现”项目的智慧结晶

各班学生根据小组探究报告,以“防震减灾”为主题分别进行小组汇报,汇报中大家阐述自己独到的见解。

4. 微论坛——多元视角评价项目

汇报结束后,由学校组织一场“防震减灾”的逃生演练活动。通过整个活动,我们发现问题、思考问题、分析问题,最终解决问题,通过整个项目,学生不仅对防震减灾有了一定的认识,还加强了对学生的安全教育,建立起了一个安全的学习环境。

项目化学习中的评价是多元丰富的,它指向学习目标,具有目标——实践——成果——评价的一致性。所以在过程性评价中,每个环节在涉及核心知识、主要的高阶认知策略和重要的学习实践等方面都会相应设置评价量规,考查学生。活动评价表见表1-28。

表1-28 活动评价表

评价类型	评 价 内 容	评价等级
过程性评价	1. 学校平时能通过组织科普讲座、观看录像片、主题班(团)会、演讲会议、壁报、手抄报、黑板报、书画展览、知识竞赛等形式开展丰富多彩的防震减灾科普教育活动。	A
	2. 学校利用10月国际减灾日等时机举办防震减灾科普活动不少于2次。	A
	3. 保证各种活动中,在校学生参与率累计不低于90%。	A
	4. 学校防震减灾科普教育课外兴趣活动小组每学期开展活动不少于2次。	A
	5. 学校设有防震减灾科普橱窗栏。	A
	6. 学校有应急疏散通道指示标志牌的场所和应急医疗救助场所。	A
	7. 学校师生基本掌握应知应会的防震减灾科普知识、应急避震技能。普及率不低于90%。学校师生对《地震应急预案》、主要应急疏散通道、地震避难场所有所了解和熟悉。	A

续　表

评价类型	评 价 内 容	评价等级
过程性评价	8. 创建示范学校活动得到学生家庭、社会的理解和支持，不仅能带动周边农村，社区、居民家庭提高防震减灾意识，主动防震减灾，增强“二次宣传”的影响力和实际效果。	A
	9. 创建活动与创新，科普教育效果十分突出，社会反应好。	A
	10. 结合学校的实际开展有特色、有新意的防震减灾科普活动，提高学生的兴趣和主动参与率。	A
成果性评价	1. 防震减灾应急演练。	A
	2. 绘制家庭逃生线路图。	A
	3. 防震减灾知识竞赛。	A
	4. 画防震减灾科普手抄报。	A
	5. 防震减灾黑板报评比。	A

在预期成果中，让学生依照指导教师的要求，学生进行材料收集、整理、归纳，制作成精美的防震减灾宣传折页。通过防震减灾演练、知识竞赛、绘制逃生线路图、防震减灾手抄报等等一系列的活动提高学生防震减灾意识。每一项活动最后要求学生撰写防震减灾探究性报告，学生进行互评与自评。通过评价，教师了解学生对防震减灾知识是否全面掌握，对欠缺的学生也可以及时进行指导，学生之间也可以通过评价了解防震减灾相关知识，这也是相互学习的过程。

最后，师生需要对于整个防震减灾活动做出“过程性评价”和“成果性评价”。学生在专家和教师的指导之下，完成了对其中一篇报告的修改，并以此作为范本，让学生知道什么是好的探究报告，什么是需要再完善的探究报告，并对照自己和同伴的探究报告，引发学生自我反思，进一步去修改出更完美的探究报告。通过师生间的互评，不仅可以再次回顾、评价自身在活动中的表现，也可以让学生在评价中引发反思，得出经验，最终提升自我。

八、反思与展望

通过防震减灾创建活动，进一步增强全校师生的防震减灾意识，培养了学生地震灾害预防能力，掌握应急避险技能，提高自救互救能力，同时也为减少校园安全隐患，提升学校整体防灾减灾能力创造了良好基础。防震减灾宣传从每一个学生抓起，通过每一个学生来带动每一个家庭，通过每一个家庭来带动每一个社区，通过每一个社区带动千家万户，全面提升了全社会应对突发地震灾害的处置能力。

安全工作是学校的基础工作、保障工作，今后，我校将继续认真组织开展防灾减灾宣传活动，并把这项工作常规化。我们将结合学校的实际，进一步丰富活动内容，创新活动形式，提高全校师生防震减灾意识和应对突发事件、自救互救、疏散救援的能力，保障广大师生的生命安全。

随着“防震减灾”项目化活动的开展，不仅我们学校被评为“市级防震减灾示范校”，而且使我们的学生学会了避灾自救的基本常识、专业知识、技能技巧，提高了综合减灾能力。

此外，我校的教师和家长的防震减灾意识也得到了极大的增强。我们不仅要最大限度防止灾害的发生，更要保障我校师生和每一个学生家庭的生命安全和健康生活，确保家校的安全稳定。在以后的学校工作中，还将一如既往地将安全放在第一位，绷紧安全教育这根弦不放松，加强生命教育，让学生安全、健康、快乐地成长！

第二章
项目化学习中学生科学探究能力的培养策略

科学探究能力是学生科学素养的重要组成部分，它不仅包括科学知识和技能的掌握，更重要的是对科学探究过程的理解和应用。在项目化学习中，学生被鼓励提出问题、设计实验、收集数据、分析结果，并得出结论，这一过程与科学探究的本质高度一致。然而，项目化学习中科学探究能力的培养并非易事，它要求教育者具备创新的教学理念和策略，以适应不断变化的教育环境和学生需求。本章将结合具体的教学案例，分析我们所归纳的策略在实际教学中的应用，并探讨其对学生科学探究能力培养的影响。这些策略旨在为教育者提供可行的指导，帮助他们在项目化学习中更有效地培养学生的科学探究能力，从而为学生的全面发展奠定坚实的基础。

一、科学探究能力的内涵与价值

（一）科学探究能力的概念与构成要素

科学探究能力，简单来说，就是人们在进行科学研究时所展现出的各种能力的总和。从“观察、记录、调查、分析、查证、假设、验证、归纳、提炼”这几个角度来看，我们可以更深入地理解它的概念及构成要素。

观察是科学探究的起点，它要求我们用感官或工具去感知和了解事物，从而发现问题或现象。观察时，我们需要保持客观和细致，尽可能捕捉到每一个细节。例如，在“探寻植物生长的秘密”项目中，学生通过观察植物的生长过程并记录其变化，理解植物生长的原理。学生需要观察植物的根、茎、叶、花、果实和种子，并帮助植物维持生存。

在项目化学习的过程中能够锻炼学生的实践操作能力。学生需要亲自动手进行实验操作，如种植植物、定时浇水、测量植物的生长数据等。在“让喜欢的蔬菜长在自己的校园里”项目中，学生参与“耕作、种植、管理、收获”等环节，亲身体验蔬菜种植的乐趣。

不仅如此，在项目化学习中学生的信息整合能力也能得到有效提高，学生需要定期记录植物的生长数据，并通过图表或文字描述的方式展示这些数据，提升数据处理能力和科学思维。例如，在“探寻植物生长的秘密”项目中，学生需要整合植物生长的观察数据，并进行分析。

项目化学习通常以小组形式完成，学生需要学会分工合作、相互支持，并通过讨论和分享的方式解决遇到的问题。因此，在此过程中，学生的团队协作能力也能得到有效锻炼。比如，在“守护‘睛’彩”项目中，学生以小组为单位进行视力保护大调查，汇总年级、校级视力保护统计表。

此外，学生在项目过程中学会经过调查发现问题、用各种学习工具确定要解决的问题、提出解决假设和验证，最终给出各种解决方案。由此，学生的科学探究精神能够得到显著发展。在“一日营养食谱”项目中，学生通过食物调查与分类、食谱设计等活动，学习如何制作营养均衡的饮食。

这些构成要素在科学探究中都具有不可或缺的重要性。它们相互关联、相互支持，共同构成了科学探究能力的核心。只有具备了这些能力，我们才能更好地开展科学研究，推动人类知识的进步和发展。

(二) 学生科学探究能力培养的重要性

项目化学习为学生提供了一个综合性的学习平台，通过实践活动，学生能够深入体验和掌握科学探究的方法、路径，对于学生综合能力的培养与项目化学习的推进都有着重要意义。

1. 培养观察能力和实验能力

观察和实验是科学探究的基础，有助于学生形成科学的世界观和方法论。比如，“探寻植物生长的秘密”项目鼓励学生观察植物的生长过程，记录数据，学生在此过程中能够在教师的指导下，通过亲身观察与实践，逐步锻炼自己的观察与实验能力。

2. 增强团队合作和交流能力

团队合作是现代科学探究不可或缺的一部分，项目化学习的形式，有助于学生学习如何在团队中发挥作用。例如，在“守护‘睛’彩”项目中，学生以小组形式合作，共同完成项目任务。

3. 激发创新思维和创造力

创新是科学发展的动力，培养学生的创新能力有助于他们在未来科学探索中发挥重要作用。“让喜欢的蔬菜长在自己的校园里”项目，鼓励学生创新种植方法，让学生在种植过程中感受农业发展创新的重要性。

科学探究能力的培养对于学生的全面发展具有非常重要的意义。因此，我们应该重视学生的科学探究活动，通过设计具体可行的项目化任务，为他们提供更多的实践机会和探究资源，让他们在科学探究的过程中不断成长和进步。

二、项目化学习中培养学生科学探究能力的基本策略

项目化学习中培养学生科学探究能力，关键在于引导学生能够主动探索、实践验证。通过设计真实情境的项目，教师应鼓励学生观察、提问、假设、实验，并引导他们分析、归纳、提炼结果。这样，学生能在实践中深化理解，提升科学探究能力。

(一) 善用学习工具培养问题的发现与解决方案的可视化

善用学习工具培养问题的发现与解决方案的可视化，可以助力学生在项目化学习中提高科学探究能力。这些学习工具，如概念图、思维导图等，能帮助学生更清晰

地理解和组织信息，将复杂的问题和概念进行简化，便于他们发现问题的关键点。通过可视化的方式，学生能够更直观地展示他们的思考过程和解决方案，有助于培养他们的逻辑思维和表达能力，让他们能更好地与同伴和教师进行交流与合作。这种可视化的方式可以激发学生的创新思维和解决问题的能力，使他们在项目化学习中更加主动和积极，从而提高他们的科学探究能力。

1. 给予各种学习支架

在项目化学习中，给予学生各种学习支架，可以帮助他们善用学习工具来培养问题的发现与解决方案的可视化，应遵循以下策略：

(1) 提供情境型支架。为学生设计一个具有现实意义的学习情境，如模拟一个实验场景或社会调查场景，让学生在情境中发现问题，并激发他们解决问题的欲望。在“守护‘睛’彩”项目中，教师结合爱眼日给予学生一个真实的调查情境，让学生在调查过程中发现问题，并引导学生尝试提出保护眼睛的多种方法。

(2) 引入策略型支架。教师可以引导学生将复杂的问题分解成若干个小问题，并使用表格、流程图等学习工具来组织这些问题的逻辑关系和解决步骤。这样，学生就能更清晰地看到问题的全貌，并找到解决问题的路径。例如在“守护‘睛’彩”项目中，教师提供了“小组合作学习分工表”和“调查任务单”，这些表格帮助学生明确各自的职责和研究内容，确保信息收集的有序进行。

(3) 使用资源型支架。为学生提供必要的学习资源，如参考书籍、网络资源等，让他们在项目学习过程中能够随时查找和获取所需的信息。同时，鼓励学生利用这些资源来构建自己的知识框架，形成对问题的深入理解。在“探寻植物生长的秘密”项目中，学生使用教师提供的“观察记录卡”来记录植物生长的详细变化，如生长状态、颜色变化等，这有助于学生跟踪植物生长过程并记录关键数据。

在项目化学习中给予学生各种学习支架，让他们善用学习工具培养问题的发现与解决方案的可视化，能够帮助学生更好地理解问题、寻找解决方案，并提高他们的科学探究能力。

2. 学会绘制表现研究过程的思维流程图

在项目化学习中，指导学生学会绘制表现研究过程的思维流程图，可以达到善用学习工具培养问题的发现与解决方案的可视化的目的，应遵循以下步骤：

第一，进行项目概述与目标设定。教师通过案例介绍(如“守护‘睛’彩”和“探寻植物生长的秘密”)，向学生展示项目背景和目标，帮助学生理解项目的核心内容和预期成果。

第二，认知策略的教授。在“守护‘睛’彩”案例中，教师引导学生使用高阶认知策略，包括信息收集、比较分析、调研和决策等。这些策略为绘制思维流程图提供了结构化的方法。

第三，学习实践的设计。通过创造性实践、调控性实践、探究性实践等多种形式，学生在实践中学习如何规划和组织思维流程。例如，在“一日营养食谱”项目中，学生通过小组合作制订食谱，需要考虑营养均衡，这一过程自然涉及思维流程的组织。

第四，使用可视化工具。教师提供如思维导图软件、流程图绘制工具等，帮助学生将思考过程可视化。在“让喜欢的蔬菜长在自己的校园里”项目中，学生可以通过绘制思维导图来规划种植蔬菜的步骤。

第五，过程评价与发挥。教师通过过程评价（如“守护‘睛’彩”中的过程评价量表），监控学生的思维流程图绘制进度和质量，提供及时反馈。这有助于学生不断调整和优化自己的思维流程图。

第六，项目实施的设计。在项目实施的各个阶段，教师设计具体的活动，如“探寻植物生长的秘密”中的观察记录、实验操作等，引导学生将这些活动步骤转化为思维流程图的节点。

第七，跨学科的融合。教师鼓励学生将不同学科的知识和技能整合到项目中，如“一日营养食谱”项目结合了语文、综合实践、信息技术和美术等学科，这种跨学科的学习方式有助于学生从多角度绘制思维流程图。

第八，反思与展望。在项目结束时，教师引导学生进行反思，如“探寻植物生长的秘密”中的“反思与展望”部分，学生可以通过思维流程图来总结学习过程中的得失，为未来的学习提供参考。

通过以上步骤的指导和实践，学生可以逐渐掌握绘制思维流程图的方法，并在项目化学习中善用这一学习工具来培养问题的发现与解决方案的可视化能力，这将有助于提高学生的科学探究能力和解决问题的能力。

（二）项目化学习中培养学生科学探究能力的常用方法

1. 调查与访谈法

教师可以设定具体的调查主题，引导学生设计问卷或访谈提纲。组织学生进行实地调查或访谈，鼓励他们观察、记录并整理数据。教师指导学生分析数据，形成结论，并鼓励他们反思调查过程中遇到的问题和解决方法。调查表见表2-1。

表2-1 调查表

一日营养食谱	信息收集	学生需要收集相关的营养学知识、食物种类、营养素含量等信息，教师指导学生如何有效地筛选、整理和使用这些信息
	调研	学生进行调研活动，例如通过问卷调查家人或同学的饮食习惯和喜好，了解不同人群对食物的需求和口味偏好
让喜欢的蔬菜长在自己的校园里	信息收集	学生通过网络媒介查找资料，梳理资料信息
	小组活动	学生通过小组合作探究发现问题，联合项目小组进行调查、信息收集、比较分析
探寻植物生长的秘密	信息收集	学生需要定期记录植物的生长数据，并通过图表或文字描述的方式展示这些数据
	实践	学生参与信息收集、比较分析、介绍项目经历、组织与种植实践活动

续　表

	访谈	学生在项目中进行访谈，了解近视同学的情况，以及搜集相关的故事和经验
	信息收集	学生通过网络媒介查找资料，搜集有关视力保护的科学知识和宣讲会的相关内容
	小组讨论	学生在小组内进行成员分工，讨论如何保护视力，并汇总研究成果

通过这些实际调查和访谈，学生能够更加深入地了解研究问题，培养学生的问题意识和观察能力，学生能够更加全面地理解科学问题，提高学生的科学素养和创新能力。

2. 数据统计法

教师在项目化学习中可以教授学生基本的数据统计知识和方法，如表格、图表的使用。引导学生将收集到的数据进行分类、整理，并运用统计工具进行分析。通过案例学习，让学生理解数据统计在科学研究中的重要性。数据统计表见表 2 - 2。

表 2 - 2　数据统计表

日常蔬菜简介卡	1. 学生通过搜索、调查、访谈、咨询等手段获取信息，并进行信息处理及分析，形成基本概念。 2. 学生需要收集、整理和归纳蔬菜的相关知识，形成可视化的简介卡片。 3. 学生在制作简介卡的过程中，需要将信息清晰、直观地呈现出来，涉及数据的分类和整理。
守护“睛”彩	1. 学生在项目研究过程中，通过问卷调查，进行数据调查梳理。 2. 学生需要绘制条形统计图来展示调查结果。 3. 在项目实施过程中，学生自行调查研究视力保护方案，联合专家进行科学科普。 4. 学生自行梳理宣讲会内容，可能涉及数据统计和分析。

通过这些活动，学生不仅学会了基本的数据统计知识和方法，如使用表格、图表来展示数据，还理解了数据统计在科学研究中的重要性，并能够将这些技能应用到实际的项目中。

3. 资料的搜集、阅读与整理法

教师可以指导学生通过图书馆、网络等渠道搜集与项目相关的资料，教授学生如何筛选、阅读和整理资料，提取有用信息，鼓励学生将搜集到的资料与自己的研究相结合，形成自己的见解（见表 2 - 3）。

表 2 - 3　资料搜集、阅读与整理

一日营养食谱	1. 学生需要收集相关的营养学知识、食物种类、营养素含量等信息。 2. 教师指导学生如何有效地筛选、整理和使用这些信息。 3. 鼓励学生利用图书馆、互联网等渠道，查找相关的营养学书籍、文章和网站。 4. 学生通过观察身边的食材，了解它们的来源、特点和食用方法。

续 表

守护"睛"彩	1. 学生通过网络媒介查找资料，搜集有关"视力保护""眼睛奥妙"的相关知识。 2. 学生搜集相关的视力保护宣讲会，整合宣讲会相关内容。 3. 学生在项目过程中，进行问卷调查，进行数据调查梳理及条形统计图的绘制及展示。

在以上案例中，教师都扮演了重要角色，他们不仅提供指导和资源，还帮助学生学会如何从各种渠道搜集资料，并教授学生如何筛选、阅读和整理资料，提取有用信息。同时，鼓励学生将搜集到的资料与自己的研究相结合，形成自己的见解。

4. 提出假设和实验验证法

教师可以引导学生根据研究问题提出合理的假设。教授学生设计实验的基本方法，如变量控制、实验步骤等。组织学生进行实验，观察并记录实验现象和数据。指导学生分析实验结果，验证或修正假设，形成结论。（见表2-4）

表2-4　提出假设和实验验证

让喜欢的蔬菜长在自己的校园里	提出假设	学生在种植蔬菜的过程中，需要提出关于植物生长的假设，例如不同土壤、水分条件下植物生长的假设
	实验验证	通过实际种植活动，学生观察并记录植物的生长情况，以此来验证他们的假设是否正确
探寻植物生长的秘密	提出假设	学生在种植植物的过程中，提出关于植物生长条件的假设，例如光照、水分对植物生长的影响
	实验验证	学生设计并执行实验，控制变量（如光照、水分等）来观察植物的生长情况，记录数据并分析结果，以此来验证他们的假设
日常蔬菜简介卡	提出假设	学生在了解蔬菜的过程中，提出关于蔬菜营养价值和健康效益的假设
	实验验证	通过制作简介卡和参与推介会，学生展示他们的发现，间接验证他们对蔬菜价值的假设

在以上案例中，教师的角色是引导和支持学生进行科学探究，帮助他们提出假设、设计实验、收集数据、分析结果，并据此形成结论。这些活动旨在培养学生的科学思维和实验验证能力，同时也鼓励他们在实践中学习和解决问题。

5. 反思与评价法

教师应鼓励学生在项目化学习过程中不断反思自己的方法和结果，教授学生如何对项目进行自我评价和同伴评价，引导学生从评价中发现问题和不足，提出改进建议，并定期组织学生进行项目分享和讨论，促进他们之间的交流和学习。（见表2-5）

表2-5　反思与评价

一日营养食谱	过程评价	评价学生的参与态度、团队协作能力、信息收集与处理能力、创造力和实践能力
	结果评价	评价绘本的内容丰富度、知识准确性、艺术性、实用性和创意性

续 表

	反思与展望	学生通过参与营养食谱的制作,体会到理论与实践的结合,认识到团队合作的重要性,并意识到持续学习与自我提升的必要性
日常蔬菜简介卡	过程评价	评价学生是否能辨识蔬菜、用文字描述蔬菜特征、记录蔬菜功效与作用
	结果评价	评价简介卡的展示效果、项目介绍和推介会的效果,以及学生对均衡饮食重要性的理解
	反思与展望	学生通过活动对蔬菜有了初步了解,提升了观察力、想象力、语言表达和动手能力。教师意识到项目式学习在实施上的困难,并计划改进教学策略以满足学生的学习需求
守护“睛”彩	过程评价	评价学生是否能意识到视力保护的重要性,用不同方式展现调查内容,以及运用艺术表现能力
	结果评价	使用小组合作评价量表来评价学生的合作、倾听、互动和合作技能
	反思与展望	项目通过引导学生自发提出问题、探索解决方案,培养了学生的内驱力。同时,教师计划加强学生反思能力的培养,并探索自主学习模式在不同学科中的应用

通过以上策略的实施,可以有效地提高学生的科学探究能力,使他们在项目化学习中获得更好的学习效果和发展。

三、项目化学习中培养学生科学探究能力的注意点

项目化学习对小学生科学探究能力培养是多方面的,它不仅提供了一种全新的学习方式,还促进了学生综合素质的发展。

(一) 科学探究能力的培养避免简单化、表面化

项目化学习中,教师和学生选择的项目具有足够的复杂性和挑战性,以激发学生的求知欲和探索欲。这样的项目能够引导学生深入思考和探究,避免简单的表面工作。在具体的项目过程中,设立具有挑战性的项目、明确科学探究的步骤和方法、提供充分的支持和指导、强调实验设计和数据分析、注重过程性评价、培养批判性思维、建立科学探究的社区以及鼓励学生自主选择和探索等项目内容,可以确保学生真正掌握科学探究的精髓,从而避免学生科学探究能力培养的简单化和表面化。

(二) 科学探究能力的要求避免过度超过学生认知水平

在项目化学习中培养学生的科学探究能力时,教师应特别关注避免科学探究的要求过度超过学生的认知水平。通过了解学生认知水平、设计层次化目标、提供适当的支架、鼓励学生提出自己的问题、及时反馈和调整、小组合作与互助以及持续关注和评估等策略,可以确保学生能够在适合自己认知水平的范围内进行科学探究,逐步

提升自己的科学探究能力。

综上所述，我们可以看到项目化学习在培养学生科学探究能力方面的巨大潜力。项目化学习为学生提供了一个综合性的学习平台，通过实施有效的学习策略，可以显著提升学生的科学探究能力。这不仅有助于学生的学术成长，也为他们未来的创新能力和实践技能打下了坚实的基础。

案例分享

守护“睛”彩

项目类型	年级	课时数	学校	设计者	实施者
跨学科项目	三年级	15课时	海口市海燕小学	邓星	邓星、曾天

一、项目概述

近年来，我国中小学生近视问题呈现高发、低龄化趋势，近视已逐渐成为影响青少年健康成长的重要因素之一。呵护孩子的用眼健康，是学校、家庭、社会的共同责任，也是关系国家和民族未来的大事。同时，眼睛是人体最重要的感觉器官之一，90%的外界信息来自眼睛，为切实加强儿童近视防控工作，我校决定以项目化学习为载体，借助多重资源开展“守护‘睛’彩”活动项目。

二、项目目标

（一）知识与能力目标

（1）语文：通过项目研究，学会表达自己的思维和行为、学会言语交流沟通、学会撰写一定的说明文和宣传小文讲解视力保护的重要性。

（2）数学：能在项目研究的过程中，通过问卷调查，进行数据调查梳理及条形统计图的绘制及展示，从而学会运用简单的数学统计和分析方法。

（3）科学：能在项目过程中，学会眼睛的构造，了解视力保护的科学知识，形成科学的生命观。

（4）信息技术：能在项目过程中，通过网络媒介查找资料，梳理资料信息，并能制作线上调查问卷及PPT。

（二）学习素养目标

（1）学习搜集、整合资料的方法，注意运用关键词法整合资料，进行信息的搜集与概括，让学生具备初步搜集和整理信息的能力。

(2) 学习各类应用文的得体表达(说明文、采访稿、主持稿、答辩稿)，能根据不同交际场合使用恰当的口语表达(采访、访谈、上街推广、朗诵、街头调查等)。

(3) 科学探究：应学会经过调查发现问题、用各种学习工具确定要解决的问题、提出解决假设和验证，最终给出各种解决方案。

(三) 核心价值目标

(1) 形成重视眼睛保护的观念，重视生命健康问题。

(2) 形成科学的生命观，负责任的精神、科学探究的精神。

三、挑战性问题

(一) 本质问题

小学生近视的年龄越来越小，近视率越来越高，学生怎么能够知道眼睛的重要性，如何保护眼睛呢？

(二) 驱动性问题

为什么我们身边戴眼镜的小学生这么多？能不能让我们的同学和未来的弟弟妹妹们不要这么早就戴上眼镜？

四、预期成果

(一) 产品形式

(1) 海燕小学内近视情况的问卷调查及访谈。

(2) 根据问卷内容及结果报告提出问题，重视视力保护。

(3) 创造视力保护绘画作品。

(4) 自制视力保护宣讲会的相关呈现内容、演示文稿。

(5) 绘制简单易懂、具有宣传性质的视力保护宣传海报(最终产品)。

(二) 公开方式

学生以小组为单位，带着自己制作的视力保护相关作品、调查问卷的数据、演示文稿等布置本组视力保护宣讲会，向参会的师生介绍项目过程，呈现调查研究的结果，展示并宣传视力保护的诀窍。

五、项目评价

(一) 过程评价

(1) 能否意识到视力保护的重要性，自觉宣传视力保护的相关内容。

(2) 能否用文字描述、语言表达、图文并茂等方式展现过程中所调查的内容。

(3) 能否运用艺术表现能力绘制小组答辩的思维导图。

(二) 结果评价

1. 过程性小组合作评价表(见表2-6)

表2-6 小组合作评价量表

要点	A. 做得很好	B. 基本做到	C. 有待改进	自评	互评	师评
内容	讨论有实质性的进展,或有价值的成果出现	讨论有一些进展,或有一点成果	讨论进展慢,讨论结果不明显			
倾听	每个成员愿意听取别人的意见	成员只听取很少人的意见或有成员愿意听取别人的意见	成员不大愿意听取别人的意见			
互动	每个成员积极参与小组活动	少部分成员参加小组活动	每个成员较少参与小组活动			
合作	小组关系融洽,任务总是按时完成	小组关系尚可,任务大部分时候能按时完成	小组关系冷淡,任务不能按时完成			

2. 宣讲会、项目答辩会,评价表附在具体活动内容中

3. 知识技能、合作技能、时间技能的评价量规

(1) 知识评价:能否在项目结束后,习得视力保护相关知识以及撰写简短的宣传小文宣传讲解视力保护的内容。

(2) 技能评价:能否在项目结束后,习得根据相应主题进行采访的方法并与被采访者合理沟通交流。

(3) 实操评价:能否在项目结束后,制作自己的视力保护宣传小报。

(4) 态度价值观评价:能否在项目结束后,树立自主的视力保护意识。

(5) 学习素养评价:能否在项目结束后,形成自主发现问题,尝试解决问题的问题解决意识。

六、项目资源与工具

(一) 项目资源

计算机、网络、与视力保护相关的书籍或其他形式的资料信息、绘图工具、美术材料等。

(二) 项目工具

(1) 制作工具:硬卡纸、彩笔、A4纸。

(2) 项目化实施过程中的各项评价表格。

(三) 计划时间表(见表2-7)

表2-7　计划时间表

时间	内　　容
第1～2课时	发布项目主题,成立项目小组,开展入项活动,分小组调研
第3～4课时	小组调研,统计数据并绘制数据图,学生进行小组调研信息报告
第5～13课时	提供知识技能,设计思维导图。学生自行调查研究视力保护方案,联合专家进行科学科普。学生自行梳理宣讲会内容
第14～15课时	提出修订建议,形成最终成果,项目活动答辩报告,公开成果展示

七、项目实施设计

(一) 入项

1. 链接生活,了解身边人的视力情况

眼睛是心灵的窗户,拥有一双明亮的眼睛,我们才能看到绚丽多彩的世界,因此保护眼睛、保护视力至关重要。"那么我校同学们的视力状况是怎样的呢?我们该怎样保护好我们的"心灵之窗"呢?

(1) 引导学生发现本班学生的近视问题,意识并注意视力保护。

(2) 组织班级学生成立团队,确定分工,以开展全校范围内的视力保护大调查(见表2-8)。

表2-8　小组合作学习分工表

课题名称	视力健康大调查		
小组名称		预计研究内容	预计完成时间
组长		1. 组织小组成员进行分工。 2. 小组研讨活动的记录。 3. 组织设计调查问卷。	
组员		1. 设计调查问卷并展开调查以及记录。 2. 资料收集。 3. 采访。 4. 资料汇总,整理分析。	

(3) 以小组团队为单位,进行视力保护大调查,统计各班近视人数,汇总年级、校级视力保护统计表,并利用所学知识绘制图文并茂的条形统计图。

(4) 公布统计结果。各小组成员进行班级内汇报交流,向同学们展示,介绍绘制的条形统计图及所调查的本班近视统计情况。

(5) 教师总结引导:从数据看来,我校同学的视力状况并不太理想,那么应该如何保护好我们的“心灵窗户”呢?

(6) 教师明确小组讨论职责分工,学生依据分工安排进行小组讨论,探讨如何保护视力(见表2-9)。

表2-9 小组讨论职责分工表

组长	对组员进行分工:记录人员、提醒人员、汇报人员
记录员1	记录组员发言内容并整合
记录员2	小组学习评价量规表
提醒人员	提醒纪律,提醒未发言、未参与同学,提醒小组讨论时间
汇报人员	汇报时间为5分钟

2. 情境任务驱动

(1) 教师引导学生知悉每年6月6日为我国的爱眼日。

(2) 观看相关视频,明确国家对少年儿童视力的关注程度。

3. 发布项目任务

(1) 任务内容:为迎接今年6月6日的“全国爱眼日”,我校计划在校内开展视力保护宣讲会,你会如何完成“如何呵护眼睛,让我们的童年更‘睛’彩”宣讲呢?

(2) 师生交流明确宣讲会是什么。

(3) 学生分小组讨论:以什么形式开展本组的宣讲会?如何做才能让本组的宣讲会完美呈现?

(二) 项目实施

1. 追根溯源,探究眼睛的奥秘

(1) 教师提供调查任务清单(见表2-10),学生调查相关资料,追根溯源,了解眼睛奥秘。

表2-10 调查任务单

搜索方式:网上查找资料、书刊查阅、访问等。 搜索内容: (1) 有关“视力保护”“眼睛奥妙”的相关知识(可以借助百度查找资料、参考名人见解;有关视力保护的相关故事、歌曲、新闻报道、图片、视频、节目等)。 (2) 搜集相关的视力保护宣讲会,整合宣讲会相关内容。 (3) 关于视力保护宣讲会的宣传形式。 搜索总结:用图文并茂的形式总结你们小组搜索的资料。

(2) 学生根据调查任务单,在小组内进行成员分工,分内容进行调查任务。

(3) 调查项目搜集完后,小组成员进行小组内商议,交流讨论所收集的信息,并在小组内图文并茂地绘制资料总结内容。

（4）小组内根据所整理的内容，结合教师提供的问题梳理单，提出自己的思考及需要重点探讨的问题（见表2-11）。

表2-11　我的问题单

1. 眼睛是怎么样的呢？	
2. 为什么我们会近视呢？	
3. 如何保护眼睛，预防近视？	
……	

（5）进行班级内交流分享，汇报小组研究成果。

2. 学科联动，探秘近视源头

（1）教师根据学生的成果及问题分享，梳理汇总项目问题单（见表2-12）。

表2-12　我的问题

1. 眼睛是怎么样的呢？	
2. 为什么我们会近视呢？	
3. 如何保护眼睛，预防近视？	
……	

（2）为更科学地解决学生们的问题，教师借助家长资源，邀请眼科医生家长进入课堂，为学生们带来精彩的视力保护科普课堂（见表2-13）。

表2-13　医生家长科普课堂指导内容

教师指导内容	学生获知及掌握的知识
导入课题	1. 教师引导学生关注班级里戴眼镜的同学，并让其说明自己戴眼镜的原因。 2. 戴眼镜的学生分享戴眼镜的心情。
初步了解眼睛结构及作用	1. 让学生分享搜集到的眼睛小知识。 2. 教师分享关于眼睛的资料。 3. 出示眼睛解剖图，教师讲解视力形成的原因。 4. 学生交流眼睛的作用。
了解近视	1. 近视的科学成因。 2. 近视的病因（先天因素及后天因素）。 3. 近视的症状和高度近视的危害。 4. 病理性近视眼的表现及并发症。
预防近视，科学用眼	1. 如何预防近视？ （1）早筛查，建立视力档案。 （2）改善用眼环境。 （3）改变用眼习惯。 2. 预防近视——学习“三要”与“三不要”。 三要： 学习姿势要端正；

续 表

教师指导内容	学生获知及掌握的知识
预防近视,科学用眼	学习1小时要休息; 学习光源要充足。 三不要: 不要躺着看书; 不要走路或乘车时看书; 不要在暗弱光线或直射的光线下看书。 3. 近视的预防——户外活动。 4. 预防近视——有益眼睛的食物推荐。
近视能治好吗	1. 儿童近视与高度近视的矫正方式。 2. 推荐阅读《假如给我三天光明》,从文学作品中感知无光的世界。

(3) 学生结合科学课所学及前期调查中产生的问题,与眼科医生直面交流,完成问题单的同时,收获近视相关症状及许多保护视力的妙招。

(4) 学生根据科普课堂,小组讨论交流如何爱护视力。

(5) 学生总结近视表征——如凑近、眯眼、歪头等前兆现象。

(6) 学生交流总结造成近视的原因。

(7) 学生交流并总结护眼小贴士——如保证每天至少2小时的户外活动,养成良好的用眼习惯,保证充足睡眠等方法。

3. 公开展示:健康宣讲,少年说"睛"彩

(1) 交流会后,教师分别组织学生们进行讨论,并围绕"宣讲会"的主要展现形式进行小组交流。

(2) 学生结合自己小组成员优势,多形式开展健康宣讲会的宣讲内容梳理及排练。

(3) 健康宣讲会彩排活动,各小组轮流预展演,其余小组各成员为其提供可操作性意见。

(4) 制作宣讲会宣传单,在校园范围内宣传自己的宣讲会。

(5) 6月6日进行健康宣讲会场地布置及正式开启宣讲会内容。

(6) 小组成员根据宣讲会情况,进行本小组内的项目化学习小结与反思。

(为激发学生积极性,公开宣讲当天会有匿名投票环节,选出"最佳宣传组""最有趣组""最具魅力组"等称号)

(三) 出项:小组答辩会

(1) 各小组提交驱动性问题的答辩展示品。如答辩展示可以包括手绘小报、宣讲、短视频录制等,形式限制较为宽松,鼓励学生以多样的方式完成创意展示。

(2) 小组交流,全班交流,明确小组答辩会的形式及内容。

(3) 明确答辩会流程,及各小组人员安排(见表2-14)。

表 2-14　小组答辩会流程(预设)

答辩前	答辩中	答辩后
准备健康宣讲演讲稿初稿纸质稿、制作答辩 PPT、准备宣讲展示	详细记录各组答辩过程、评委提出的意见及修改建议	各答辩小组整理答辩过程中评委提出的意见及修改建议，做好分类工作
准备笔记本等必备工具	答辩小组成员要求表达清晰，未答辩者要求认真倾听、予以答辩者鼓励并给予建议或质疑	讨论、分析如何修改并完善各自小组的健康宣讲方式，并形成校内健康宣讲讲座
答辩会要求及流程： (1) 各小组推举一位组员担任“宣讲答辩”，负责介绍小组的宣讲方式；其他组员组成助威团，并参加答辩。 (2) 每个小组推举一位组员担任评委，邀请语文教师担任首席评委，数学教师担任副评委，共同组成评审委员会。本小组答辩时，本组评委应回避。 (3) 学习委员负责组织答辩会。首先需要同各小组组长确定时间及流程，并拟出相关规则；其次要选定主持人，主持人撰写主持词。		

(4) 小组交流，共同探讨小组答辩的评价量规(见表 2-15)。

表 2-15　小组答辩量规表

要点	展示时间 15 分钟	内容全面、中心突出(体现视力保护宣讲的主题、形式新颖)、思路清晰，表述清楚	提供文字稿	能回答评委提出的疑问 1～2 个
分值	2 分	3 分	2 分	3 分
第 1 组				
第 2 组				
第 3 组				
第 4 组				
第 5 组				
第 6 组				
第 7 组				
问题、修改建议：				

(5) 开展最后的展示答辩会上，每个小组都登台展示，并得到了教师和其他小组成员的打分评价。

(6) 学生评委及教师评委对各宣讲小组的宣讲内容提出意见及整改建议。

八、反思与展望

此项目着眼于学生日益严重的视力问题，在前期调查环节，本班近视的人数已达8位，占比14.5%。如何预防近视，帮助同学保护好视力显得尤为关键。因此，从自身实际出发，学生们自发地提出了各种关于视力保护的问题，学生们的实际需求推动了此项目的进行，也引导着他们去探索解决视力问题的途径。回顾整个项目过程，正是这样的内驱力推动着整个项目的顺利进行。

然而，项目跨度周期较长，在这个长周期时间内，我们在活动中缺乏对学生进行反思的引导。如果能阶段性地进行项目活动反思，并让学生在小组内对整个学习过程进行回顾和总结，或许会更有利于他们提升学习方法和效果。

此项目的实施过程中，在教师的引导下，学生们通过自己的信息检索能力，信息梳理能力，在专家医生的交流会上自发地提问、交流信息，并在交流会后梳理归纳，并通过小组合作形成自己的小组答辩会内容，这样的学习方式对学生的内驱力有极高的要求。但与此同时，这样的学习形式是否可以推广到学生的学科学习中？这在后续的课堂教学中可以进行实验。

针对这些不足，我们可以进行如下改进：一方面，加强对学生反思能力的培养，通过设计专门的反思环节，引导学生深入思考学习过程，总结学习经验；另一方面，进一步探索这种自主学习模式在不同学科中的应用可能性，以期在未来的教学中实现更广泛的增长。

通过改进这些不足，我们期待未来学生在学习活动中的参与度、自主学习能力和跨学科应用能力等都能得到显著提升，从而实现更全面的个人成长。

案例分享

让喜欢的蔬菜长在自己的校园里

项目类型	年级	课时数	学校	设计者	实施者
跨学科项目	三、四年级	20课时	海口市高坡小学	黄裕花、陈新	黄裕花、陈新

一、项目概述

随着人们生活水平的日益提高，如今的学生可谓是五谷不分。他们一直生活在父母的庇护之下，很少有学生能真正地体会到劳动的乐趣。然而，学生对于种植活动又是充满了兴趣，翻整土地有什么作用呢？播种环节需要注意什么？蔬菜的成长周期是多久?

如果能结合学生的年龄特点和认知水平,制订符合学生特点的校园劳动教学活动,指导学生参与“耕作、种植、管理、收获”等环节,引导学生精准地记录锄草、间苗、除虫、采摘、理菜清洗等步骤,鼓励学生用生动的语言描述观察到的实验现象,在观察日记中记录自己的思考和感受,并组织分享与交流,学生不但能初步掌握一些种植方法,还培养了其观察能力、记录能力和分析能力,也有助于激发学生对劳动的兴趣和热情,有助于锻炼学生的劳动能力。

基于以上思考,我们尝试用项目化学习的方式探究劳动教育的新路径,于是就有了“让喜欢的蔬菜长在自己的校园里”的项目。

二、项目目标

(一) 知识与能力目标

(1) 劳动:培养学生的实践能力和探究精神,通过实践操作、观察记录等活动亲身体验蔬菜种植的过程。

(2) 语文:通过项目研究,学会表达自己的思维和行为、学会言语交流沟通、学会撰写观察记录和评价表。

(3) 综合实践:能在项目过程中,了解蔬菜、农作物的名称、生长特点等,懂得种植所需要的环节步骤,探究更合理的种植方法,形成科学探究精神。

(4) 信息技术:能在项目过程中,通过网络媒介查找资料,梳理资料信息。

(5) 美术:审美感和艺术表现。如用摄影来记录蔬菜的成长。

(二) 学习素养目标

(1) 激发学生的好奇心和求知欲,初步养成从事探究活动的正确态度;使学生获得一些亲身探索的体验,培养学生提出问题、分析问题、解决问题的能力。

(2) 培养学生的观察能力、调查分析能力,收集相关信息,并对收集到的信息进行简单加工处理和应用的能力。

(3) 通过小组活动,使学生学会分享共同的劳动成果,学会相互合作。

(三) 核心价值目标

(1) 通过规划、种植、管理等实践体验,体会开发、种植、管理的辛苦,产生劳动热情和对劳动者的热爱。

(2) 将不同学科的知识、方法和能力整合起来,运用于“种植园”规划、种养蔬菜等项目探索中,不断进行方案思辨,有效培养学生的劳动思维。

(3) 培养学生认识和学会正确使用劳动工具,收获果蔬的同时,增长知识,开阔视野,提升学生种植劳动能力。

(4) 引导学生规范劳动、安全劳动,学会在活动中与他人精诚合作,科学种植与管理，培养学生的劳动习惯和品质。

三、挑战性问题

（一）本质问题

通过开展“让喜欢的蔬菜长在自己的校园里”这个项目，通过哪些措施引导学生运用观察能力和动手实践能力实现蔬菜的成功种植？

（二）驱动性问题

（1）激发学生的好奇冲动，搜集整地、选种、播种等资料，在实践的过程中思考如何劳动如何管理，才能保证蔬菜的成活率。

（2）如何运用准确、恰当、生动的表达，将自己连续的观察记录下来？

四、预期成果

（一）产品形式

建造学校蔬菜种植园，根据三、四年级班级数量进行划分，每块地插有班级牌，发放到每个班级。以本校三、四年级学生为活动对象，实行班级负责制。每个班级根据蔬菜生长期进行劳动：耕作、种植、管理、收获。

（二）公开方式

（1）创建班级展示角，展示绘画出的蔬菜成熟状态、拍摄学生劳动过程的照片。

（2）举办校园“蔬菜品尝会”，届时将会请来各班的学生家长，由各班展示烹饪种植的蔬菜，以展示蔬菜种植基地的丰收成果。

（3）在校园积极开展观察日记评比活动，对于表现优秀的学生，给予奖励。

五、项目评价

（一）过程评价

（1）初步体验简单的种植生产劳动；

（2）能规范地使用常用的劳动工具；

（3）了解蔬菜种植中遇到的问题和解决方案。

（二）结果评价

个人观察日记、小组评价表、综合评价表。

六、项目资源与工具

(一) 项目资源

土地、种子和苗木、工具、人力、资金。

(二) 项目工具

铲子、锄头、水桶、扫帚等,用于清理垃圾、除草、浇水等工作。

(三) 计划时间表(见表 2-16)

表 2-16 计划时间表

时间	内容
第 1~2 课时	发布项目主题,激发兴趣,确定探究内容,开展入项活动
第 3~9 课时	认领种植菜园,进行翻土与初步整理。制订本组的种植计划,确定种植小组负责人名单,制订计划表
第 10~13 课时	布置班级的菜园,小组开始播种或种植蔬菜
第 14~17 课时	进行日常护理
第 18~20 课时	分发劳动果实,总结种植的经历与感受

七、项目实施设计

(一) 入项

1. 图片导入,了解蔬菜

(1) 教师指导。①出示蔬菜种子的图片,提问:这些蔬菜种子分别会长出什么蔬菜呢? ②引导学生观察蔬菜种子的不同之处。

(2) 学生活动。①猜测各种蔬菜种子会长出什么蔬菜。②观察、比较蔬菜种子有何不同。

(3) 设计意图。①游戏导入,激发学生的学习兴趣。②前置学习,交流所得。

2. 学生讨论交流

(1) 教师指导。①引导学生交流喜欢种什么蔬菜,以及喜欢的原因。②引导学生小组讨论种植这些蔬菜需要做哪些事情。③出示课前收集的有关种植蔬菜的资料。④介绍种植蔬菜方面的知识。

(2) 学生活动。①讨论、学习种植蔬菜的方法,交流课前走访查询所了解的信息,并汇报表格内容(见表 2-17)。②交流种植蔬菜需要做哪些准备工作,阅读教师出示的种植蔬菜的相关资料(见表 2-18)。

表 2-17 蔬菜种植相关信息

季节	播种时间	适宜品种	注意事项
春季			
夏季			
秋季			
冬季			

表 2-18 蔬菜种植技术信息

类目	相关说明
种植技术	
农业工具	
施肥材料	
过程管理	

(3) 设计意图。①引导学生在交流中了解种植蔬菜的方法。②搭建交流展示平台，培养学生交流和分析资料的能力。

3. 制订种植计划

(1) 教师指导。①用课件出示种植计划。②引导学生讨论种植计划包含哪些内容。③引导学生从所需工具和材料、种植步骤等方面设计种植计划。

(2) 学生活动。①讨论种植计划由哪些内容构成。②根据提示，小组讨论种植步骤和有关注意事项。③小组合作设计种植计划。④各组展示本组设计的种植计划(见表 2-19)，其他小组同学提出改进意见。

表 2-19 蔬菜种植任务单

<table>
<tr><td>年级：</td><td>班级：</td><td>指导教师：</td></tr>
<tr><td colspan="3">小组成员：</td></tr>
<tr><td colspan="3">入项任务</td></tr>
<tr><td colspan="2">1. 我们要种植哪些蔬菜？</td><td></td></tr>
<tr><td colspan="2">2. 在哪里种植蔬菜？</td><td></td></tr>
<tr><td colspan="2">3. 我们需要什么工具和材料？</td><td></td></tr>
<tr><td colspan="2">4. 蔬菜需要哪种土壤？</td><td></td></tr>
<tr><td colspan="2">5. 蔬菜需要多长时间生长？</td><td></td></tr>
<tr><td colspan="2">6. 我们需要在哪个季节种植蔬菜？</td><td></td></tr>
<tr><td colspan="2">7. 蔬菜在生长过程中需要注意哪些问题？</td><td></td></tr>
<tr><td colspan="2">8. 我们如何保护蔬菜免受虫害和病毒的侵害？</td><td></td></tr>
<tr><td colspan="2">9. 蔬菜什么时候才是收获的最佳时间？</td><td></td></tr>
</table>

(3) 设计意图。通过各组交流、讨论，总结种植计划的构成要素和注意事项。

(二) 项目实施

1. 耕作阶段

(1) 丈量土地，分地到人。将班级成员划分为5个小组，然后丈量土地，将班级土地进一步划分，开始松土除草(见表2-20)。

表2-20 土地信息

所在班级	
小组成员	
种植位置	

(2) 松土除草，学习劳作。由于菜地长期没有种植农作物，因此泥土结块，需要对土壤进行松土工作，把杂草等其他物质清理干净。第一阶段的松土工作主要是让菜地底部的土壤能够更好地进行暴晒，清除部分微生物在种植过程中带来的影响。

(3) 增施肥料，再次松土。土壤条件比较贫瘠，为了增加土壤的肥沃力，大家都撒上了充足的养料。因为才下过雨，地下湿度可以，再次松土的时候，不用费很大力气了，再次松土，会让土壤变得更加松散。

2. 种植阶段

种植小组的学生分年级站好，每人领一定量的多菌灵粉剂汇入土壤中调拌均匀，然后用喷壶浇水，使土壤湿润。

科学老师们发放蔬菜种子，每组20颗种子，指导学生将种子均匀地撒在土上，然后在种子上面盖上一层2～3毫米的土，慢慢用喷壶浇少量的水。看谁种的方法正确，可让会种的同学示范。种植信息见表2-21。

表2-21 种植信息

所在班级	
小组成员	
蔬菜名称	
种子数量	

3. 管理阶段

各个班级每天安排队员值日(2个左右)，在第一节课开课前10分钟，负责对菜地浇水、施肥、除草等。

由各班班主任负责每日发放“蔬菜种植管理表”(见表2-22)。

表2-22 蔬菜种植管理表

蔬菜名称		种植地点	
种植日期		值日人员	
日期/天气	生长情况：	采取措施：	
月 日 天气：____		□浇水 □除草 □晒太阳 □松土 □施肥 □捉虫子	

学生定期对蔬菜生长情况做记录，其中包括茎的粗细、蔬菜苗高、开花结果、叶子观察情况，并对蔬菜生长变化进行图文并茂的记录(见表2-23)。

表2-23 蔬菜种植观察记录表

<table>
<tr><td colspan="2">种植日期</td><td colspan="3"></td><td>观察地点</td><td colspan="3"></td></tr>
<tr><td colspan="2">观察形式</td><td colspan="7"></td></tr>
<tr><td colspan="2">观察人</td><td></td><td>所在班级</td><td></td><td>学号</td><td colspan="3"></td></tr>
<tr><td colspan="2">观察蔬菜名称</td><td colspan="2"></td><td>蔬菜类别</td><td colspan="4"></td></tr>
<tr><td colspan="2">蔬菜生长喜好环境</td><td colspan="2"></td><td>种植方式</td><td colspan="4"></td></tr>
<tr><td colspan="9">蔬菜生长状况记录</td></tr>
<tr><td rowspan="2">序号</td><td rowspan="2">时间</td><td rowspan="2">茎的粗细</td><td rowspan="2">蔬菜苗高</td><td rowspan="2">开花结果</td><td colspan="3">叶的观察记录</td><td rowspan="2">存活数量</td></tr>
<tr><td>数量</td><td>最大叶长</td><td>最大叶宽</td></tr>
<tr><td>1</td><td></td><td></td><td></td><td></td><td></td><td></td><td></td><td></td></tr>
<tr><td>2</td><td></td><td></td><td></td><td></td><td></td><td></td><td></td><td></td></tr>
<tr><td>3</td><td></td><td></td><td></td><td></td><td></td><td></td><td></td><td></td></tr>
<tr><td>4</td><td></td><td></td><td></td><td></td><td></td><td></td><td></td><td></td></tr>
<tr><td>5</td><td></td><td></td><td></td><td></td><td></td><td></td><td></td><td></td></tr>
<tr><td>6</td><td></td><td></td><td></td><td></td><td></td><td></td><td></td><td></td></tr>
<tr><td>7</td><td></td><td></td><td></td><td></td><td></td><td></td><td></td><td></td></tr>
<tr><td>8</td><td></td><td></td><td></td><td></td><td></td><td></td><td></td><td></td></tr>
<tr><td>蔬菜生长状况</td><td colspan="4"></td><td>图片说明</td><td colspan="3"></td></tr>
<tr><td>病因总结</td><td colspan="8"></td></tr>
<tr><td>补救措施</td><td colspan="8"></td></tr>
<tr><td>备注</td><td colspan="8"></td></tr>
</table>

对于种植过程中出现的问题，小组商讨给予合理的方案，采取相应的措施进行改善，并随时观察记录其变化。如果发现有蚜虫侵害蔬菜，学生们会使用生物防治方法或有机农药进行治理。在保证蔬菜健康成长时，需要进一步总结种植经验，并且形成数据和观察成果的记录。

4. 收获阶段

小组间讨论自己种菜心得，教师为小组蔬菜种植情况打分（见表2－24）。

表2－24　蔬菜种植评价表

序号	评价项目	评价标准	得分
1	种植方案	种植计划合理，包括蔬菜的种类、数量、时间等方面；有对土壤酸碱度和养分含量进行测试和补充	
2	蔬菜质量	蔬菜质量良好，健康、有活力、无虫害等问题	
3	土壤处理质量	土壤处理得当，松软、通透、肥沃，利于根部生长	
4	浇水施肥	合理浇水，避免过度或不足；施肥适量，不损害植物	
5	病虫害防治效果	病虫害防治到位，及时出现问题并采取有效措施	
6	维护劳动	学生和家长共同参与，有劳动计划，按照时间节点完成工作	
7	种植成果	种植存活率可观，能够达到预期效果	

（三）出项

（1）实践活动结束后，每个班级在班级展示角安排一块区域，展示自己种植蔬菜的成果和劳动过程。展示内容包括蔬菜的生长情况（如种植时间、生长状态、采摘时间等）、学生劳动过程照片（如播种、浇水、施肥、松土等）等内容。展示角定期开放一学年，以方便师生和家长参观欣赏。

（2）实践活动结束后，学校举办一场“蔬菜品尝会”，届时将请来各班的学生家长，由各班展示种植的蔬菜以及烹饪出的美食。学生和家长一起参与蔬菜的品尝和烹饪，感受学生的劳动成果和创意。

（3）实践活动结束后，学校在校园积极开展观察日记评比活动（见表2－25）。学生将在蔬菜种植的过程中，每周记录蔬菜的生长状态和变化，并在观察日记中写下自己的想法和感受。观察日记可以是文字、照片或其他创意形式，由多方综合评分。

表2－25　观察日记评价表

<table>
<tr><td colspan="2">班级：</td><td colspan="4">姓名：</td></tr>
<tr><td rowspan="2">评价指标</td><td rowspan="2">评价标准</td><td colspan="3">评价方式</td><td rowspan="2">综合评价</td></tr>
<tr><td>自评</td><td>互评</td><td>师评</td></tr>
<tr><td rowspan="3">参与程度</td><td>对劳动有浓厚的兴趣</td><td>☆☆☆</td><td>☆☆☆</td><td>☆☆☆</td><td rowspan="3">□优秀
□良好
□合格</td></tr>
<tr><td>能积极主动参与整个劳动过程</td><td>☆☆☆</td><td>☆☆☆</td><td>☆☆☆</td></tr>
<tr><td>有劳动成果</td><td>☆☆☆</td><td>☆☆☆</td><td>☆☆☆</td></tr>
</table>

续 表

评价指标	评价标准	评价方式			综合评价
		自评	互评	师评	
合作精神	能服从分工并完成任务	☆☆☆	☆☆☆	☆☆☆	
	能大胆表明自己对于活动的想法	☆☆☆	☆☆☆	☆☆☆	
	能热心帮助他人	☆☆☆	☆☆☆	☆☆☆	

八、反思与展望

(一) 真实情境驱动，实践助育劳动情感

通过本项目的综合实践活动，学生们亲身参与了蔬菜的种植过程，培养了他们的观察能力和动手实践能力。学生们在小组合作中学会了分工合作、分享和交流，增强了团队合作意识。通过观察和记录蔬菜的生长情况，学生们培养了耐心和责任心，同时也加深了对劳动的敬畏之情和珍惜粮食的意识。在实践过程中，学生们积极参与，表现出浓厚的兴趣和热情。他们通过实际操作和亲身体验，更加深入地理解了蔬菜的种植过程和生长要求。同时，通过小组合作和分享，学生们在交流中互相学习和进步。

(二) 跨学科融合，扎实落实核心素养

本项目融合劳动实践、科学探究、艺术设计等方面内容，引导学生学以致用，将所学的知识和方法应用迁移到真实的情境或其他领域中，将学习过程中形成的积极的态度、创新的精神、行为的规范、正确的价值观以不同的形式迁移到日常生活以及未来的学习和生活中。能够培养学生的多元能力，丰富学习内容和方式，提高学生对综合知识学习的热情；帮助学生建立不同学科之间的联系，加深对知识的理解；更好地培养学生解决实际问题的能力，为学生未来的学习和生活奠定基础，更好地适应社会发展的需求。

然而，本项目的教学也存在一些不足之处。首先，在学情分析中，我们没有详细了解每个学生的观察能力和动手实践能力的差异，导致在实践操作环节中，部分学生可能会遇到困难，需要更多的指导和帮助。其次，在实践过程中，我们在引导学生观察和记录方面的指导不够充分，没有给予学生足够的启发和引导，导致有些学生对观察和记录的内容和方式理解不够深入。在今后的教学中，我们会更加关注学生个体差异，根据每个学生的实际情况提供个性化的指导和帮助。同时，在教学过程中，我们会加强对观察和记录的引导，鼓励学生多角度、多维度地观察和记录，从而提高他们的观察能力和表达能力。

总的来说，本项目的教学取得了一定的成效，学生们通过实践活动深入了解了蔬菜的种植过程，培养了观察和动手实践能力。通过合作和分享，学生们增强了团队合

作意识和交流能力。在今后的教学中，我们将进一步改进教学策略，更好地满足学生的学习需求，提高教学效果。

案例分享

日常蔬菜简介卡

项目类型	年级	课时数	学校	设计者	实施者
跨学科项目	二年级	7 课时	海口市海燕小学	王厚锦	王厚锦

一、项目概述

蔬菜是人们日常饮食中必不可少的食物之一，蔬菜可提供人体所必需的多种维生素和矿物质等营养物质，是健康成长的物质来源，多吃蔬菜对人体有好处。但在日常生活中，学生对蔬菜的了解少之又少，不了解蔬菜的种类、营养价值等因素，会出现挑食、偏食的习惯，营养不均衡，导致有些学生身体肥胖，还有便秘现象，影响了身体的健康。如何唤起学生对蔬菜的喜爱呢？为了让学生了解蔬菜、与蔬菜交朋友、爱上吃蔬菜，我们开展了以“蔬菜”为主题的推介会，制作日常蔬菜简介卡的学习活动，带领学生了解蔬菜、研究蔬菜、推介蔬菜，从而让他们更多地了解蔬菜，合理科学地食用蔬菜。学生可以通过搜索、调查、访谈、咨询等手段来获取信息，并通过信息处理及分析的方式形成基本概念。学生使用各类技能，开展协作式、讨论式、探究式学习，在制作简介卡的同时学习知识、建立学科联系、掌握技能、加强语言表达能力，树立正确的饮食生活习惯。

二、项目目标

（一）知识与能力目标

（1）语文：文字描述和语言表达。调查问卷报告、小组讨论交流解决方案、制作简介卡、撰写蔬菜推介稿、反思笔记。

（2）科学：了解蔬菜的基本知识和概念。认识常见蔬菜的功效与作用，描绘并表述常见蔬菜的基本特征，能对常见的蔬菜进行分类。了解蔬菜还有药理作用，还可以制作各类化妆品等，让学生感知蔬菜的神奇功效。

（3）美术：审美感知和艺术表现。如蔬菜印画和“沙拉”作品。

（4）劳动：知识技能、合作技能、实践技能。让学生在说说、画画、绘制简介卡、动手包饺子制作中喜欢吃蔬菜。通过观察、交流，让学生知道蔬菜是我们生活中不可缺少的食物。

(二) 学习素养目标

(1) 研究与探索能力:学生需要对各类蔬菜进行深入研究,了解其营养价值、生长环境、食用方式等信息,这有助于提升他们的主动探究能力和独立解决问题的能力。

(2) 知识整合能力:通过收集、整理和归纳蔬菜的相关知识,形成可视化的简介卡片,锻炼了学生的系统性思维和跨学科知识整合运用能力。

(3) 创新设计能力:在制作卡片的过程中,如何将信息清晰、直观地呈现出来,需要学生具备良好的视觉表达和创新设计技巧,同时也能够激发他们的审美情趣和创新意识。

(4) 团队协作能力:该项目是以小组形式完成,那么分工合作、沟通协调以及互相学习的过程,会极大提升学生的团队协作精神和社会交往能力。

(5) 实践操作能力:从理论到实践,从信息搜集到实物制作,这个过程不仅锻炼了学生的动手能力,也让他们体验到学以致用的乐趣,认识到知识服务于生活的重要价值。

(三) 核心价值目标

(1) 健康生活价值观:通过学习蔬菜的营养价值,使学生明白均衡饮食的重要性,树立起尊重自然、珍爱生命、崇尚健康生活的价值观念。

(2) 社会责任感:引导学生关注食品安全问题,理解农业生产和生态保护的社会意义,从而培养他们关心社会、服务社会的责任感。

三、挑战性问题

(一) 本质问题

(1) 我们如何深入了解蔬菜、认识蔬菜——蔬菜在生活中有什么价值?

(2) 不吃蔬菜会引起哪些危害?

(二) 驱动性问题

(1) 蔬菜有哪些营养价值?

(2) 食用蔬菜对人体有什么好处?

四、预期成果

(一) 产品形式

绘制日常蔬菜简介卡。

(二) 公开方式

举办日常蔬菜推介会。

五、项目评价

(一) 过程评价

(1) 能否辨识常见蔬菜,准确说出常见蔬菜的名称。

(2) 能否用文字描述、语言表达或在美术活动中用色彩、形状来表现蔬菜的味道和特征。

(3) 能否详细记录并说出蔬菜功效与作用的知识技能。

(二) 结果评价

(1) 简介卡的展示、项目介绍、推介会,能否达到一定效果和作用。

(2) 能否明白均衡饮食的重要性。

(3) 能否树立起尊重自然、珍爱生命、崇尚健康生活的价值观念。

六、项目资源与工具

(一) 项目资源

计算机、平板电脑、网络、与蔬菜相关的书籍或其他形式的资料信息、绘图工具、美术材料、蔬菜等。

(二) 项目工具

A4 纸、相关食材、电磁炉、胶水、超轻黏土等。

(三) 计划时间表(表 2 - 26)

表 2 - 26　计划时间表

课时	目　　标
第 1 课时	发布项目主题,调查数据,分享数据,确定探究内容,开展入项活动
第 2 课时	观察日常蔬菜,认识常见蔬菜,记录日常蔬菜的基本特征;了解蔬菜的营养价值,对蔬菜进行分类
第 3 课时	完成蔬菜印画、制作蔬菜“沙拉”
第 4 课时	制作蔬菜饺子、乐于动手制作蔬菜美食
第 5～6 课时	了解“营养金字塔”、制作“日常蔬菜简介卡”、举办日常蔬菜推介会
第 7 课时	撰写反思笔记、分享交流

七、项目实施设计

(一) 入项活动

(1) 说说你最喜欢吃的食物是什么,它是什么味道的呢? 请你在爸爸妈妈的协助下,调查生活中的各种美食,了解不同食物的营养价值。

(2) 全班学生以小组为单位,利用课余时间,随机对本班师生进行口头问卷调查,了解大家最喜欢吃的食物。

(3) 以小组为单位,分享自己最喜欢吃的食物及说明喜欢吃这种食物的理由,统计出被提及次数排名最多的食物。

统计预设一:部分孩子不爱吃蔬菜,喜欢吃一些高糖、高盐、高油、高热量的食物,而忽视了蔬菜的重要性。

统计预设二:大部分孩子还是喜欢吃蔬菜的,部分孩子对一些食物表示不喜欢吃。

(4) 提出:探寻了解蔬菜的小秘密。

(二) 项目实施

1. 任务一:认蔬菜

(1) 学习目标:①能学会细致地观察蔬菜的基本结构,如:叶、茎、根、花、果等。②能对不同的蔬菜有基本的认识,了解到果蔬的多样性,同时知道常见蔬菜的名称、颜色、气味、形状、大小等。③能用表格或卡片的形式记录下蔬菜的特征。

(2) 学习活动:①为了让孩子们感知到食物的丰富性、多样性,周末时间让家长带着小朋友一起去菜市场、超市或者周边的菜园子逛逛,让孩子认识一下各类蔬菜的基本结构、名称、种类和特征。问题链:你所认识的蔬菜的基本结构由几个部分组成?蔬菜的形状特点? 你认识的蔬菜有什么样的气味? ②根据观察所得,完成“认识蔬菜量化表”(见表2-27)。

表2-27 认识蔬菜量化表

<table>
<tr><th rowspan="2">蔬菜名称</th><th rowspan="2">蔬菜的组成部分</th><th rowspan="2">蔬菜的基本造型</th><th colspan="3">了解特征</th><th colspan="3">画上你的个性表情吧!</th></tr>
<tr><th>颜色</th><th>形状</th><th>气味</th><th>自评</th><th>组评</th><th>师评</th></tr>
<tr><td></td><td></td><td></td><td></td><td></td><td></td><td></td><td></td><td></td></tr>
<tr><td></td><td></td><td></td><td></td><td></td><td></td><td></td><td></td><td></td></tr>
<tr><td></td><td></td><td></td><td></td><td></td><td></td><td></td><td></td><td></td></tr>
<tr><td>表情评价</td><td colspan="8">非常满意 比较满意 不满意</td></tr>
<tr><td>综合评语</td><td colspan="8"></td></tr>
</table>

2. 任务二:说蔬菜

(1) 学习目标:①能有条理地介绍常见蔬菜,并说出其有哪些营养价值。②能说出吃蔬菜对我们身体有什么帮助。③能对常见蔬菜进行分类,如果蔬类、叶菜类、苦味类等。

(2) 学习活动:①蔬菜知多少:以小组为单位,选出两种或两种以上的蔬菜,小组讨论其营养价值以及功效和作用,并以图表的形式(见表 2-28)记录下来,派小组代表发言分享。②开展分享会:学生通过文字描述和语言表达对蔬菜的认识,此活动可以提升认知与表达能力。如白萝卜根肉质,长圆形、球形或圆锥形,根皮绿色、白色、粉红色。具有下气、消食、除疾润肺、解毒生津,利尿通便的功效。主治肺热、便秘、吐血、气胀、消化不良、痰多、大小便不通畅、酒精中毒等;如白菜的叶柄是白色,扁平,花鲜黄色,花瓣倒卵形。白菜含丰富的维生素、膳食纤维和抗氧化物质,能促进肠道蠕动,帮助消化;如四季豆是豆科蔬菜,茎上有柔毛,荚果呈带状,稍弯曲。四季豆有滋补,解热,利尿,消肿等功效;对治疗水肿、脚气病有特殊疗效。食用四季豆必须煮熟煮透,趋利避害,更好地发挥其营养效益。③蔬菜的分类:以小组为单位,可以根据蔬菜的功效、外形特征、味道、生长习性等进行分类,如第一组以蔬菜的功效进行分类、第二组以蔬菜的外形特征进行分类(见表 2-29)……

表 2-28　蔬菜知多少

蔬菜名称	营养价值	显著的功效和作用	其他好处

表 2-29　蔬菜的分类

类别	分类标准	蔬菜名称
如:豆荚类	含豆子	四季豆、毛豆等

3. 任务三:玩蔬菜

(1) 学习目标:①能利用蔬菜进行印画,并得到他人的真实评价。②能选取自己喜欢的材料,用色彩、形状来表现蔬菜的味道和特征,完成"沙拉"作品,并得到他人的真实评价。③能感知蔬菜的鲜艳色彩,能在美术活动中提高对蔬菜的喜爱之情。

(2) 学习活动:①蔬菜印画:让学生们比一比,看谁印的画最好看。学生们认识了各种蔬菜,从学生感兴趣的事物入手,更能够吸引他们,提高他们的创作兴趣。用蔬菜来印画,是一种新的形式,奇妙的蔬菜,能印出各种图案(见表 2-30)。让学生们知道原来我们生活中每天吃到的各种各样的蔬菜还可以拿来画画呢!②香香的沙拉:学生选取自己喜欢的材料,用色彩、形状来表现食物的味道和特征,体验自主作画并与同伴交流画面的乐趣。让学生动手绘制美食可以发展学生的观察能力、动手能力和操作能力(见表2-31)。

表2-30　蔬菜印画评分表

使用的蔬菜	印画展示	自评	他评	师评
评分标准	非常满意　比较满意　不满意			

表2-31　"香香的沙拉"评分表

沙拉名称	作品展示	自评	他评	师评
评分标准	非常满意　比较满意　不满意			

4. 任务四:尝蔬菜

(1) 学习目标:①能积极参与制作美食活动,在教师的指导下自己动手制作饺子。②能在爸爸妈妈的指导下,在家择菜、洗菜、下锅翻炒、装盘等,能积极主动地参与劳动当中。③养成爱劳动的好习惯。

(2) 学习活动:①我是小厨师:随着课程的深入开展,为了让学生们更加了解蔬菜,喜欢吃蔬菜,并养成不挑食的好习惯,同时让他们了解蔬菜的不同口味和多种制作方式,激发学生的食欲及探索精神。首先,学生根据自己的口味喜好,由学生回家准备食材带到学校,然后在教师的指导下自己动手制作饺子,并和小伙伴们一起分享(见表2-32)。②我会做蔬菜美食:让学生在爸爸妈妈的指导下,在家尝试择菜、洗菜、下锅翻炒、装盘,培养动手能力的同时,激发他们的责任心,体验劳动的乐趣,从小养成爱劳动的好习惯(见表 2－33)。

表 2－32　我是小厨师

制作的食物	所需食材	制作过程	味道	自评	他评	师评
评分标准	非常满意　比较满意　不满意					

表 2－33　我会做蔬菜美食

制作的食物	所需食材	我担任的角色	我分担了哪些事	我的感想	自评	父母评
评分标准	非常满意　比较满意　不满意					

5．任务五:健康达人

(1) 学习目标:①能了解“营养金字塔”的相关内容,在“营养金字塔”中梳理一日膳食的规律,增进健康饮食的意识。②能根据对常见蔬菜的认识,制作“日常蔬菜简介卡”。③各小组能按照“推介会分工表”(见表 2－35)有序布置和举办推介会。

(2) 学习活动。①营养金字塔:教师运用问题链驱动学生合作探讨。为什么样样食物都要吃? 膳食营养金字塔包括哪些营养? 如“金字塔”的第一层是最重要的粮谷类食物,它构成塔基,应占饮食中的很大比重。每日粮豆类食物摄取量为 250～400 克,粮食与豆类之比为 10∶1。“金字塔”的第二层是蔬菜和水果,因此在金字塔中占据了相当的地位。每日蔬菜和水果摄入量 250～450 克,蔬菜与水果之比为 8∶1。“金字塔”的第三层是奶和奶制品,以补充优质蛋白和钙,每日摄取量为 300 克。“金字塔”的第四层为动物性食品,主要提供蛋白质、脂肪、B 族维生素和无机盐。禽、肉、鱼、蛋等动物性食品每日摄入量为 100～200 克。“金字塔”塔尖为适量的油、盐、糖。以上四种基本成分加上塔尖叠合在一起恰似“金字塔”。②制作日常蔬菜简介卡(见表 2－34):教师运用问题链驱动学生合作探讨。了解了膳食营养金字塔的相关知识,我们知道蔬菜占据了相当重要的地位,我们可以通过什么方式向所有师生推荐蔬菜? 如何唤起大家对蔬菜的喜爱呢? 我们又应该怎样向大家介绍蔬菜呢? ③推介会:让学生分小组合作,举办一次“蔬菜推介会”,让参会的师生了解蔬菜在日常饮食中的重要地位,认识蔬菜,改变以前不合理的饮食习惯(见表 2－35、表 2－36)。

表2-34 日常蔬菜简介卡

名称	外形简图	颜色	我的发现	营养成分	功效
自评					
他评					
师评					

表2-35 推介会分工表

负责小组	职　责	组员
策划和组织	负责整场推介会的策划和组织工作,包括确定推介会的主题和目标、制订推介会的日程安排、确定推介会的参与对象等	
市场推广	负责推介会的宣传和推广工作,包括制作宣传材料、利用社交媒体平台进行推广等,吸引更多的受众参与推介会	
活动场地布置	负责推介会的场地布置工作,包括设计和安排展示台、搭建展示桌椅、设置宣传海报、准备演讲台等,以实现推介会活动的顺利进行	
嘉宾接待	负责接待推介会的嘉宾,包括邀请嘉宾参加推介会、提供相关信息和资料等	
演讲和展示	确认演讲内容、提供相关技术支持和设备保障等,以确保推介会的信息传递和展示效果	
记录和总结	负责推介会的记录和总结工作,包括记录推介会的各个环节和活动过程、整理参与者的反馈意见、撰写推介会的总结报告等	

表2-36 推介会评分表

负责小组	我的任务	遇到的问题	我的解决办法	自评	他评	师评

续 表

负责小组	我的任务	遇到的问题	我的解决办法	自评	他评	师评
评分标准	☺ 非常满意　☺ 比较满意　☹ 不满意					
综合评价						

(三) 出项活动

学生撰写反思笔记:应包含活动前期、活动中期、活动后期的实施亮点与不足;对合作过程、探索过程、实际操作过程、效率效果等方面进行表述;写自己最大的收获……

八、反思与展望

学生通过多种活动对蔬菜有了初步的了解,同时,学生的观察力、想象力、语言表达、动手能力等方面在亲身体验和直接感知中都得到了进一步的发展,逐渐养成科学进餐、不挑食、不偏食的好习惯,在生活化、趣味化的情境中,引导学生不断探索,感知蔬菜的明显特征,制作常见蔬菜的简介卡。在项目实施过程中,充分利用了生活中丰富的资源,有趣地探索和体验过程,帮助学生建立了对周围人和事物的积极的情绪情感体验。

项目式学习通过项目活动的参与体验和反思,能够促进学生不断重建和丰富自己的内部经验。但是要想落地还面临重重困难,于我个人而言:首先,我担心学生自己研究某个问题时不深入,或者频繁出错,需要“耗费”教学时间去复盘、纠偏。其次,实施项目式教学的能力不足。项目式学习的顺利开展需要教师合理设计项目。

很多时候,基础教育阶段的考试往往只能考查学生对于事实的简单记忆。按照布鲁姆的认知目标分类,这些属于低层级的认知突破,通过机械练习就能够熟练掌握,而项目式学习培养的是理解、运用、分析、评价、创造等高层次的能力。所以,教师不仅要合理设计项目,还要根据学生的学情和基础培养学生的各项能力、情感态度、价值观。

因此,在今后的教学中,我将进一步改进教学策略,力求多方面地满足学生的学习需求,促进学生的全面发展。

案例分享

探寻植物生长的秘密

项目类型	年级	课时数	设计者	实施者
跨学科类项目	四年级	26课时	史丹丹	史丹丹

一、项目概述

小学生对植物有天然的好奇心,种植是他们乐于从事的实践性活动。《义务教育科学课程标准》“生物体的稳态与调节”这一部分的课程内容建议教师鼓励学生开展基于实验的探究活动,探索植物生存、生长的规律,引导学生围绕植物生长所需的条件开展系列探究。

本项目基于大单元设计,涵盖了二年级上册第三单元“植物与环境”、三年级上册第一单元“植物的‘身体’”和三年级下册第四单元“植物的生长”等相关内容,围绕着“探寻植物生长”展开探究。

二、项目目标

(一) 知识与能力目标

(1) 语文:学会文字描述和语言表达,会用文字描述植物的根、茎、叶、花、果实和种子具有帮助植物维持自身生存的相应功能。

(2) 科学:经过种植、观察、记录,直观了解植物生长经历,种子萌芽成幼苗、开花、结出果实等阶段。

(3) 美术:审美感知和艺术表现。如记录植物生长过程的手抄报,制作植物生长的观察图。

(4) 劳动:亲自动手体验植物生长过程,提高动手操作能力和观察记录能力。

(二) 学习素养目标

(1) 观察能力:学生通过观察植物的生长过程记录其变化,理解植物生长的原理。通过这一过程,学生可以学习到植物的生长条件、生长周期等基础知识,同时提升观察力和实验能力。

(2) 实践操作能力:在学习过程中,学生需要亲自动手进行实验操作,如种植植物、定时浇水、测量植物的生长数据等。这些实践操作可以帮助学生更深入地理解植物生长的过程,同时培养他们的动手能力和责任感。

(3) 信息整合能力:学生需要定期记录植物的生长数据,如高度、叶片数量等,并通过图表或文字描述的方式展示这些数据，这一过程有助于提升学生的数据处理能力和科学思维。

（4）团队协助能力：在项目化学习中，学生可以分组进行，共同完成观察任务。在团队合作中，学生需要学会分工合作、相互支持，并通过讨论和分享的方式解决遇到的问题，这一过程有助于提升学生的团队协作能力和沟通能力。

（三）核心价值目标

（1）尊重自然与生命的价值观：学会尊重每一棵植物，珍视它们的生命，对它们的生长环境和条件给予充分的关注和照顾。

（2）耐心与毅力：学生学会耐心地等待和观察植物的生长，学会勇敢地克服面对植物生长过程中的挑战和困难，并积极寻找解决问题的方法，不断调整和优化观察方案。

三、挑战性问题

（一）本质问题

如何通过开展探究"探寻植物生长的秘密"这个项目化学习，让学生了解植物生长的过程，并学会写观察日记，制作手抄报呢？

（二）驱动性问题

种植一株植物需要哪些准备呢？怎样才能种好一株植物？植物的生长需要哪些条件？什么样的环境更加适合植物的生长？

四、预期成果

（一）产品形式

完成植物生长的观察日记，制作手抄报，展览自己种植的植物盆栽。

（二）公开方式

学生带着自己种植的植物及相关图表、演示文稿等布置植物展示会，向参会的师生介绍项目经历，呈现展示成果，并完成观察日记和手抄报。

五、项目评价

（一）过程评价

（1）了解植物生长的条件。

（2）用文字描述、语言表达、线描彩绘植物生长的过程。

(3) 详细记录并说出植物生长过程和生长与环境的关系知识技能。

(4) 积极参与合作交流,分享成果。

(二) 结果评价

产品展示评价。

六、项目资源与工具

(一) 项目资源

计算机、平板电脑、网络、与植物生长的书籍或其他形式的资料信息、绘图工具、美术材料、植物的种子等。

(二) 项目工具

纸签、盆子、种子。

(三) 计划时间表(见表2-37)

表2-37 计划时间表

时间	内　容
第1~2课时	发布项目主题,调查数据分享。确定探究内容,开展入项活动
第3~13课时	学习观察方法,了解环境因素。观察植物特征,了解生长习性
第14~23课时	探究环境变量,了解适宜环境。种植选定植物,记录生长变化
第24~26课时	整理相关材料,形成最终成果。评选优秀作品,公开成果展示

七、项目实施设计

(一) 入项活动

1. 引入主题,激发兴趣

通过提问或分享植物趣闻,激发学生对植物的好奇心,展示一些有趣的植物图片或视频,让学生感受到植物的神奇和美丽。

2. 介绍项目背景和目标

简要介绍植物生长的基本知识和科学原理,帮助学生建立对项目的整体认识。

明确项目目标,如观察植物的生长过程、记录生长数据、分析生长条件等。

3. 设计实践活动,引导学生参与

组织学生分组,每组选择一种植物进行种植和观察。指导学生制订种植计划,包括选择种子、准备土壤、浇水、施肥等。设立观察记录本,要求学生每天记录植物的生长情况,如高度、叶片数量等。

(二) 项目实施

1. 任务一:研究植物身体的奥秘

(1) 学习目标。①能细致观察植物的根,了解根的特点和根的作用;②了解植物茎的特点,知道茎对植物生长的作用;③了解植物花的构成和形态,了解花的构造和花各部分的作用;④能动手操作实验,通过变量实验知道叶对植物生长的作用;⑤了解种子结构,描述结构特点,了解种子不同部位的功能。

(2) 学习内容。①根的秘密。要求师生准备各种植物的根,如菠菜根、大蒜根、芹菜根、葱根、油菜根、萝卜根等,课堂上学生对各种各样的根进行细致的观察。通过观察不同植物的根,了解根的特点,学会认识和区别直根系和须根系,还有变态根。②茎的秘密。根吸收的水分是怎样到达植物"身体"各处的呢?将带叶的冬青插在红墨水里,当叶脉微红时学生切开茎,发现横切面上出现红色圆圈,纵切面上有两条平行红线,这些现象证明了茎有运输水分的作用。③叶的秘密。进入植物体内的水分怎样从体内排出?让学生带一盆植物,用2个白色塑料袋罩住它的两根枝条:一根是摘除叶子的,另一根是保留叶子的。密封的塑料袋内壁出现了小水珠,通过对比实验认识叶的蒸腾作用。④花的秘密。那么,形态不同,颜色各异的花有哪些相同部分?引导学生由外向内用镊子解剖自己带来的花,并按照花萼、花冠、雄蕊、雌蕊归类。根据花的构造分为完全花和不完全花两类。画一画花的构造,知道花各部分的作用。⑤果实和种子的秘密。果实的构造是什么样子的?要求学生带一些家中的水果,课上解剖发现果实由果皮和种子组成。为了进一步了解种子,让学生带各种种子(如玉米、花生等)进行解剖观察。画出种子结构,描述结构特点,了解不同部位的功能。⑥植物奥秘了解量表(见表2-38)。

表2-38　植物奥秘了解量表

<table>
<tr><td colspan="4" rowspan="2">评价标准</td><td colspan="5">画上你的个性表情吧!</td></tr>
<tr><td>自评</td><td colspan="2">组评</td><td colspan="2">师评</td></tr>
<tr><td colspan="4">能否说出植物根的作用</td><td></td><td colspan="2"></td><td colspan="2"></td></tr>
<tr><td colspan="4">能否说出植物茎的作用</td><td></td><td colspan="2"></td><td colspan="2"></td></tr>
<tr><td colspan="4">能否说出植物叶的作用</td><td></td><td colspan="2"></td><td colspan="2"></td></tr>
<tr><td colspan="4">能否说出植物花的作用</td><td></td><td colspan="2"></td><td colspan="2"></td></tr>
<tr><td colspan="4">能否说出植物果实和种子的作用</td><td></td><td colspan="2"></td><td colspan="2"></td></tr>
<tr><td>表情评析</td><td>😄</td><td>非常满意</td><td>🙂</td><td>比较满意</td><td>😐</td><td>不满意</td><td></td><td></td></tr>
</table>

2. 任务二:种植植物,探究影响植物生长的奥秘

(1) 学习目标。①能小组合作,共同完成本次的种植任务;②能分工合作,小组成员分别从关照和湿度两个方面记录不同的环境因素对植物生长的影响(见表2-39);③能记录下植物在不同时间、不同的阳光和湿度下的不同生长状态;④能观察不

同的时间植物生长的变化。

(2) 学习活动。以小组为单位,在小组内讨论植物生长可能需要适宜的光照和湿度。准备材料:小组选择种植的种子、种植的器具、标签纸等。

表2-39 环境对植物生长的影响

	1号植物	2号植物	3号植物	4号植物
处理方法	10粒植物的种子加适量水	10粒植物的种子加适量水	10粒植物的种子光照充足	10粒植物的种子光照充足
	光照充足	光照不充足	水分缺乏	水分充足

(3) 记录植物生长的变化(见表2-40)。

表2-40 植物生长变化表

植物序号	不同的部位	生长的变化(可附图片)	生长的情况评价(打“√”)		
			良好	一般	无变化
1号植物	根				
	茎				
	叶				
	花				
2号植物	根				
	茎				
	叶				
	花				
3号植物	根				
	茎				
	叶				
	花				
4号植物	根				
	茎				
	叶				
	花				
结果的探究:					
得出结论和总结:					

(4) 小组交流,汇报成果。各小组探究出种植植物最适宜的环境条件。

3. 任务三:种植植物,观察植物的生长

(1) 学习目标:①小组成员能根据植物生长最适宜的环境条件种植植物;②制订观察记录卡,记录植物在适宜环境下生长的变化。

(2) 学习活动:①观察记录卡(见表2-41)。②记录卡评价表(见表2-42)。

③观察植物的变化，形成观察日记，并填写观察日记评价表(见表2－43)。④制作植物生长的手抄报，并完成评价量表(见表2－44)。

表2－41 观察记录卡

种植对象	时间	生长状态	颜色变化	附图片	心得、感受和体会

表2－42 记录卡评价表

评价标准	完成情况(打√)			
合理设置观察的时间周期	优秀	良好	合格	不合格
能清楚写出植物的生长变化				
能记录下植物生长的过程图片				

表2－43 观察日记评价表

评价标准		满星	得星数
1	围绕对象持续观察，并写出几则内容连贯的观察日记	10	
2	能从颜色、大小、形状等角度写出观察对象的变化	10	
3	调动感官从多角度展开细致观察	5	
4	注意观察顺序(时间顺序，空间顺序……)	5	
5	书面整洁，字迹工整，语句通顺，标点正确，无错别字	5	
6	加入自己的想法和心情	5	

表2－44 植物生长绘画写生作品评价量表

评价领域	评价标准	画上你的个性表情吧！		
		自评	组评	师评
审美感知	能否准确描述艾叶的形状特征			
艺术表现	能否用线描的形式绘出植物的生长变化			
	能否准确配对植物正常过程的颜色变化			
创意实践	作品是否有突出植物生长习性的特写部分			
文化理解	能否用语言表达自己对美术作品的感受			
	能否简单说一说植物生长过程的变化			
表情评价	☺ 非常满意	☺ 比较满意	☹ 不满意	
综合评语				

(三) 出项活动

(1) 植物生长奥秘的优秀手抄报展览。

(2) 植物生长观察日记优秀作品的展示。

(3) 生长状态良好植物的展览。

(4) 能分享种植植物的过程和心得体会。

八、反思与展望

(一) 激发兴趣,调动热情

这次项目化的最大意义是"做中学",学生在没有种植植物前,如何让学生了解植物各个部分对植物生长的作用是非常关键的。首先通过提问或分享植物趣闻,激发学生对植物的好奇心,展示一些有趣的植物图片或视频,让学生感受到植物的神奇和美丽,对种植植物有了非常大的兴趣。另外,课堂上简要介绍植物生长的基本知识和科学原理,帮助学生建立对项目的整体认知。明确项目目标,如观察植物的生长过程、记录生长数据、分析生长条件等。最后组织学生分组,每组选择一种植物进行种植和观察。指导学生制订种植计划,包括选择种子、准备土壤、浇水、施肥等,并设立观察记录本,要求学生每天记录植物的生长情况,如高度、叶片数量等,观察植物的生长变化。

(二) 寻找问题,建立评价体系

每个学生初始的种植环境和种子状况都各具特色,有些学生在种植的过程中并未一次成功,这导致植物生长情况的不同。针对这种情况,引导学生对种植过程进行回顾和总结。在项目化学习中,一个至关重要的保障就是建立科学且有效的评估体系,这一体系必须结合过程性评价和终结性评价,全面反映学生们的学习情况。

(三) 注重沟通和反馈

在项目实施过程中,发现有些学生对于自己的种植成果并不满意,但他们并没有及时向教师反馈。这可能是因为在与学生的沟通上存在一定障碍,还需要教师更加主动地去了解他们的想法和感受,以便及时给予指导和帮助。

案例分享

一日营养食谱

项目类型	年级	课时数	学校	设计者	实施者
跨学科项目	二年级	8课时	海口市海燕小学	陈夏旋	陈夏旋

一、项目概述

在当今社会，随着生活水平的提高，饮食健康问题逐渐成为公众关注的焦点。对于正处在成长关键期的小学二年级学生来说，养成健康的饮食习惯对他们的身体和智力发展至关重要。然而，许多小学生由于缺乏正确的饮食知识，同时受到不健康零食、快餐等食品的诱惑，往往忽视了营养均衡的重要性。

为了解决这一问题，通过开展项目化学习活动，帮助小学二年级学生深刻认识到健康饮食的重要性，并学习如何制作营养均衡的饮食。学生通过食物调查与分类、食谱设计、烹饪实践活动以及食谱展示与评价等一系列活动，掌握基本的营养知识，并将这些知识融入日常生活，从而培养出健康的饮食习惯。

此项目的实施，不仅能提升学生的健康水平，也有助于他们的全面成长。健康的饮食习惯对学生的身体健康有益，同时也能提升他们的学习效率和专注力。参与项目化学习活动还能锻炼学生的团队合作和沟通表达能力，为他们的未来发展奠定扎实的基础。

此项目还将引发学校、家庭和社会对小学低年级学生饮食问题的更多关注，共同为学生的健康成长营造一个更好的环境。

二、项目目标

(一) 核心知识与能力目标

(1) 语文:通过准确使用描述食物的词汇，撰写简洁明了的食谱说明，提高语言表达能力，增强文字的组织和应用能力。

(2) 综合实践:通过实际操作，了解食材的选购、搭配与烹饪流程，提升生活实践能力。

(3) 信息技术:通过网络资源搜索食材的营养价值和烹饪方法，提升信息收集与筛选能力。

(4) 美术:通过设计美观的食谱版面，培养美术设计和创意表达能力。

(二) 学习素养目标

(1) 培养学生自主学习的能力，通过独立探索和实践来解决问题。

(2) 增强学生的团队协作精神，学会在团队中分享知识和经验。

(3) 锻炼学生的批判性思维，能够在众多信息中分辨真伪，选择适合自己的营养方案。

(4) 激发学生的创新思维，尝试不同的食材搭配和烹饪方法，创造出新颖美味的菜品。

(三) 核心价值目标

(1) 让学生形成健康的饮食观念,认识到营养均衡对身体健康的重要性。

(2) 让学生关注家庭成员的饮食习惯和健康,培养家庭责任感和关爱他人的品质。

三、挑战性问题

(一) 本质问题

如何通过开展"一日营养食谱"这个项目学习,将复杂的营养学知识简化,让学生了解各种食物的营养成分及其对身体健康的影响,使学生能够根据营养学原则搭配食物,并掌握简单的烹饪技巧,培养学生养成健康饮食的意识和习惯,理解健康饮食的重要性?

(二) 驱动性问题

哪些食物是有营养的?如何确保所选食物能提供身体所需的各种营养素?如何为自己和家人选择健康的食物?怎样的食谱才能保证一日的营养均衡?用什么工具和方法来方便地记录和计划一日的餐饮安排?

四、预期成果

(一) 产品形式

(1) 学生饮食现状调查问卷。

(2) 根据问卷及结果报告提出方案:健康均衡饮食让生活更健康。

(3) 一日食谱绘本作品。

(4) 相关的图文视频作品。

(二) 公开方式

5月20日是"中国学生营养日",学生以小组为单位,向同学们介绍自己绘制的一日营养食谱,分享与家人、朋友动手制作食谱的快乐。

五、项目评价

(一) 过程评价

(1) 参与态度:学生是否按时完成任务,是否积极主动地参与活动,对活动的态度是否积极。

(2) 团队协作能力:学生在团队中是否和其他成员有效协作,承担自己的责任。

(3) 信息收集与处理能力:学生是否能有效地收集和整理健康营养知识,并将其应用到绘本制作中。

(4) 创造力:学生的作品是否具有创新性,是否能够以独特的方式表达健康营养知识。

(5) 实践能力:学生是否能将所学的理论知识应用到实践中,是否能制作出实际的食谱绘本作品。

(二) 结果评价

(1) 内容丰富度:绘本内容是否涵盖了健康营养的各个方面,是否全面、丰富。

(2) 知识准确性:绘本中的健康营养知识是否准确、科学,是否符合二年级学生的认知水平。

(3) 艺术性:绘本的插图、版面设计等是否美观、吸引人,具有一定艺术价值。

(4) 实用性:食谱绘本是否具有一定实用性,是否能帮助学生养成健康饮食习惯。

(5) 创意性:绘本是否具有创意,能引起学生的兴趣和思考。

六、项目资源与工具

(一) 项目资源

计算机、平板电脑、网络、与健康食谱相关的书籍或其他形式的资料信息、绘图工具、美术材料等。

(二) 项目工具

剪刀、卡纸、彩笔等。

(三) 计划时间表(见表 2－45)

表 2－45　计划时间表

时间	内　　容
第 1 课时	发布项目主题,调查数据分享,确定探究内容,开展入项活动
第 2～5 课时	学习营养大类,了解食材营养,实践组合搭配,绘写营养食谱
第 6～8 课时	提供评价支架,选评优秀食谱,动手实践烹饪,公开成果展示

七、项目实施设计

(一) 入项

1. 故事导入

教师讲述一个小朋友因为饮食不均衡导致生病的案例,通过简单的故事,告诉学生们营养的重要性。

比如,一颗小树苗需要阳光、水和土壤才能健康成长。同样,我们的身体也需要各种营养素才能健康，引导学生关注营养饮食的重要性。

2. 讲解营养素和食物

教师使用投影仪播放营养学小视频，帮助学生了解人体所需的五大营养素及食物来源。

教师告诉学生五大营养素是：蛋白质、碳水化合物、脂肪、维生素和水，展示常见的食物卡片，告诉他们这些食物含有哪些营养素。（见表 2－46）

表 2－46 含五大营养素的常见食物

五大营养素	食物	
蛋白质	动物性来源	肉类（牛肉、猪肉、鸡肉等）、鱼类、蛋类、奶制品（牛奶、奶酪等）
	植物性来源	豆类（大豆、红豆等）、坚果、种子
碳水化合物	谷物	米饭、小麦、大麦、燕麦等
	根茎类蔬菜	红薯、马铃薯等
脂肪	动物性来源	肉类、乳制品
	植物性来源	植物油（橄榄油、花生油、菜籽油等）、坚果、种子
维生素	水果	柑橘类、草莓、猕猴桃等
	蔬菜	菠菜、胡萝卜、番茄等
	谷物	五谷、大米、糙米、全麦面包等
水	主要来源是饮水和饮料，以及部分食物中的水分。大部分的饮水需求可以通过饮用水来满足	

3. 调查同龄人饮食现状

在项目开始之前，我们需要对小学二年级学生周边同龄群体的饮食现状进行调查分析，了解他们的饮食习惯、喜好以及对健康饮食的认识程度。这一步骤可以通过问卷调查表的方式进行，以便更好地设计课程内容和方法（见表 2－47）。

表 2－47 学生饮食现状调查

一、基本信息

学生姓名：________ 性别：________

年龄：________ 学校名称：________

二、饮食情况

1. 你每天吃早餐吗？

□是（请填写早餐内容）

□否

2. 你每天的午餐是在学校吃吗？

□是

□否

3. 你每天的晚餐是在家里吃吗？

□是

□否

续　表

4. 你最喜欢的食物是哪些？（多选） □肉类 □蔬菜 □水果 □甜点 □其他(请注明) 5. 你每周喝牛奶的频率是？ □每天 □3～4 天 □1～2 天 □不喝 6. 你每天的饮水量是多少？ □大于 1 L □0.5～1 L □小于 0.5 L 7. 你是否偏食或有不喜欢的食物？ □是(请注明不喜欢的食物) □否 8. 你是否经常吃零食？ □是(请注明零食类型) □否 9. 你是否经常吃快餐？ □是(请注明快餐类型) □否 10. 你是否愿意尝试新的食物？ □是 □否 11. 你是否经常和家人一起吃饭？ □是 □否(请注明原因) 12. 你是否知道什么是健康饮食？ □是(请简述) □否

4. 调查同龄人的食物喜好

为了创造出深受同学们喜爱的午餐食谱，本项目采取小组合作的方式，学生对身边 10 位同龄群体最喜欢的食物和最不喜欢的食物进行调查，并以图表的形式进行可视化展示，以便更好地了解同学们的饮食偏好(见表 2－48)。

表 2－48　食物喜好调查表

最喜欢的食物 水果类：你最喜欢的水果是什么？ 蔬菜类：你最喜欢的蔬菜是什么？

续 表

肉类:你最喜欢的肉类是什么? 主食类:你最喜欢的主食是什么? 小吃类:你最喜欢的小吃是什么? 饮料类:你最喜欢的饮料是什么? **最不喜欢的食物** 你最不喜欢吃的蔬菜是什么? 你最不喜欢吃的水果是什么? 你最不喜欢吃的肉类是什么? 你最不喜欢的主食是什么? 你最不喜欢的小吃是什么? 你最不喜欢的饮料是什么?

(二) 项目实施

1. 了解各种食材的营养成分

我们需要收集各种食材的营养成分资料,为后续的营养学知识宣传册的设计和编写提供数据支持。这些数据可以帮助我们向学生介绍每种食物的营养价值和功能,以及如何合理搭配食物。

为了让学生更好地理解和掌握营养学知识,我们需要设计易于学生理解的宣传册。在宣传册中,我们可以使用图片、图表等形式,直观地展示各种食物的营养成分和推荐摄入量。此外,我们还可以结合生活实例和趣味知识,提高学生对营养学的兴趣(见表2-49)。

表2-49 食物的营养成分和推荐摄入量(低年级)

1. 谷类和薯类: 谷类和薯类是主要的碳水化合物来源,为身体提供能量。每天应摄入适量的谷类和薯类,如大米、面粉、玉米、马铃薯、甘薯等。 推荐摄入量:每天吃2~3份谷类和1~2份薯类。 2. 蔬菜类: 蔬菜富含维生素、矿物质和膳食纤维,有助于维持身体健康。各种颜色的蔬菜都应该摄入。 推荐摄入量:每天吃2~3份蔬菜。 3. 水果类: 水果富含维生素、矿物质和膳食纤维,美味可口。每天应摄入不同种类水果。 推荐摄入量:每天吃2~3份水果。 4. 肉类、鱼虾和蛋类: 这些食物富含蛋白质、铁、锌和维生素B12等营养素,对身体发育非常重要。 推荐摄入量:每天吃1~2份肉类、鱼虾或蛋类。 5. 豆类和坚果类: 豆类和坚果类食物富含蛋白质、膳食纤维和矿物质等营养素,对身体有益。 推荐摄入量:每天吃1~2份豆类或坚果类食物。 6. 奶制品类: 奶制品是钙和维生素D的重要来源,对身体骨骼和牙齿发育非常重要。可以选择牛奶、酸奶、奶酪等奶制品。

续　表

推荐摄入量:每天喝2～3杯牛奶或酸奶,或者吃1～2份奶酪。 总体来说,建议每天摄入各种营养素,并且适量控制总能量的摄入,以保持身体健康成长。

2. 制作一日营养食谱

(1) 准备阶段。①多媒体资料准备。为了使学生更好地理解营养学的基本知识,教师需要准备一些关于营养学的小故事、动画或者短视频。这些资料可以通过网络查找,也可以自制。在查找或制作这些资料时,要确保其内容准确、生动有趣,能够吸引学生的注意力。②食物图片或模型准备。准备一套上课需要的食物图片或模型,确保包括五大营养素的各类食物。例如:蛋白质类的鸡肉、鱼、鸡蛋,碳水化合物类的米饭、面包,脂肪类的橄榄油、坚果,维生素和矿物质类的各种蔬菜和水果,水类的各种饮料等。将这些图片或模型放在一个大盒子里,或者贴在白纸上。③绘本制作工具准备。在开始制作营养食谱之前,学生需要自己准备绘本制作所需的工具,如彩色纸张、剪刀、胶水、彩笔等。教师可以提前布置这一任务,并提醒学生在准备工具时注意安全,要使用安全剪刀等工具。④分组准备。为了提高活动的趣味性和互动性,教师可以根据学生的兴趣和意愿,将他们分成若干小组,每组人数根据实际情况而定。在分组时,教师可以考虑到学生的特点,如动手能力、绘画技巧等,以便更好地发挥学生的优势。同时,教师也可引导学生通过小组合作来培养团队精神。

(2) 分组与分发食物图片。将学生们分成几个小组,每组3～4名。确保每个小组都能获得一套完整的食品图片或模型。告诉他们将要扮演一天"营养配餐师",为家人配制一日三餐。

(3) 配餐时间。鼓励学生们根据五大营养素的需求,选择合适的食品图片或模型来制作他们的"营养餐"。提醒他们每餐都要尽量包含五大营养素,确保营养均衡。可以设置一个简单的配餐规则,例如每餐必须包含至少一种蛋白质、一种碳水化合物、一种蔬菜或水果等(见表2-50)。

表2-50　配餐规则

<table>
<tr><th>早餐</th><th>中餐和晚餐</th></tr>
<tr><td>蛋白质:牛奶、鸡蛋、豆腐等
碳水化合物:面包、燕麦片等
脂肪:花生酱或天然坚果等
维生素:新鲜水果如苹果、香蕉等
水:饮用足够的水等</td><td>蛋白质:鱼、鸡肉、豆类等
碳水化合物:米饭、土豆、蔬菜等
脂肪:橄榄油、牛油果等
维生素:蔬菜沙拉、水果拼盘等
水:饮用足够的水等</td></tr>
<tr><td colspan="2">每餐必须包含至少一种蛋白质、一种碳水化合物、一种蔬菜或水果等。</td></tr>
</table>

(4) 动手实操。准备一些食谱卡片,上面写着各种食物和对应的营养素。让每组学生合作制订一份"一日营养食谱"。

学生选择卡片,根据卡片上的食物和营养素来制作一日三餐食谱。(见表2-51)

例如,早餐可以选择牛奶(蛋白质和脂肪)和香蕉(维生素和碳水化合物)。午餐可以选择米饭(碳水化合物)和鸡肉(蛋白质和脂肪)。晚餐可以选择蔬菜沙拉(维生素和碳水化合物)和豆腐(蛋白质)。

图2-51 我的一日营养食谱

早餐	中餐	晚餐

(5) 分享与讨论。让每个小组的"营养配餐师"展示他们的食谱,并解释为何这样选择。通过讨论,让学生们理解每种食物所含的主要营养素,以及为何我们需要这些营养素。

(6) 评选最佳食谱。鼓励学生投票选出他们认为最均衡、最有趣的食谱。

(7) 评价与反馈。设计评价策略:小组报告,每个小组展示自己的食谱,其他小组和教师给予评价和建议。教师总结每组的食谱特点,强调营养均衡的重要性。为学生提供反馈:针对每组的食谱给予具体建议,指导学生如何改进自己的食谱。

(8) 实践活动布置。①为家人制订一份"一日营养食谱",并记录下来。②与家长一起购买食材,尝试制作食谱中的菜品。③写下制作食谱和烹饪过程中的心得体会。

(三) 出项

1. 一日营养食谱:绘本展示

出项是项目实施的最后阶段,也是检验学生学习成果的重要环节。在这一阶段,学生需要将所学知识应用到实际生活中,自己设计一份健康的食谱并进行全班汇总,制作成为班级绘本。他们可以根据营养学原则,结合自己的口味和喜好,选择合适的食材和烹饪方法,还可以在组内分享自己的食谱,互相学习交流。

为了鼓励学生积极参与出项活动,我们可以组织食谱评选活动,选出最佳的食谱并给予奖励。这不仅可以激发学生的创造力和参与热情,还可以帮助他们更好地理解健康饮食的原则和方法。

2. 入厨烹饪,制作小报

通过"入厨烹饪,制作午餐"活动,使学生亲自动手制作健康营养的午餐,加深对健康饮食的认识,培养他们的实践能力。

根据学生们的喜好和营养需求,按照自己先前设计好的健康营养的食谱,动手烹饪。完成烹饪后,组内学生可以互相邀请品尝佳肴,分享烹饪心得和食谱改进建议。教师观察学生在活动中的表现,包括动手能力、创新能力等方面。将学生制作的午餐拍照或视频记录下来,展示在班级群或其他平台上,让家长也参与评价中来。

鼓励学生分享自己的心得体会，通过互动交流，提高学生的表达能力和自信心。最后用一张张精美的小报来记录自己的学习收获。

3. 项目评价(见表 2-52)

表 2-52　最佳食谱评价表

评价类别	评价内容	得星
食材选择(☆☆☆)	是否选择了新鲜食材(☆)	
	是否考虑到了食物的多样性(☆)	
	是否考虑到了食物的季节性(☆)	
营养搭配(☆☆☆)	是否包含了五大类食物(☆) (蛋白质、碳水化合物、脂肪、维生素和水)	
	是否简单易操作(☆)	
	是否考虑到了口味和颜色的搭配(☆)	
插图绘制(☆☆)	使用纸张是否合适，是否干净整洁。(☆)	
	插图是否能清晰地表达出食谱的内容(☆)	
创意性(☆☆)	是否展现出了创意和个性(☆)	
	是否能够吸引读者的注意力(☆)	
总得星数		

八、反思与展望

(一) 理论与实践的紧密结合：营养食谱制作体验

学生在参与“一日营养食谱”的制作过程中，深刻体会到了理论与实践的紧密结合。在制作食谱时，学生尝试将课本上的营养知识运用到实际中，比如合理搭配蛋白质、碳水化合物和脂肪的比例。但在实际操作中，发现要真正做到营养均衡并不容易，例如某天食谱中的蔬菜种类过多，导致口感略显单调。这令人认识到，制作营养食谱不仅要有科学知识的支撑，还需考虑实际操作的可行性和口感的多样性。

(二) 团队合作：营养食谱制作的基石

通过项目实践，学生更加明白了团队合作的重要性。在制作食谱时，与小组成员分工合作，共同商讨每餐的搭配。有一次，他们在讨论早餐的选择时，意见出现了分歧。但通过沟通与交流，最终达成了一致，选择了既营养又美味的早餐方案。这次经历让他们认识到，在团队中要学会倾听他人的意见，尊重不同的观点，通过合作达成共识。

(三) 持续学习：提升营养食谱制作能力的关键

此次项目还让学生认识到了持续学习与自我提升的必要性。学生在制作食谱的过程中，遇到了一些不熟悉的食物和营养知识，于是主动查阅相关资料，向教师或家长请教。这种不断学习的态度使自己在项目中不断进步,也对营养学产生了浓厚的兴趣。未来,学生将继续保持这种学习态度,不断提升自己的知识和技能。

(四)展望未来:拓宽视野,推广健康饮食

在本次项目化设计"一日营养食谱"的实践中,基于真实的家庭饮食情境,让学生们扮演小营养师的角色,协同合作规划一日的营养饮食。通过这一项目,学生们不仅学习了营养学的知识,还锻炼了实践能力和解决问题的能力。在未来的项目中,将尝试把营养食谱的设计与更多的学科领域相结合,如科学、数学、艺术等。通过跨学科的项目设计,让学生在学习营养学知识的同时,也能拓展其他学科的视野和能力。

第三章
项目化学习中学生发散性思维能力的培养策略

项目化学习中学生发散性思维能力的培养策略，主要从思维的横向与纵向着手，促进学生思维的深度与广度，帮助他们思考与解决真实情境下的问题，从而为学生在项目化学习中的创新精神奠定良好的基础。

一、正确理解发散性思维与创新能力的概念与内涵

（一）什么是发散性思维

发散性思维实质是一种迁移，是在已有知识、经验的基础上，通过有效的拓展延伸并和其他知识进行衔接，形成知识网络的一种思维方式，它具有流畅性、变通性、独特性等特点。在项目化学习中，教师通过引导学生对知识的迁移运用、多角度、全方位地思考问题等方式，能够开阔学生的视野，并能将这种思维方式运用于解决真实情境中的问题。

（二）什么是创新能力

所谓创新能力，即指在技术和各种实践活动领域中不断提供具有经济价值、社会价值、生态价值的新思想、新理论、新方法和新发明的能力。考夫曼从纵向发展的视角将人一生的创造性分为四个层级，包含最小创造性、日常创造性、专业创造性和杰出创造性。这四个层级的创造性层层递进，鼓励人们认识到创造性是普遍存在的，并且可以通过实践和培养来发展和提高。在项目化学习中，我们可以通过不断地实践来培养和提高学生的创造性思维能力。

（三）发散性思维与创新能力的关系

发散性思维又称为求异思维、扩散思维等，是指多角度、全方位地去思考，整合所学知识与信息，并运用于实际问题解决的能力。因此，发散性思维能力与创新能力紧密相关，是创新能力的重要基础。教师应引导学生通过归纳、演绎、类比、分析、综合等方法，养成多方面寻求答案的思维形式，这是创造思维的具体体现，有利于促进学生创新能力的提升。

二、项目化学习中发散性思维方法的运用

（一）逆向思维

在项目化学习中，教师可以引导学生结合具体要解决的问题，以目标为导向逆向思考，小组之间合作进行分析、猜想、交流，充分考虑并列出所有条件，以便通过合理

的方式推理出解决办法，培养学生的逆向思维能力。

如“为校运动会设计奖牌”项目化学习案例中，教师创设了学生合作设计校运会奖牌的情境，引导学生从设计奖牌这一个最终目标出发逆向思维，小组之间分工合作，从结果出发推理出制作校运会奖牌需要的材料，并结合自己收集到的材料和学校特色，设计独一无二的奖牌，在运动会上进行颁奖。在评价学生学习过程时，教师设计并运用表 3－1 对学生进行思维过程的评价，既评价了学生团结合作的能力，也对学生的思维能力进行了科学、合理的评价。

表 3－1　学生思维过程评价表

学习主题		组别		姓名	
评价指标	评价内容	评价要点（每一项满分 10 分）	家长打分	组员打分	教师打分
团结协作能力	参与度	积极参与小组活动，按要求完成任务			
	专注度	遇到困难能坚持，并尝试解决			
	自信心	态度大方，充满自信			
	合作度	乐于合作，主动与人交流			
探究实践能力	整理资料	展示成果时能根据需要选取有价值的资料			
	解决问题	主动积极地解决学习过程中遇到的问题			
	整合各科	能将各学科融合进行探究			

此表是对学生在设计奖牌过程中合作、探究能力的评价表，该评价表能有效地调节和推进学生的行为表现。学生以此表格为标准逆向思维，并按照标准进行合作与探究，从而有利于培养学生思维的专注度和逻辑性。

这种以结果为导向来思维的方式在项目化学习中常常能用到，可以有效地培养学生的逻辑思维能力、推理能力，在学生逆向思考的过程中，也锻炼了学生思维逻辑的严谨性。

（二）纵向思维

纵向思维，又称为收敛思维或聚合思维，是发散性思维的重要组成部分。在项目化学习中，教师和学生通过对所收集信息的归纳、筛查和分析来寻找不同情境下问题的答案，在此过程中重视细节和已有的知识结构，能够培养学生在学习中追求知识的深度和精确性，养成深入思考的好习惯。

如“把童话展示出来”项目化学习案例中，教师从引导学生阅读童话出发，循循善诱，要求学生将童话故事中阅读到的人物或者揭示的道理与生活实际相联系，拉近了知识与生活之间的联系，学生的学习生活能力和解决问题的能力均得到提高，培养了他们的纵向思维能力，学生在阅读中也养成了深入思考的好习惯。

纵向思维能够锻炼学生对所学知识和所要解决的问题进行深入思考，学生在潜移默化中加深了对所学知识、所要解决问题的理解，同时也激发了他们对所学知识深入学习的兴趣与好奇心。

(三) 横向思维

在项目化学习中，教师还应培养学生的横向思维，引导学生举一反三，融会贯通。教师在设计项目化学习中，可以将所要教会学生的知识融合在一个个生动有趣的活动中，学生可以从不同角度对问题进行发散，得出不同的解决方法，对知识进行潜移默化的“认知—实践—运用”，能使他们加深对知识的理解，并能在此基础上举一反三，培养学生的横向思维能力。

如“分享我的阅读习惯”项目化学习案例中，让学生以多种形式分享自己的阅读习惯，并结合自身情况，运用良好的阅读习惯进行阅读。教师根据不同类型的书提供阅读记录支架，使学生的横向思维得到充分延伸。

(四) 系统性思维

系统性思维是一种综合性的思考方式，更加注重培养学生的整体观、全局观，学生需要对所搜集到的资料进行关联和整合，并将其视为一个整体，从整体上充分考虑事物之间的相互联系、相互作用，以及如何整合现有资源，发挥更大的作用。

如“愿你午休愉悦”项目化学习案例中，从学生的生活实际出发，从学生们身边的午睡出发，通过视频、图片等多种形式的展示，引导学生从整体出发，发挥自己的主观能动性，自主发现午休中存在的问题，并在这个过程中发散学生们的思维，循序渐进，引导学生说出解决问题的办法并执行。

在这个过程中，教师通过对学生进行系统性思维的培养，既让学生看到了知识之间的联系，又让学生有了全局观，知道在思考问题时，既要考虑问题之间的联系，又要从整体来考虑问题，从而促进学生高阶思维的形成。

三、项目化学习中发散性思维培养的基本策略

(一) 鼓励学生表达奇思妙想

在项目化学习中，教师应该引导学生养成愿意倾听的习惯，让学生感受到别人对自己想法的期待；建立开放的沟通环境，让学生可以无负担、无压力地表达自己的想法；循序渐进地提出开放的问题，引导学生举一反三；在倾听学生想法后，及时做出回应，使其感受到被重视；表扬学生表达奇思妙想的行为，增强学生的信心；与学生积极表达自己的见解；尊重学生想法并一起讨论，肯定学生在项目化学习中的可取之处，激发其以后的表达欲。在此过程中还可以借助学生感兴趣的图片、思维导图等方式培养学生爱思考的好习惯。

（二）引导学生思维严谨

在项目化学习中，教师可以通过循序渐进的引导，提高学生思维的严谨性，通过鼓励学生基于问题进行提问、实践，引导学生提出深度和广度兼具的问题，让他们学会从不同角度深入探究思考问题。

（三）培养学生科学思维

培养学生的科学思维是一项重要而综合的任务，这一过程涉及多个步骤，包括但不限于观察、质疑、发问、设想、验证、反思和矫正，这七个步骤之间环环相扣，可以锻炼学生思维的批判性和严谨性，更能养成独立思考、解决问题的能力，从而真正成为思维的主体。

（四）评价发散性思维

项目化学习中发散性思维的评价，应结合具体情境，从学生思维的模式、思考的深度、思考的广度、学生思维的严谨性、学生思考时对知识的重组建构等方面进行评价。学生发散性思维的培养，其实是学生在项目化学习过程中，对所学知识进行重新架构，理解知识与知识之间的关系、知识与情境之间的关系，并对零散的知识进行概括、提升，从而将思维和知识进行迁移运用的过程。因此，科学、正确地评价学生的发散性思维，需要尊重学生自主思考和专注思考，培养学生在活动中产生对知识的深入理解与整合运用的能力。

学生发散性思维能力的培养是一个漫长的过程，教师应当用贴近学生学习生活的案例去引导学生思考，并且在学生思考的时候，给足学生深入思考与联想的时间，引导学生学会全面、系统地考虑问题，将所学运用于生活中，进而培养他们的发散思维，优化认知，为创新能力的培养和发展奠定良好的基础。

案例分享

把童话展示出来

项目类型	年级	课时数	学校	设计者	实施者
学科项目	1～6年级	10课时	海口市海燕小学	苟媛媛	苟媛媛

一、项目概述

童话历来为小学生所喜闻乐见，生动有趣的故事情节深深地吸引着小学生，童话故事具有生动有趣、想象丰富等特点，在阅读中可培养学生的想象力，也可引导学生对童话故事中的现象进行思考并与实际生活相联系。

通过学生选择自己喜欢的形式将童话故事展示出来更能加深学生的体悟，让童话以有趣的形式展示在学生面前，激发学生的阅读兴趣。所以，我决定从“童话”出发，以多种可选择的形式，让学生在享受中感受童话的魅力，由此开展“把童话展示出来”的活动项目。

将童话展示出来的过程是通过学生的展示把学生的阅读过程外化，学生在展示前需要对童话中人物形象进行揣摩，从而进行更加深入地思考，让学生更清楚地意识到自己的阅读过程，增加学生的体悟，进而不断调节和改进自己的阅读水平，这也是一个引导学生深入思考的过程。在对阅读成果进行展示的时候，不指定特定展示的方式，而是给学生一些展示的方向，让学生选择自己喜欢的方式，按照自己的想法将阅读成果展示出来，既尊重了学生独特的阅读感受，又培养了学生的发散性思维、多元智能和创新意识，以后学生也可以将这种习惯迁移到其他书籍的阅读过程中，达到举一反三的效果。

二、项目目标

（一）知识与能力目标

在项目过程中，培养学生的语文素养，提高学生文字描述、语言表达和倾听的能力。学生在汇报和展示自己组的成果时，需要通过生动的语言进行描述，在此过程中培养学生的发散性思维、多元智能和创新意识。在交流过程中，突出学生的主体地位，引导学生用自己喜欢的方式分享童话故事，其他同学认真倾听并做出积极回应，培养学生批判性评价思维。

（二）学习素养目标

在制作分享成果时，提高学生运用信息技术和审美创造的能力。教师可以通过丰富有趣的图片、视频等形式引导学生认识童话及其特点，通过让学生制作童话故事分享课件以及绘制童话故事人物形象、设计思维导图、设计绘本、设计书签等活动，提高学生的审美感知能力。

（三）核心价值目标

通过引导学生在阅读童话故事中学会思考、分享，培养学生的批判思维、口语交际能力、多元智能和创新意识，让学生在活动中爱上阅读，养成良好的阅读习惯。

三、挑战性问题

（一）本质问题

学生自主阅读童话故事书的兴趣较低，阅读时极少有学生能够联系自己的生活进行深入思考。如何促进学生阅读童话时深入思考呢？

(二) 驱动性问题

学生在阅读完一本童话故事书后,通过小组合作的方式,共同选择阅读展示的形式,分工合作完成书籍阅读的展示,学生在活动中爱上阅读童话故事书,同时加入自己的思考。为了使阅读更好地展示,在此过程中,学生需要对哪些问题进行深入地思考?

四、预期成果

(一) 产品形式

(1)"我喜爱的童话"情景剧(主要形式)。

(2)将童话与生活联系的习作。

(3)童话故事人物书签。

(4)绘制童话故事思维导图。

(5)自制童话故事绘本。

(二) 公开方式

学生以小组为单位,进行"我喜爱的童话"情景剧展示,向师生介绍小组项目成果。

五、项目评价

(一) 过程评价

(1)小组内能有计划地阅读童话故事书,并完成阅读记录卡。

(2)组内每日交换阅读记录卡,并进行交流。

(3)能够有意识地将童话故事中的人物联系生活,并进行思考。

(二) 结果评价

(1)学生展示"好书推荐卡",并说明推荐理由。

(2)学生以小组为单位进行书签、绘本等特色展示。

(3)展示方式多样,思考深入。

六、项目资源及工具

(一) 项目资源

计算机、平板电脑、网络、与童话相关的书籍或其他形式的资料信息、绘图工具、美术材料等。

(二) 制作工具

(1) 制作工具。

彩笔、A3 纸、硬卡纸。

(2) 评价工具。

项目化学习中的评价是多元丰富的,它指向学习目标,具有"目标—实践—成果—评价"的一致性。所以在过程性评价中,每个环节在涉及核心知识、主要的高阶认知策略和重要的学习实践等方面都会相应涉及评价量规考查学生。

在学生出项后,教师先对学生的手抄报和人物关系图进行评价,师生共同根据评价量表(见表 3-2、表 3-3)进行评价,最终选出"书籍推荐小专家"和"特色展示小专家",并将阅读推荐卡、学生的连环画、手抄报等张贴在黑板上展示。

表 3-2 "书籍推荐小专家"评价量表

评价要点	评价标准
书籍内容介绍完整	☆☆
推荐理由完善、条理清晰	☆☆
能分享喜欢的情节	☆☆
能分享喜欢的主人公,并说明原因	☆☆
书籍推荐卡卷面整洁、富有创意性	☆☆
总分	
建议	

此外,还对学生的特色展示进行评价,大家选择自己喜欢的方式,展示小组的阅读成果,大家经小组讨论并打分,选出班级"童话故事展示小专家",以激发学生的阅读兴趣。

表 3-3 "特色展示小专家"评价量表

评价要点	评价标准
展示紧紧围绕故事内容展开	☆☆
展示形式新颖,能吸引人	☆☆
在展示中能让你知道故事中的人物并对其感兴趣	☆☆
展示中让你对这本书感兴趣	☆☆
总分	
建议	

在学生上台展示时,关注学生的表达,所以在每个组派代表上台展示时,大家对展示的代表进行打分,并选出"童话故事展示小能手"(见表 3-4),鼓励大家在表达时要做到落落大方。

表3-4 童话故事展示小能手评价量表

评价角度	要　求
熟悉度	脱稿完成,流利地进行分享,分享时突出亮点(☆☆)
情感	在分享时,富有情感(☆☆)
声音	声音响亮,根据表达需要灵活交换语气、语调(☆☆)
眼神	与听众有眼神交流,有互动(☆☆)
仪态	精神饱满,仪表大方,站姿自然沉稳(☆☆)
内容形式	内容贴合书籍,形式新颖(☆☆)
总分	
建议	

(三) 计划时间表(见表3-5)

表3-5 计划时间表

时间	内　容
第1课时	发布项目主题,童话分享导入,确定探究内容,开展入项活动
第2～5课时	阅读童话书籍,了解故事内容,填写阅读记录,分享阅读心得
第6～9课时	继续阅读书籍,完成推荐表格提供展示形式,设计展示形式
第10课时	提出修订建议,形成最终成果,演示文稿报告,公开成果展示

七、项目实施设计

(一) 入项活动

子问题1:如何准备“童话故事分享会”,激发学生阅读童话的兴趣?

“童话故事分享会”准备:

(1) 教师方面。在项目开始之前,教师准备有关童话阅读的课件,在其中加入童话故事中有趣的插图、有趣的文字、由童话故事改编的“情景剧”、童话影视作品精彩片段等增加学生阅读童话故事书的积极性,同时也给学生的展示提供思路,培养了学生的发散思维、多元智能及创新意识。

(2) 学生方面。学生就自己目前读过或学习过的童话故事,选择自己想要展示的形式与教师进行沟通并精心准备、分享,同时向同学推荐书目。

(3) 在教师精彩导入和学生分享完后,教师和同学交流并展示推荐的童话故事阅读书单,供学生选择阅读,选择读同一本书的学生组合为一个项目学习小组,设置组长对项目学习小组阅读进行监督、讨论等。在此过程中,培养学生的小组合作、协调、组织等能力,增进同学之间的交流,促进友谊。

(二) 项目实施

子问题 2:学生如何选择所要阅读并分享的童话故事书籍?

学生选择的童话故事书籍可以是教师推荐的童话阅读书单上的书籍,也可以是课本上推荐阅读的童话故事书籍等,给学生两天的时间,学生根据自己的兴趣自主进行去了解、考虑并选择想要读的童话故事书籍,并在规定时间写上自己要阅读的书籍。

子问题 3:如何按照学生选择的书籍进行小组分工?

到时间后,教师整合学生的阅读书籍,并对书籍选择情况进行归类整理,进行分组和组长等相关事宜的安排,学生由此组成一个项目化学习小组,学生先针对童话故事内容的概括、人物的梳理、情节的分享等讨论预期展示形式,共同阅读,相互交流,共同选择并制作展示内容,开启童话故事阅读之旅。

子问题 4:小组如何进行整本书阅读安排并选择阅读表现形式?

在确定阅读书籍后,小组根据教师发的阅读记录单,根据自己组的进度进行阅读,每日认真记录阅读进度单,并于第二天交流阅读内容,在阅读完整本书之后,小组合力设计展示成果,并对成果进行修改。步骤如下:

(1) 由选择阅读同一本书的学生组成一个组,自主选择组长。

(2) 组长负责制订组内每日阅读页数,并检查组员的阅读完成情况,做到组内进度保持一致,确保在教师规定的日期读完。

(3) 完成每日阅读后,需在教师出示的阅读记录单上进行记录,如遇到困难,可在组内开展交流并解决问题。

(4) 学生在阅读完后,填写学习单,并在小组间进行完善。

阅读开始前,为学生提供多种不同的"每日阅读记录卡"(见图 3-1)以供学生选择自己喜欢的进行阅读记录,教师和小组长们可以通过"每日阅读记录卡"对学生的阅读情况进行了解,反馈阅读情况,同时学生们也可以通过自己的阅读记录卡与组员交流自己昨天读到的有意思的地方、对于人物的看法、分享形式的想法等内容,既锻炼了学生的口语交际能力,又培养了学生的深入思考能力、发散性思维和多元智能。

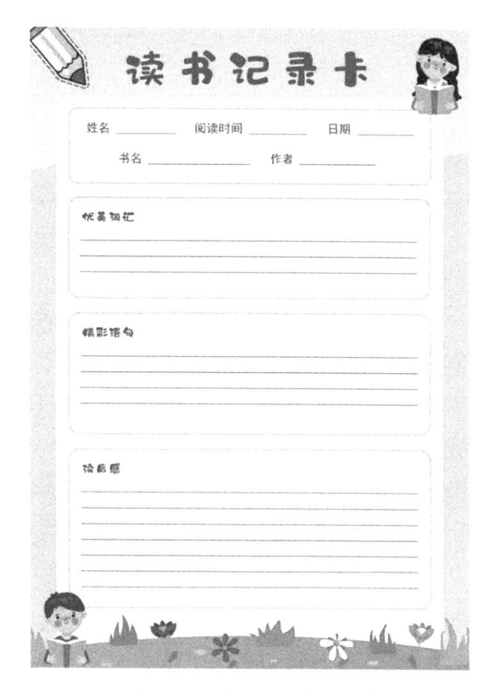

图 3-1　每日阅读记录卡

在同学们快读完所选择的童话故事书

的时候,发给学生阅读指导单(见图3-2),引导学生将书中的人物形象与学习生活中的人的相似之处进行联系,将阅读与生活相结合,并完成阅读分享卡(见图3-3),并进行小组分享,再推荐小组内最好的学生在班级内进行分享。

生活中的童话人物

在我们的生活中,往往会遇到和童话故事中性格类似的人,大家或者身边的朋友在学习生活中像童话故事里的谁呢。读了童话故事,相信里面的很多故事都能引起大家的共鸣,请大家填写下表,为我们分享你或者朋友的小故事吧。

学习生活中的我或者朋友更像:
小故事分享

图3-2 阅读指导单

班级:　　　　姓名:

1. 选出阅读其他童话故事时自己最欣赏的一个书中人物作为“书中友”。如:白雪公主、美人鱼……

2. 完成阅读分享卡。

我的“书中友”	
书名	
人物名字	
特点	
画出想象中人物的样子	

图3-3 阅读分享卡

通过学生用自己的理解画出童话故事中的人物形象并将其分享出来的形式,更能激发学生对故事及人物的深入思考。

童话故事书读完后,教师上一节有关书籍展示的课程,为同学们展示其他学生所完成的手抄报、情景剧、书签等,为学生提供展示思路和范例,可以更好地引导学生发散自己的思维,利用信息技术、美术等将小组展示和书本内容相结合。

(三) 出项活动:以小组形式展示阅读成果

项目活动小组根据自己选择的形式在教室进行了阅读成果展示,展示分为全班共同展示评比和特色展示。此次展示活动既是对学生阅读成果的展示,同时也是对学生表达交流等的锻炼,激发学生阅读兴趣的同时也培养了学生的思维。

1. 全班共同展示评比(好书推荐卡)

(1) 每组根据阅读书籍和内容,组内分工完成好书推荐卡(见图3-4)。

(2) 小组派代表上台进行展示和讲解,同学们可根据感兴趣或有疑问的地方提问。

(3) 全班汇报完后，小组修改完善自己的好书推荐卡并贴在教室内进行展示、评比。

书名		作者		出版社	
主要内容					
最喜欢的情节					
最喜欢的人物＋原因(两点及以上)					
推荐理由(分点作答)					

图 3-4　好书推荐卡

2. 小组特色展示

小组根据选择的形式进行展示，有童话故事手抄报展示、课件展示、连环画展示、故事人物形象卡、读后感等，展示形式多样，学生在展示中发挥了自己的主观能动性，用他们喜欢的形式展示出童话的独特魅力，同时也交流了自己的阅读感受。

3. 多视角评价

在学生展示完自己小组的作品后，小组之间相互派代表对不同的作品进行公平公正的评价，教师也对同学们的评价进行补充和修改。在这个过程中，我们都在认真看、认真听同学们的介绍，学会倾听和尊重别人的劳动成果，同时也学会了从不同的角度去评价作品，每个同学都有不同的收获。

4. 成效与不足

在此出项活动中，学生汇报和展示环节，充分体现出学生能力的提高，证明了个人和团队在阅读过程中的成长。综合、多元地展现出学生在各方面的成长，调动了学生全方位的能力：口才、表现力、勇气、写作能力、积极思维能力、现场操作能力、媒体演示能力、随机应变能力等，同时也反映了团队的凝聚力，以及相互沟通与协作、团队决策与协商能力的提高。

除此之外,学生在看和听别人展示、汇报的同时,自己也会对汇报内容进行深入思考,对自己的汇报进行修改,促进学生思维能力的提升。

八、反思与展望

(一) 项目化学习中的任务设计:如何激发学生的阅读兴趣

坚持每日阅读对于一些学生来说可能存在一定困难,在阅读过程中会存在畏难情绪,不想接着往下读的情况,所以在阅读中激发学生的阅读兴趣尤为重要。在选书的时候,我们选了比较有趣的童话类书籍入手,学生读的时候也会觉得很有趣,同时在每日读完书之后,学生想要对阅读内容进行记录,并于第二天与组员进行交流,为了和组员更有效地交流自己的观点,同学们都会很认真地去读、去思考,促进第二天的交流,如此良性循环,引导学生主动积极地读完整本书。

(二) 项目化学习中的改进:关注每一位学生,尊重每一位学生的阅读感受

阅读是学生的个性化行为,教师在阅读过程中要尊重每一位学生独特的阅读感受,在学生阅读的过程中,充当引导者的角色,不要将自己的感受强加于学生,也不要将别人的阅读感受放在每一位同学身上,尊重个体差异性。

(三) 项目化学习的展望

在项目过程中,学生通过厘清人物形象、画手抄报、做人物形象书签等形式,对童话故事有了深刻的理解。这次项目后,同学们也利用在此项目中学到的方法进行阅读,并与同伴进行阅读交流和分享。此项目打开了学生们阅读童话故事书的大门,同时也引导学生对阅读内容进行更加深层次的思考,激发了学生阅读的积极性。

案例分享

分享我的阅读习惯

项目类型	年级	课时数	学校	设计者	实施者
活动项目	五年级	5课时	海口市海燕小学	赵璐	赵璐、苟媛媛、孔令琴

一、项目概述

习惯,是在长期的过程中逐渐养成的,一时不容易改变的行为、倾向或社会风尚。而阅读习惯对儿童的学习以及生活会产生非常重要且长远的影响。《义务教

育语文课程标准(2022年版)》中明确指出:“小学语文要培养学生自主阅读能力,熟练运用多种阅读方法,注重阅读中的理解和情感体验并培养良好的阅读习惯。”然而,在对学生课外阅读的调查中发现,当前小学生在课外阅读中普遍存在以下几大问题:

一是学生的阅读动机不纯。有很大一部分学生阅读是为了提高成绩,提高写作能力,动机是比较功利的,这样的阅读动机,不利于形成持久的阅读习惯。

二是学生课外阅读内容良莠不齐。小学生群体中仍流行着各类充满暴力、血腥、色情等内容的网络玄幻类小说、悬疑类小说、穿越类小说以及漫画等问题读物。学生长期沉迷于此类问题读物当中,势必会影响其健康成长。

三是学生缺乏系统的阅读方法指导。部分学生比较喜欢阅读,但没有持之以恒的毅力,只是无聊或心血来潮时阅读一下,经常只是读了几页或者一部分就搁置了。这部分学生虽然对阅读有兴趣,但缺乏主动阅读的计划性。还有一部分学生虽然能坚持把书看完,但是缺乏自己独立的思考,这样很难发挥阅读主体的主观能动性,也无法得到令人满意的阅读效果。

四是家庭缺少良好的阅读氛围。关于父母阅读习惯的调查结果显示,虽然父母意识到阅读对于孩子的重要性,但是很多家长日常忙于工作、忙于生活,剩下的闲暇时间又沉迷于电子产品之中,很少以身作则地在日常生活中读书看报,为孩子树立阅读榜样。他们虽然支持孩子课外阅读,却并没有给予孩子阅读指导或与他们讨论阅读内容,多数时间仅限于督促孩子去读书,致使整个家庭缺少读书氛围。

基于以上的问题和思考,我们尝试用项目化学习的方式探究如何培养学生养成良好的阅读习惯。

二、项目目标

(一)知识与技能目标

通过项目,学生能明白什么是好的阅读习惯,能够理解养成好的阅读习惯的重要性,并在教师和父母的帮助下真正爱上阅读,养成坚持阅读的好习惯。

(二)学习素养目标

学会筛选一些有价值的好书进行阅读,制订详细的阅读计划,掌握良好的阅读方法,通过阅读,提升学生的文学素养,促进学生的全面发展。

(三)核心价值目标

通过此次项目化学习,引导学生养成良好的阅读习惯,体会到阅读的乐趣,在养成好习惯的过程中学会坚持。

三、挑战性问题

（一）本质问题

如何能让学生知道什么是好的阅读习惯？如何能把小学生的阅读习惯培养好？

（二）驱动性问题

阅读到底对我有什么作用？如何才能产生好的阅读效果？

四、预期成果

（一）产品形式

举行阅读经验分享会。将学生聚集在一起，指定学生分享自己所阅读的书籍、自己在阅读过程中所使用的阅读方法以及阅读收获，例如如何挑选书目、如何制订阅读计划、选择怎样的阅读记录方式，阅读过程中遇到了哪些困难，如何克服这些困难等。

（二）公开方式

展示学生的阅读成果。从各类阅读成果中选出最具有观赏性、代表性的阅读成果，拍照或者复印成图片，粘贴到统一的展板上，在校内进行公开展示。

五、项目评价

本项目的评价以过程性评价和总结性评价相结合。

（一）过程性评价

过程性评价围绕每天能否坚持阅读、是否表现出一定的阅读兴趣、能否自主制订出阅读计划、是否愿意主动与别人分享阅读收获、是否愿意主动参与校内阅读活动五项内容，以学生自评、家长评价和教师过程跟踪评价为主。

（二）结果评价

终结性评价依据“海口市海燕小学五年级学生课外阅读习惯终结性评价表”进行评价。

六、项目资源与工具

（一）项目资源

计算机、平板电脑、手机、网络、PPT 软件、展板、读书笔记样例、与阅读内容相符合的常用的思维导图样例、音响话筒等。

(二) 项目工具

8K卡纸、A4纸、作业纸、黑笔、各色彩笔、胶水等。

(三) 计划时间表(表3-6)

表3-6　计划时间表

时间	内　　容
第1课时	发布项目主题,调查数据分析,确定探究内容,开展入项活动
第2课时	组织学生研讨、挑选合适的书目;学习如何制订计划、撰写读书笔记、绘制思维导图
第3～4课时	学生自主开展阅读,记录自己的阅读收获
第5课时	出项:举行阅读经验分享会;展示学生的阅读成果

七、项目实施设计

(一) 入项活动:进行问卷调查

为了能充分了解我校五年级学生课外阅读的情况,有针对性地解决阅读习惯培养过程中存在的问题,我们要对五年级学生的课外阅读情况进行问卷调查。

(1) 指导学生研讨、梳理有关课外阅读的哪些情况。

(2) 指导学生根据梳理的问题,通过小程序(问卷星)制作成调查问卷模板,再打印出来。

(3) 随机向五年级200名学生发放调查问卷,待填写完后再收回调查问卷。

(4) 组织学生对调查问卷每一项进行统计、分析数据,分条列项总结出同学们在课外阅读中存在的具体问题。

通过梳理,我校五年级学生在课外阅读中主要存在以下四个问题:一是大部分同学阅读缺乏计划性,坚持课外阅读的时间普遍较短;二是大部分同学不清楚如何挑选书目;三是阅读方式多以毫无目的性的粗略读为主,在阅读过程中没有做阅读笔记的习惯;四是家庭阅读氛围不佳。

(二) 项目实施

项目学习活动一:指导学生挑选合适的书目。

虽说开卷有益,但是学生阅读课外读物的时间有限,我们要利用有限的时间阅读优质资源,有效提升学生的语文素养。

那么,我们该如何挑选课外读物呢?

1. 可从以下四方面来挑选

(1) 选取价值观导向正确、具有正能量的书籍，例如：《钢铁是怎样炼成的》《红星照耀中国》。

(2) 中外经典名著(含名著导读)，例如：《红岩》《西游记》《海底两万里》等。

(3) 根据个人需要有针对性地选择课外读物。如，想要提高语言的美感，可以多读经典诗词；想要提高自己的构思能力，可以多读小说。

(4) 多读名家散文。读文集，效率很高，而且可以领略不同作者的思想，丰富我们的精神世界。比如汪曾祺、季羡林、余秋雨的散文，都值得我们细细品味。

2. 学生根据挑选标准推荐自己喜欢的书目

3. 学生对推荐的书目进行汇总、筛选，最终拟定推荐阅读书单

4. 每位学生自主从书单中挑选自己想要阅读的书目(1～2本)

项目学习活动二：学习如何制订计划、撰写读书笔记、绘制思维导图。

1. 学生根据自己选定的书目及自身特点，从阅读书目、阅读时长、阅读方法及预期阅读成果等方面制订详细的阅读计划表(见表3-7)

表3-7 阅读计划表

阅读书目	阅读时长	阅读方法	预期阅读成果

2. 指导学生从摘抄词句段、抒发自己的阅读感想等方面来撰写读书笔记

3. 出示几种不同的思维导图类型样例，引导学生可根据不用的阅读内容，从不同的角度、不同方面来绘制思维导图(附各种思维导图类型样例)

例如：故事类的书，可以根据故事情节的发展，通过提取主要故事的关键词，用“树形图”来绘制思维导图；

知识面比较广的书，可以依据不同的知识点，用“括号图”来绘制思维导图；

散文类的书籍，可以从作者简介、内容概括、金句积累、阅读感想等方面，用“圆圈图”或“气泡图”来绘制思维导图。

项目学习活动三：学生自主开展阅读，并记录自己的阅读收获。

1. 学生根据自己制订的阅读计划表，自主开展阅读活动。学生在阅读过程中，及时拍照汇报打卡阅读开展情况，学生、家长和教师根据过程评价表对学生的课外阅读情况分别进行自评、家长评和教师评价（见表 3－8）

表 3－8　五年级学生课外阅读习惯过程性评价表

	评价内容	评价标准			学生自评价	家长评价	教师评价
阅读习惯	阅读时长	每天能坚持课外阅读 30 分钟以上	每天能坚持课外阅读 10～30 分钟	每天能坚持课外阅读 10 分钟以内			
		☆☆☆	☆☆	☆			
	阅读兴趣	对课外阅读非常感兴趣	对课外阅读有一定的兴趣	对课外阅读没有兴趣			
		☆☆☆	☆☆	☆			
	阅读计划	阅读计划非常详尽、可操作性强	阅读计划比较完整，可操作性比较强	阅读计划不完整，可操作性不强			
		☆☆☆	☆☆	☆			
	阅读分享	阅读完后能主动与家长、同学、老师交流	阅读完后能根据内容提出一些问题	阅读完后不愿意与家长、同学、老师交流			
		☆☆☆	☆☆	☆			
	阅读活动	参加学校、班级组织的各类阅读活动 3 项以上	参加学校、班级组织的各类阅读活动 1～2 项	从没参加过学校、班级组织的阅读活动			
		☆☆☆	☆☆	☆			

2. 学生选择自己喜欢的方式，记录自己的阅读收获，如撰写读书笔记、画思维导图等

（三）出项活动

1. 举行阅读分享会

将学生聚集在一起，指定学生分享自己所阅读的书籍，自己在阅读过程中所使用的阅读方法以及自己的阅读收获，例如如何挑选书目、如何制订阅读计划、选择了怎样的阅读记录方式，阅读过程中遇到了哪些困难，如何克服这些困难等。

2. 制作展板，展示学生的阅读成果（见表3-9）

表3-9 "分享我的阅读习惯"项目成果评价表

评价内容	评价标准	学生评价
阅读经验分享会	该活动是否促使你产生了一定的阅读兴趣？（是/否）	
	你认为该活动对你的阅读习惯养成是否有用？（是/否）	
	通过活动，你知道了哪些提升阅读效果的方法？	
阅读成果展	你最喜欢阅读成果展中的哪一种形式？（读书笔记/思维导图）	
	你认为还可以怎样做阅读记录？	
你对此次活动还有哪些建议：		

（1）学生分小组收集小组成员的阅读成果（读书笔记、思维导图）。

（2）将汇总后的阅读成果进行分类整理。

（3）从各类阅读成果中选出最具有观赏性、代表性的阅读成果，拍照或者复印成图片，粘贴到统一的展板上。

（4）在全校进行公开展览，发放终结性评价表，实时跟踪了解学生们参加阅读分享会和观展的感受，并及时收回，作分析、总结。

八、反思与展望

（一）教师要注重提升自己的各方面素养

要保证此项目化方案的顺利实施，首先需要对项目实施对象当前课外阅读中存在的问题进行充分了解并分析原因，以便于针对问题设计相应的入项活动；同时，要求指导教师要提前掌握多种辅助手段，例如如何制订阅读计划、如何撰写读书笔记、如何绘制思维导图以及如何布展等进行充分学习，才能更好地指导学生完成此项目化方案。

（二）依托过程性评价来推动项目活动的实施

在项目化学习评价实施过程中，依据最终的项目成果评价并不困难，困难的是在过程中如何展开评价，评价不仅要能促进学生行为的转变，通过评价让其知晓怎样的行为表现是对的、是有效的，怎样的行为表现是要关注和改正的。教师也可以通过评价，特别是过程评价，对学生真实学习状态和过程进行观察，根据学生们过程中产生的问题进行教学组织上的调整，让真实学习伴随评价发生。

（三）美好展望

期待在此项目化方案的推动下，我校学生的课外阅读兴趣日益浓厚，阅读效果越来越好，学生们的素养在书香的浸润下逐渐提升！

案例分享

为校运动会设计奖牌

项目类型	年级	课时数	学校	设计者	实施者
跨学科项目	3～5年级	8课时	海口市海燕小学	卢沿遐、符小慧	卢沿遐、符小慧

一、项目概述

为更好地鼓励运动健儿在体育赛场上挥洒汗水，一定要做出行动，让运动员们感受到学校的温暖，营造良好的氛围，为此海燕学子积极制作奖牌，助力校运动会。

苏霍姆林斯基说过：把每一位学生看作蕴含着丰富宝藏的土地，即使是贫瘠的，也要以地质勘探员的努力发掘宝藏。

学生们自己设计校运会奖牌，并且在学校校运会上把它们颁发给同学，它们不仅是独一无二的，而且每一份奖牌背后，都有属于学生们的故事，而每一个故事的背后，又都是属于他们自己成长的一份快乐，这也是最能鼓励他们进步的地方，因为这是属于他们自己的一份荣耀。

二、项目目标

（一）知识与能力目标

（1）数学：能在项目研究过程中，加深学生对三角形、圆形、正方形、长方形这些平面图形特征的认识。

（2）美术：体现有学校文化特色的、有美感的、有创意的图形设计。

（3）劳动：帮助学生树立正确的劳动观念，培养学生的自觉性和实践性，并在手工制作奖牌过程中，提高学生的动手能力和实践能力，培养学生的责任感和自律精神。

（二）学习素养目标

（1）创新思维实践：在设计过程中，我们鼓励学生大胆尝试新思路、新方法。我们鼓励他们不要被传统思维束缚，要敢于挑战权威、打破常规。通过实践创新思维，学生们不仅提高了自己的设计能力，也培养了他们的创新意识和实践能力。

（2）合作学习重要性：在设计奖牌的过程中，我们注重合作学习。我们组建了一支由不同年级学生组成的设计团队,通过团队协作,共同完成任务。这不仅培养了学生的团队精神和协作能力,也让他们学会了在集体中发挥自己的优势,共同实现目标。

(3) 劳动能力体现:在设计过程中,我们强调学生的劳动能力。从构思到成品,每一个步骤都需要学生亲自参与。这不仅锻炼了学生的动手能力,也让他们深刻体会到劳动的价值和意义。通过亲手制作奖牌,学生们更加珍惜劳动成果,也更加懂得尊重他人的劳动。

(三) 核心价值目标

培养学生的创新思维以及对学校关心、负责任的态度。

三、挑战性问题

(一) 本质问题

如何通过设计奖牌来增加对学校文化、运动的热爱以及对不同图形的理解呢?

(二) 驱动性问题

我们设计制作的具有学校特色的个性化奖牌,不仅可以成为学校的一种纪念品,也可以长期供我们学校运动会使用,实现奖牌的价值。

四、预期成果

(一) 个人成果

设计展示台,让各个小组到展示台上进行展示。

(二) 团队成果

完善活动单,奖牌呈现。

(三) 呈现方式

(1) 个人在讲台上陈述手抄报的内容,并把手抄报张贴在学校楼梯间。

(2) 各小组的组长佩戴自己组设计的奖牌,并上台讲述该组的设计理念。

(3) 引导学生总结奖牌制作的过程和体会,分享制作过程中的困难和乐趣。

(四) 拓展活动

学生可以将制作好的奖牌用于学校举办的运动会比赛中,鼓励他们展示自己的劳动成果和创造力。

五、项目评价

（一）过程评价（见表3－10、表3－11）

表3－10　学习过程自评表

学习主题		组别		姓名	
评价指标	评价内容	评价要点	自评		
实践探究	查找资料	能围绕小组商定的主题，通过上网、询问家长、查课外书等各种途径查找需要的资料			
	活动实操	根据组内共同分享的资料进行归纳整理，然后设计自己小组的奖牌			
	小组合作	成员分工合理，人人都能发挥自己的特长			
	口语表达	展示过程中，声音响亮，条理清楚、仪态大方			
	展示形式	自选：手抄报版面美观，布局合理，主题突出 必选：奖牌形式多样，有创意			

评价反思：

在查找资料的过程中，遇到了很多困难。资料繁多且复杂，需要仔细筛选和整理。但正是这些困难，锻炼了学生对信息的筛选和整理能力。他们学会了如何快速找到关键信息，并将其整理成清晰的结构，为后续的设计工作打下了坚实的基础。

在活动实操阶段，我们深刻体会到了理论与实践之间的差异。设计奖牌不仅仅是一个创意的过程，还需要考虑很多实际的因素，如材质、工艺、成本等。

小组合作是这次活动中另一个重要的环节。学生在与队友的讨论与合作中，学会了如何倾听他人的意见，如何协调不同的观点，以及如何共同解决问题。这种合作精神不仅对学习有帮助，也使人际交往能力有所提升。

口语表达在这次活动中同样扮演了重要的角色。在汇报和展示的过程中，学会如何清晰地表达自己的想法、如何有效地传达信息，以及如何在公众场合自信地展示自己，这些技能对于未来的学习和工作都非常重要。

展示形式在吸引观众注意力方面发挥了重要作用。我们通过手抄报展示、实物展示等多种方式，使观众能够更直观地了解奖牌的设计理念和制作过程。

表3-11 学习过程他评表

学习主题		组别		姓名	
评价指标	评价内容	评价要点(每一项满分10分)	家长打分	组员打分	教师打分
团结协作能力	参与度	积极参与小组活动，按要求完成任务			
	专注度	遇到困难能坚持，并尝试解决			
	自信心	态度大方，充满自信			
	合作度	乐于合作，主动与人交流			
探究实践能力	整理资料	展示成果时能根据需要选取有价值的资料			
	解决问题	主动积极地解决学习过程中遇到的问题			
	整合各科	能将各学科融合进行探究			
数学素养	思维与表达	在展示成果中，表述的是否准确和严谨			
	交流与反思	组内能够积极交流，并反思自己的活动成果			

评价反思：

在团队协作能力上，学生们常常出现较为混乱的场面：已经完成作品的学生开始活跃，离开座位，嬉戏打闹等；没有完成作品的学生开始出现焦躁不安、注意力分散的情况。所以在这个环节可以培养学生们互帮互助的精神。

在探究实践能力上，有个别组的学生在制作过程中出现了问题没有及时请其他小组成员或老师帮忙，所以在这个环节可以要求每个组做得又快又好的学生担任本组的小老师，负责解决组内其他学生在制作过程中遇到的难题，如果解决不了再请老师来帮忙。

在数学素养中，很多学生不能做到完整、清晰地表达出本组制作奖牌的思路。所以在这个环节可以鼓励学生们在组内共同解决问题，提高自己的思维和表达能力。同时，我们还需要反思自己的行为和思维方式，不断修正和改进。

(二) 结果评价(见表3-12)

表3-12 结果评价表

学习主题		组别	
评价指标	家长评价	组员评价	教师评价
创意性			
文化体现			
运动特色			
美观程度			

评价反思：

在创意性方面，我们引导学生尝试将学校的文化与运动精神相结合。通过运用不同的线条、色彩和形状，打造出一个具有个性化的奖牌。但在创意方面还有很大的提升空间，我们将更加注重培养学生的创新思维，学生不断挑战自己，力求在设计中有更多令人眼前一亮的创造元素。

在文化体现方面，学生尝试将学校的特色融入奖牌设计中。通过运用一些具有象征意义的图案和元素，如小海燕、三角梅等，展现出学校深厚底蕴和独特魅力。然而在反思中，我发现学生在文化理解和表达方面还有待加强。未来，应加强学生深入地学习和研究我校的特色文化，以便更好地将其融入设计中。

在运动特色方面，我们引导学生努力将奖牌设计与具体的运动项目相结合。学生通过了解不同运动项目的特点和精神内涵，尝试在奖牌设计中体现出这些元素。然而在反思中，对运动的知识还有所欠缺。未来，应更加注重积累运动方面的知识，以便更好地将运动特色融入到设计中。

在美观度方面，学生设计的作品在一定程度上达到了预期的效果。不仅注重色彩搭配和整体布局的平衡感，还力求让奖牌看起来既美观又大方。然而在反思中，我也发现了自己在美观度方面还有提升的空间。未来，还需更加注重细节的处理和整体美感的把握，力求让设计作品更加完美。

六、项目资源与工具

（一）项目资源

制作好的运动会奖牌样品。

（二）项目工具

（1）作品评价表、成果统计表。

（2）卡纸、彩纸、丝带、装饰品、剪刀、胶水等制作工具。

（三）计划时间表(见表 3－13)

表 3－13　计划时间表

时间	内　　容
第 1 课时	发布项目主题，搜集资料分享，确定设计内容，开展入项活动
第 2～3 课时	了解运动项目，融合学校文化，学习制作方法，确定奖牌样式
第 4～6 课时	提供知识技能，掌握技术工具，设计思维导图，手工制作奖牌
第 7～8 课时	提出修改意见，形成最终成果，演示文稿报告，公开成果展示

七、项目实施设计

（一）入项

1. 分享关于运动会奖牌形式的意义和作用

海口市海燕小学在每年的金秋时节，都会举办一年一度的运动会。在运动会中，奖章是对优秀运动员的一种奖励，也是对未获奖运动员的鼓励。制作一枚有意义的奖牌不仅代表了一种荣誉的象征，也是一种纪念的方式。作为其中的一员，你将如何为运动健儿们制作奖牌？我们能不能自己设计出有特色的奖牌，颁发给优秀的运动员？这是多么值得骄傲的一件事啊！

为了更好地宣传体育运动会，激发学生积极参与的热情，我们组织学生开展了为学校运动会设计具有学校特色的奖牌的活动。

2. 讨论具有学校特色的奖牌

结合海燕小学秉承"让海燕自主飞翔，让学生放飞梦想"的教育理念，旨在培养具有宽广胸怀、远大梦想、广泛兴趣、乐于探究、爱好运动和强健体魄的学生，他们应该如同海燕一样勇敢顽强、自由翱翔。

（二）项目实施

首先，由小组内自行讨论出需要达成的子任务和可能实现目标的路径。然后，小组间进行交流和比较。最后，全班共同决定将总任务拆分成四个依次完成的子任务：

子任务1：探索奖牌之趣；

子任务2：设计奖牌的主题和样式；

子任务3：制作奖牌的中间图案；

子任务4：制作奖牌的吊带。

根据对各阶段任务难度的评估，综合教师的建议，学生们最终列出了本阶段的时间计划。本阶段共8课时：1课时完成子任务1；2课时完成子任务2；3课时完成子任务3；2课时完成子任务4。计划表可以根据实际情况不断调整。

子任务1：探索奖牌之趣

1. 奖牌的由来

奖牌的历史可以追溯到古代，最初，体育竞赛的优胜者会获得一个用橄榄树或桂枝编制而成的"桂冠"作为奖赏。然而，随着时代的变迁，这种传统的奖赏逐渐被淘汰，取而代之的是更为现代化的奖牌。

教师鼓励学生尽情发挥自己的创造力和想象力，不拘泥于传统奖牌的形式和样式，设计出具有海燕小学特色文化的奖牌。学生通过自己设计的独特奖牌有机会在校运动会中颁发给我们的运动健儿们，作为一种具有纪念、有价值的作品。

2. 了解制作过程

教师播放奖牌的制作视频，带领学生思考总结制作步骤，随后师生达成共识，形成了一套奖牌制作指南（见表 3-14）。

表 3-14　奖牌的制作指南

<table>
<tr><td>准备工具</td><td></td></tr>
<tr><td>所需原料</td><td></td></tr>
<tr><td rowspan="3">具体步骤</td><td>第一步：</td></tr>
<tr><td>第二步：</td></tr>
<tr><td>第三步：</td></tr>
<tr><td>注意事项</td><td></td></tr>
</table>

子任务 2：设计奖牌的主题和样式

1. 搜集资料

教师组织学生自己网上查阅资料并收集已制作好的奖牌样品，并与同学分享、交流。教师适当提供资源，让学生们浏览和观察，同时思考如何设计出具有学校特色和体育精神的奖牌。在了解完相关资料后，引导学生确定他们想要制作的奖牌主题，如“校运会项目”“学校特色的标志”等奖牌主题。

2. 分组合作

根据学生特长和能力，分成 4 个小组，每组都有各自想要制作的奖牌主题。

3. 制作活动单

各小组根据自己的兴趣、已有的知识储备和生活经验填写项目化学习活动单。

4. 每个小组完成“为校运动会设计奖牌”活动单（见表 3-15）

表 3-15　活动单

组名：
主题：
奖牌的样式：

子任务 3：制作奖牌的中间图案

小组合作，汇总收集到的信息，并利用小组分配表（见表 3-16），对此次活动任务的分配做到心中有数。

表 3-16　活动分配表

组名		组长	
小组任务			
组内分工			

续 表

使用工具			
所需材料			
注意事项			

教师引导各个小组的同学在卡纸上绘制关于学校特色和运动项目融合的主题,主要包含校园文化、校徽校训等特色与篮球、拔河等运动项目的融合创新。

第一小组学生绘制三角梅和篮球融合的奖牌图案,第二小组选择小海燕标志和拔河项目融合,第三、第四小组绘制军旅特色和跑步项目的融合。

学生自主用剪刀把绘制完成的图案剪下来,贴在样式的中间。把图案贴上后,还在图案旁绘制麦穗、星星等形状,也把这些图案的形状贴在了样式的旁边,使得奖牌的图案显得更加饱满和美观。

学生们不仅把图案贴在样式的中间,还在图案的周围写下"海口市海燕小学运动会""2023年海燕杯运动会"等字样。

奖牌在同学们的制作中逐渐地呈现出来了。

子任务4:制作奖牌的吊带

通过前面的活动之后,学生们制作的奖牌大致成型。为了让奖牌更加方便悬挂或佩戴,学生要进行最为关键的一步就是为我们的奖牌制作一个吊带。

考量准备阶段。教师帮助学生对自己制作的奖牌大小、重量和外观,以及使用彩带、卡纸等不同的材料,做出精准的考量。

开始制作吊带阶段。在制作吊带的过程中,学生对自己的奖牌吊带设计迸发了无数的想法。第一组奖牌吊带的设计灵感是与彩虹的碰撞,选用不同颜色的彩绳进行编织,每个人由于对颜色喜爱和理解不同,选用不同颜色,制作出氛围感十足的奖牌吊带;第二组对奥运会深入了解,将卡纸进行画、剪、贴,制作出具有学校特色的奖牌吊带;第三组考虑到佩戴舒适,把选好的绸带进行改、剪,制作出方便固定和佩戴的奖牌吊带。

奖牌呈现阶段。最后,各组将已经做好的吊带固定在奖牌的背面,确保奖牌可以佩戴。

(三) 出项

在这次"为校运动会设计奖牌"项目化学习中,学生们主动提出问题、参与讨论、搜集整理资料、汇报展示,他们主动探究、勇于创新的能力得到了很好的锻炼和提升。同时,他们用自己的方法来为学校设计一个个具有学校特色的奖牌,并在校运动会中颁发给我们的运动健儿们,这些奖牌不仅能延续使用,还可以作为一种具有纪念、有价值的作品,让学生自觉成为学校运动精神的传递者。

八、收获与反思

（一）创新思维

在设计奖牌的过程中，创新思维是至关重要的。这就要求学生不断探索新的设计理念和方法，通过尝试不同的形状、材质、色彩等元素，学生们能够培养出独特的审美和视角，为奖牌注入独特的生命力，学习制作奖牌的技巧，并根据不同的图形，完成有创意的奖牌。

（二）团队合作

设计奖牌往往需要多人协作，每个人负责不同的部分，如设计、制作、审核等。这要求每个成员都能够积极参与，与其他人紧密合作，共同完成任务。在合作过程中，成员们能够学习到如何倾听他人的意见，如何协调不同的观点，以及如何在团队中发挥自己的作用。

（三）实践能力

设计奖牌需要将理论知识与实际操作相结合。学生们需要掌握各种制作工具和技术，将设计稿转化为实物。通过实践，学生们能够不断提升自己的技能水平。

案例分享

愿你午休愉悦

项目类型	年级	课时数	学校	设计者	实施者
跨学科项目	一至二年级	5课时	海口市海燕小学	刘师节	刘师节、冯琼彪、韩宏莉

一、项目概述

为响应《海口市龙华区教育局关于进一步做好中小学生校内课后服务工作的实施方案》的号召，海口市从2022年9月起，在部分中小学试点开展“午休”服务。在实施过程中存在学生午休情况不太理想、学生不了解午休的重要性、学生因午休情况不佳而造成下午上课注意力不集中等情况。为了解决现有的实际问题，使项目实施更加契合学生午休的具体情况，同时也尝试挖掘更多有关午休背后的意义，应从多个学科融合做起，充分挖掘现有资源，获取生活中和“午休”有关的知识。

二、项目目标

(一) 核心知识与能力

(1) 语文:通过项目研究,让学生学会从生活中发现问题、表达自己的思维、探究解决问题的方法、提高语言表达和沟通能力,感受古代诗歌之美,乐于将自己的学习成果与大家分享。

(2) 科学:能在项目过程中,通过多种媒介认识到科学睡眠的益处和重要性,发现问题并探究解决办法,养成科学睡眠的好习惯。

(3) 美术:尝试住所环境布置,通过插画欣赏培养艺术审美,学会手绘设计。

(二) 学习素养

(1) 学会在生活中发现问题,学会搜集和整理资料的方法,并养成自我探究和合作探究的意识以及科学的思维方法。

(2) 学会交流和表达自己的思维,分享学习成果。

(3) 提高学生感受美的能力和审美水平,并培养创造美的能力。

(三) 核心价值

(1) 养成科学的午休睡眠意识。

(2) 形成尊重他人的价值观念。

三、挑战性问题

(一) 本质问题

如何让学生养成午休的健康习惯?

(二) 驱动性问题

如何提高午休质量,让下午的课堂更高效?

四、预期成果

(一) 产品形式

愉悦午休时光绘画展。

(二) 公开方式

健康午休宣讲大会。

五、项目评价

(一) 过程评价

(1) 学生能否积极思考,参与讨论;

(2) 学生能否小组合作,认真收集材料;

(3) 学生集体汇报时能否了解知识全面具体、讲解能否生动形象。

(二) 结果评价(见表 3－17)

表 3－17　结果评价表

	学生自评	生生互评	师评
项目参与积极			
项目合作意识			
项目制作创新			
项目成果展示			

注　非常好:4 颗星;比较好:3 颗星;一般:2 颗星;有待努力:1 颗星。

六、项目资源及工具

(一) 项目资源

录像、课件、与午休相关的图片或其他形式的资料信息、科学睡眠视频、主题插画等。

(二) 制作工具

手机(仅供拍摄需要)、网络、电子屏、绘画工具。

(三) 计划时间表(见表 3－18)

表 3－18　计划时间表

时间	内　　容
第 1 课时	发布项目主题,确定探究内容,开展入项活动
第 2 课时	探究午休来源,汇报探究结果,趣读午休诗句
第 3 课时	趣谈午休科学价值,养成科学午休好习惯,模拟午休赛一赛
第 4 课时	设计午休室布置,主题插画欣赏,手绘睡觉的“我们”
第 5 课时	提出修订建议,形成最终成果,演示文稿报告,公开成果展示

七、项目实施设计

(一) 入项活动

入项活动主要设计以下三个方面的内容,包括:趣"播",激发研究兴趣;趣"想",打开研究空间;趣"读",提升研究价值。

1. 学习活动一:趣"播"

(1) 拍摄:学生拍摄午休学生真实行为状态的视频。

(2) 观看:播放学生午休真实画面,通过一个个真实画面来展现学生午休的真实情况。

(3) 引发:真实性思考。

在观看视频之后,让学生说说自己的感受,自主发现午休中存在的问题。

真实性思考:

师:刚才同学们午休的表现如何,有没有什么想说的?

生1:有的人在讲话。

生2:有的人躲在桌子底下玩。

……

师:同学们,你们觉得这样做好吗?

生:不好!

师:为什么不好?那你们觉得应该怎么做呢?

(4) 讨论:是否该午休。

学生就是否该午休的问题进行深入讨论,引发对"午休"这个概念的理解。

是否该午休:

生1:我觉得不应该,因为我们已经是小学生了,我们可以用更多的时间来学习。不需要像幼儿园一样花时间在午休上了。

生2:我觉得午休可以帮助我们更好地休息,通过休息,我们下午上课的时候,就不会觉得困了。

生3:午休能给身体充电。

师:看来这几位同学都有自己的观点,那其他同学呢?你们更同意哪一种说法呢?(小组讨论,学生各抒己见并记录讨论内容,教师巡视并听取意见)

师:大家说的其实都有道理,那你们想知道古人是怎么想的吗?(想)那我们一起来看看吧!

学生从各种各样的意见中,碰撞出了更多关于"午休"的想法,然后由教师进行"兴趣的引发"——想知道古人是怎么想的吗?进一步激发学生的探究兴趣。

2. 学习活动二:趣"想"——打开研究空间

(1) 海南人有午休的习惯吗?为什么会有这种习惯?学生针对以上问题采访自

己的爸爸妈妈,并以视频的形式播放呈现。

① 跟海南独特的地理位置和气候环境有关。

② 跟海南人的生活习惯有关。

(2) 想象:古人午休。首先让学生进行提问,学生能够充分展开联想,并提出自己感兴趣的问题:古人午睡么?古人是怎么午睡的呢?古人睡在哪里呢?

(3) 探究:午休来源。接下去总结刚才学生提出的主要问题,然后布置小组合作探究的任务。第一小组合作探究:古人对"午睡"的称呼;第二小组合作探究:古人"午睡"的用具;第三小组合作探究:古人"午睡"的姿势;第四小组合作探究:古人"午睡"的情景,具体如图 3-5 所示。

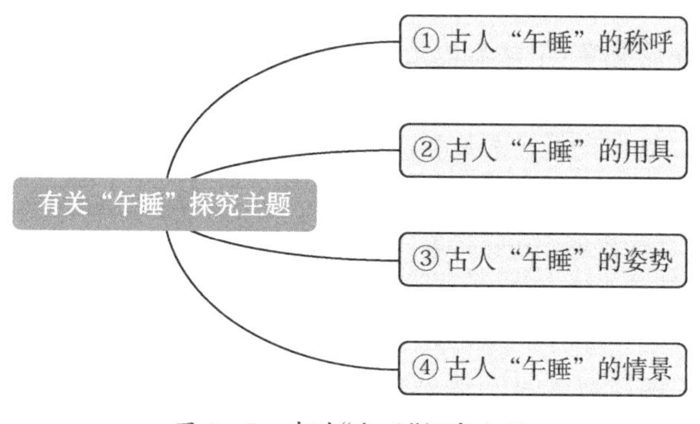

图 3-5　有关"午睡"探究主题

因为所有探究项目的问题,都是从学生感兴趣的问题出发的,所以在真正去查询探究的时候,学生也是充满研究兴趣的。而从"本源"的角度出发,研究"午睡",更是一种文化根源的探寻,是非常有实践探究意义的。

(4) 汇报:探究结果。

① 第一小组交流汇报。

关于午睡的称呼:午间小睡,古人称之为午枕、午梦、昼寝等。

② 第二小组交流汇报。

关于午睡的用具:冰丝巾、凉榻、扇子,用图片解说的形式,展开汇报。

③ 第三小组交流汇报。

关于午睡的睡姿:

a. 古人强调:"侧龙卧虎仰瘫尸。"意思是侧卧、仰卧。(配图片)

b.《希夷睡诀》提倡:"右侧卧,则屈右足;屈右臂,以手承头;伸左足,以手置于股间。"意思是古人提倡右侧卧,要弯曲右足。另外要弯曲右臂,用手枕着头。伸出左脚,手放在两腿之间。

c.《睡诀》:"睡侧而屈,觉正而伸,勿想杂念。早晚以时,先睡心,后睡眼。"意思是:睡觉的时候提倡侧卧,并且屈身。睡觉的时候不能想其他事情,心中要没有杂念。

睡觉的时候,先要心静下来,然后闭上眼睛睡。

总结:古人认为,侧卧以向右为佳,有人甚至称这是“吉祥睡”。这种“吉祥睡”已为现代医学证明是科学、合理的,因为从生理解剖位置来看,这种睡法心脏位置会向右,肝脏则位于右胁部,胃肠的开口全在右侧,这种姿势可减轻心脏压力。

小组汇报的时候,也是对“午睡”知识来源的一些掌握和理解,对项目接下来的研究,有比较重要的意义。

3. 学习活动三:趣“读”——提升研究价值

(1) 趣读:午睡的诗句。根据诗人的诗句,可以猜测古人们对午睡也是非常讲究的。

① 唐代诗人白居易的“暖昧斜卧日曛腰,一觉闲眠百病销”,意思是闲适的午睡可以消除百病。如此看来,午睡真的是非常重要。

② 李渔《闲情偶寄》“午睡之乐,倍于黄昏,三时皆所不宜,而独宜于长夏”,意思是午睡能让人身心都得到很好的放松。许多流传千古的佳作都是在午睡后美好的心境中完成的。

③ 宋代诗人杨万里的《闲居初夏午睡起》:“梅子留酸软齿牙,芭蕉分绿与窗纱。日长睡起无情思,闲看儿童捉柳花。”意思是悠闲的夏日午后,诗人午睡初醒,懒懒地斜靠在床上,午睡前青梅的酸涩还残留在口中,窗前的芭蕉把青绿的倒影映在纱窗上,一切显得那么悠闲而静谧。偶然间,听见外面孩子们的喧嚣:“抓到啦,我抓到啦!”抬眼望去,原来是一群孩子们在追逐飘飞的柳絮。于是提起笔来,写下了这撩人诗情的句子。倘若没有午睡后的闲散心境,那美妙的瞬间说不定就从眼前悄悄溜走了。

④ 宋代诗人陆游的《午梦》:“苦爱幽窗午梦长,此中与世暂相忘。华山处士如容见,不觅仙方觅睡方。”意思是最喜欢的就是午后的酣睡,这时世间所有的烦心事都会忘却。如果能见到华山处士,我不会向他寻求成为仙人的办法,而会向他寻求酣睡的良方。由此可见世人对于午睡的痴爱。

(2) 趣谈:午休的价值。根据这个项目活动,让学生谈谈在探究学习过程中的收获和感受。同时谈谈午休的价值所在。

师:大家现在觉得午休的好处在哪里呢?

生1:我们学了那么多午休的知识,古人都喜欢午休,可见午休一定是有好处的。

生2:我也这么觉得,午休可以帮助我们更好地恢复体力。

(二) 项目实施

接下去的项目化活动,是和科学项目的融合。学生进入到本项目化学习的第二个部分。

1. 学习活动一:科学睡眠视频播放,激发兴趣拓展

(1) 提出疑问,了解睡眠的重要性。

小朋友,你知道每年的3月21日是什么日子吗?是国际睡眠日。人的一天中有

很多时间是在睡眠中度过的，五天不睡觉人就会死去。可想而知，睡眠多么的重要。在天气炎热的时候，中午“多睡一小时”非常的重要。观看视频《一分钟了解世界睡眠日》。

(2) 拓展资料，互动提问。

睡眠是人体的一种主动过程，可以恢复精神和解除疲劳。充足的睡眠、均衡的饮食和适当的运动，是国际社会公认的三项健康标准。为唤起全民对睡眠重要性的认识，2001年，国际精神卫生和神经科学基金会主办的全球睡眠和健康计划发起了一项全球性的活动，此项活动的重点在于引起人们对睡眠重要性和睡眠质量的关注。2003年中国睡眠研究会把“世界睡眠日”正式引入中国。

提问互动：中午的午休已经开展了好几个学期了，小朋友，你回想一下我们昨天的午休，你觉得午休结束之后，我们的身体哪些地方觉得比较舒服了？

生1：我觉得睡完午觉之后，我的精神变好了。

生2：本来下午上课我会觉得困，现在不困了，感觉清醒了很多。

学生在整个过程中，了解了“世界睡眠日”的由来，激发了他们进一步学习的兴趣和热情。

2. 学习活动二：妙探好处，科学感知优点

(1) 午睡改变心情。大量科学研究证明：午睡可以提高工作和学习的效率，减轻压力。当然也可以起到消除疲劳的效果，帮助人们恢复精力，以便下午更好地学习。

(2) 午睡改善记忆。通常午睡不仅可以让你的心情变得更加愉悦，同时可以改善记忆力和学习的能力。有些研究还表明：午睡可以提升创造力。

3. 学习活动三：拓展延伸，养成科学好习惯

(1) 观看比较：看一看，比一比。第三项学习任务，就是让学生通过观察，比一比、说一说哪几种睡姿是比较科学的：仰卧式、俯卧式、侧卧式、蜷缩式。

(2) 模拟睡觉：比一比，赛一赛。在了解了最合适的午睡姿势之后，实行午睡的过程中，让学生比一比，赛一赛，看看谁的午睡姿势最科学。通过项目的引入，知识的探究，学生对午睡的科学性有了更深一层的认识。由知识的源头，到探究科学性，最后再到审美方面的研究，真正做到清晰、有层次的认知，由“美”渗入，嘉言善“行”。接下去的项目化活动，是和美术项目的融合。学生进入到本项目化学习的第三个部分。

4. 学习活动四：发挥想象，设计午休室的布置

(1) 展开联想：我心中的午休室。由教师设置想象的问题：如果给你一间午休的教室，你会把它设计成什么样子的呢？学生充分展开联想，特别是一年级的学生，非常有想象力。

生1：我想要我们的午休教室，可以像星空一样，望上去可以有点点的繁星，这样更有睡觉的感觉。

生2：我想要一个很大的午休教室，所有人都可以在这个教室睡觉。

生3：我还想……

(2) 巧妙设计:我的午休室布置。

在学生想象完后,教师可以做一些适当的引导。在午休室里,除了我们周围的布置,还可以有哪些东西?

引导学生发现,不仅是午休教室的布置,包括睡觉的垫子、枕头、被子等,都是午休室的一部分,也都是可以设计的。这样一来既拓宽了学生设计思维,同时也结合实际,最后把比较有意思的设计,贯穿到真正午休室的布置中去。

5. 学习活动五:培养审美,睡眠主题插画欣赏

(1) 培养艺术审美。如何让美术与午休巧妙地结合起来,我们关注学生对于午休和艺术方面的融合点。

(2) 主题插画欣赏。各个国家都有关于睡眠方面的插画,通过比较、欣赏的方法,让学生真正走进这个活动项目,并且为下一阶段自己去手绘,提供了一些可参考的范例,这样从一定层面上培养了学生欣赏美的能力。

6. 学习活动六:手绘设计,愉悦的午休时光

(1) 手绘:睡觉的“我们”。让学生通过手绘的方式,画一画在睡觉的“我们”,学生通过画笔,展开联想的世界。画出来的都非常具有儿童的想象力。

(2) 手绘:“我的被子”和“我的枕头”。

学生们还动手想象画了“我的被子”“我的枕头”。学生甚至还把自己的被子设计成水族馆的样子,充满童真童趣。

学生们充分参与项目化的各项活动中去,在整个活动过程中,学生的质疑能力、探究能力、合作能力、审美能力,都得到了一定程度的提升。

(三) 出项活动

经过入项和实施后,项目活动进入出项公开展示阶段——健康午休宣讲大会。在大会会场设置愉悦午休时光绘画展,展示学生绘画成果,并以个人展示和小组展示相结合在大会中宣讲如何科学健康地午休。

八、项目成效和反思

(一) 项目成效

项目主要的成效包括四个方面:

1. 由“趣”引入,追本溯“源”

本项目在这点上,融合了语文课程,学生通过分析讲解、查找资料、合作学习等方式,了解有关“了解海南形成午休习惯的原因”“午睡的历史”,这样能让学生从源头上更了解“午休”,从而帮助课程之后的进一步实施。

2. 由“问”深入,寻根问“底”,探究午休科学

本项目还融合了科学课程。让学生在科学探究当中,认识到“午睡”对人体本身

的作用，从而让午休不仅仅达到身体休憩的效果，更是一种从知识和能力上的认识与提升。

3. 由“美”渗入，嘉言善“行”，深入午睡审美

本项目还通过和美术课程的结合，让学生设计出自己喜欢的被子、枕头、午睡的环境等，进而真正让午休走进学生的生活，在学习的同时，渗透提升学生的审美能力。

4. 由“知”到“行”，午休助力成长

出示本项目学习前后学生的午休照片，展示项目化学习成果，通过本项目学习，帮助学生养成良好的午休习惯和良好的价值观念，助力学生健康成长。

(二) 项目反思

本次项目还存在一些实际问题，比如在项目化实施的过程中，如何才能让实践性、学习性和兴趣性更好地融合在一起。在跨学科的过程中，如何才能让各学科更好地为主题项目服务，这些都是需要再细化和研究的问题。相信这个实践项目，应该会随着实施而变得更加成熟、完善。

案例分享

读神话，品英雄

项目类型	年级	课时数	学校	设计者	实施者
跨学科项目	四年级	8 课时	海口市海燕小学	梁李嘉	梁李嘉

一、项目概述

四年级语文上册第四单元以神话为主题，为学生展现了一个个奇幻瑰丽的神话世界。在这个世界中，不仅有众多神奇的生物和奇妙的情节，更有一群充满智慧和勇气的英雄人物。这些英雄不仅具备超凡的能力，更有着坚定的信念和高尚的品格，成为学生们心中的榜样。

本项目式学习以“读神话，品英雄”为主题，旨在通过引导学生深入阅读和品味神话故事中的英雄形象，培养他们的阅读兴趣、文学鉴赏能力和批判性思维。同时，也让学生在感悟英雄精神的过程中，树立正确的价值观和人生观，激发他们的成长动力。

二、项目目标

(一) 核心知识与能力目标

(1) 神话故事阅读理解能力：学生能够熟练阅读并理解神话故事的基本情节、人

物关系及主题思想，能够准确概括故事的主要内容。

（2）英雄形象分析能力：通过细致分析神话故事中的英雄形象，学生能够辨识并阐述英雄的性格特征、行为动机及其在故事中的关键作用，进一步培养逻辑思维能力和分析能力。

（3）语言表达能力：学生能够运用准确、生动的语言描述神话故事中的场景、人物及情节，通过口头或书面形式表达自己对英雄形象的理解和感悟。

（二）学习素养目标

（1）自主学习能力：通过项目式学习，学生能够主动寻找并阅读相关神话故事，学会筛选信息、提炼要点，培养自主学习的习惯和能力。

（2）合作与交流能力：在项目实施过程中，学生能够积极参与小组讨论、分享交流，学会倾听他人的意见并表达自己的观点，培养团队合作精神和人际交往能力。

（3）创新思维能力：通过英雄故事创作活动，激发学生的想象力和创造力，培养他们的创新思维和解决问题的能力。

（三）价值观念目标

（1）英雄主义精神：通过品味神话故事中的英雄形象，学生能够理解并认同英雄主义精神，包括勇敢、正义、无私等品质，激发他们追求卓越的内在动力。

（2）文化自信：通过对神话故事的学习，学生能够更加深入地了解中国传统文化，增强文化自信和民族自豪感，培养他们的爱国情感。

（3）正确价值观：在理解英雄形象的过程中，学生能够认识到责任、担当、奉献等价值观念的重要性，进而树立积极向上的世界观、人生观和价值观。

三、挑战性问题

（一）本质性问题

（1）神话故事中的英雄形象是如何塑造的？他们具有哪些共同特点和不同个性？

（2）英雄人物在神话故事中起到了怎样的作用？他们是如何推动故事发展的？

（3）英雄主义精神在现代社会中是否还具有现实意义？我们应该如何传承和发扬这种精神？

（二）驱动性问题

（1）如果你是神话故事的创作者，你会如何设计一个新的英雄形象？他的性格特点、行为动机和故事情节是怎样的？

（2）你认为哪个神话故事中的英雄人物最具有代表性？为什么？请结合具体情节进行分析。

（3）展开想象的翅膀，在现实生活中，你最想和哪个神话中的人物度过怎样的一天？他们是如何影响你的？请分享你的经历和感受。

四、预期成果

（一）产品形式

（1）制作神话阅读计划表。
（2）绘制神话人物故事思维导图。
（3）绘制英雄人物手绘本、手抄报。
（4）进行故事表演，组织神话人物分享会。

（二）公开方式

举办“神话人物”展演会，在班级展示台、学校走廊等地将学生的神话人物手绘本进行公开展示，并邀请教师、家长和其他年级感兴趣的同学观看各小组组织的故事表演、配音作品等。

五、预期评价

（一）过程评价

（1）制作神话阅读计划表。
（2）同小组讨论，用文字描述、语言表达、线描彩绘英雄人物，绘制思维导图。
（3）分享自己阅读神话故事的感想。
（4）运用艺术表现能力进行故事表演、形成配音作品。

（二）结果评价

（1）知识技能、合作技能、实践技能的评价量规用表。
知识技能评价：阅读书目的相关评价。
实践技能评价：展演会的评价。
（2）产品展示及分享效果评价。

六、项目资源与工具

（一）项目资源

（1）教材资源：四年级上册语文教材中的相关课文，如神话故事、英雄传说等，是项目学习的基础资源。

（2）图书资源：图书馆中关于中国古代神话、民间传说和英雄故事的书籍，能为学生提供丰富的阅读材料，帮助他们更深入地了解神话和英雄故事。

(3) 网络资源:网络上的相关视频、音频、图片等多媒体资源,可以帮助学生更直观地了解神话和英雄故事的内容,增强学习的趣味性。

(二) 项目工具

(1) 教学工具:如多媒体课件、白板等,可以帮助教师展示教学内容,提高教学效率。

(2) 学习工具:如笔记本、彩色笔等,方便学生记录学习过程中的重要信息和感想。

(3) 协作工具:如小组讨论、角色扮演等,可以促进学生之间的交流和合作,共同完成项目任务。

(4) 创作工具:如绘画工具、手工制作材料等,可以帮助学生将神话和英雄故事进行再创作,以更具体、生动的方式表达自己的理解和想象。

(三) 计划时间表(见表3-19)

表3-19　计划时间表

时间	内　容
第1课时	发布项目主题,确定小组成员,制订阅读计划,开展入项活动
第2～3课时	阅读相关书籍,观看影视作品,绘制思维导图,给人物配插画
第4～6课时	选择英雄任务,编写愿望清单,制作英雄榜单,绘制人物手绘,进行深入研究,试写研究报告
第7～8课时	提出修订建议,形成最终成果,演示文稿报告,公开成果展示

七、项目过程

(一) 入项活动

1. 项目导入

神话,永久的魅力,人类童年时代的幻想。它充满着神奇的想象,它有着鲜明的人物形象、崇高的人物品质,它传递着远古先民对真善美、智慧、勇气与力量的崇尚。走进神话,让我们一起感受神话永恒的魅力。

2. 项目开启与制订小组计划

(1) 确定小组主题和成员。

孩子根据喜欢的神话类型和人物自行结组,学生项目组确立自己的小组目标,在讨论中制订了组内驱动问题。

在问题驱动之下,孩子们翻看书目、查阅资料、讨论汇总,选出自己最喜爱的英雄神话人物,选择和其过一天。

为了找到自己心中最想共度一天的神话人物,学生需要积极做好各项准备。在驱动性问题的带领下，首先要阅读《中国神话故事》这本书，要将阅读走向深入，从中了解中国神话人物的特点。边读边思：人物长相有什么特点？人物事件有什么特点？人物精神有什么特点？学生在认真阅读时，利用思维导图，梳理出关键信息，然后共同分析探讨，归纳比较，感受神话中人物的长相或身世很奇特、人物的精神很伟大。

(2) 选择基础阅读书籍，以阅读神话故事为例。

(3) 线下头脑风暴，完善项目计划。

(4) 深度阅读。

(5) 问题驱动，寻找资料，制作作品。

(6) 小组学习成果展示。

(二) 项目实施

1. *走进神话之旅，初识英雄人物*

(1) 绘制神话英雄的思维导图。

(2) 给最爱的神话故事人物配制插画。

(3) 上网搜索观看中外神话故事电影、视频并配音。

2. *感受神话之魅，了解英雄人物*

(1) 填写神话故事阅读计划表(见表 3 - 20)。

表 3 - 20　阅读计划表

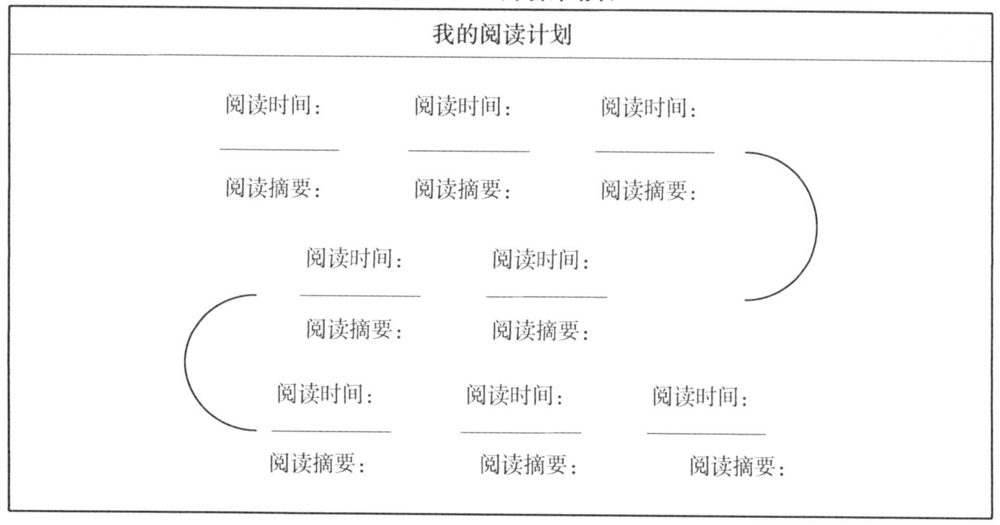

我的阅读计划

阅读时间：______　阅读时间：______　阅读时间：______

阅读摘要：　阅读摘要：　阅读摘要：

阅读时间：______　阅读时间：______

阅读摘要：　阅读摘要：

阅读时间：______　阅读时间：______　阅读时间：______

阅读摘要：　阅读摘要：　阅读摘要：

阅读时，我可以这么做	
① 看标题预测内容	② 将书中的故事和自己已知的知识联系起来
③ 发现故事前后之间的联系	④ 将重要的内容画线或做记号
⑤ 看页脚注释帮助自己理解	⑥ 重视书中字体加粗、着重号的内容

续 表

阅读时，我可以这么做	
⑦ 发现段落中心句	⑧ 会停下来思考并检查自己是否理解所读的内容
⑨ 会自我提问并通过阅读找出答案	⑩ 会及时检查阅读方法是否恰当并调整

阅读卡	
阅读时间：	
阅读内容：	
我用到的阅读方法：	
阅读时，我觉得最(　　)的地方：	
阅读后，我还有其他的联想：	

阅读卡	
阅读时间：	
阅读内容：	
我用到的阅读方法：	
阅读时，我觉得最(　　)的地方：	
阅读后，我还有其他的联想：	

(2) 制作神话英雄风云榜(见表3-21)。

表3-21 《中国神话故事集》之英雄风云榜

序号	英雄名称	主要事迹或排名理由	战斗力指数
1			☆☆☆☆☆
2			☆☆☆☆☆
3			☆☆☆☆☆
4			☆☆☆☆☆
5			☆☆☆☆☆
6			☆☆☆☆☆
7			☆☆☆☆☆
8			☆☆☆☆☆
9			☆☆☆☆☆
10			☆☆☆☆☆

(3) 了解项目任务，分组完成英雄人物手绘本。

3. 探寻神话之奇，探讨英雄人物

选择自己最感兴趣的神话英雄人物进行研究，尝试写简单的研究报告。

4. 传递神话之声，分享最爱英雄

分享学习收获，形成初步的学习成果。最后大家通过海报制作和交流的方式来完成驱动性任务。学生在展示和交流自己想法和作品的同时，也在对别人的作品进行评价，评价的过程中也是他们学习的一种过程。

(三) 出项活动

举办“神话人物”展演会，在班级展示台、学校走廊等地将学生的神话人物手绘本进行公开展示，并邀请教师、家长和其他年级感兴趣的同学观看各小组组织的故事表演、配音作品等。

表 3-22 学生表现评价表

内容	自我评价 ☆☆☆	组员评价 ☆☆☆	教师评价 ☆☆☆
研究思路有规划			
提出问题有价值			
主动查找资料			
合作创作作品			
友好地沟通讨论			
作品得到大家认可			
积极倾听别人的意见			
研究创作的东西是有价值的			

八、反思与展望

活动虽然让学生们对神话故事产生了兴趣，但在制作过程中，可能出现对神话故事背景、人物特点等理解不准确的情况。教师在活动前期应加强对神话故事的教学，适当补充人物背景，指导重点情节，这样可以让学生在创作中更准确地表现神话人物的特点。

在为神话人物配插图方面，学生的创意和想象力得到了很好的发挥，但部分插图与神话人物的形象和特征不够吻合，缺乏准确性和生动性。这可能是因为学生对神话人物的理解还不够深入，需要加强对故事背景和人物形象的解读。

制作神话英雄榜单方面，学生们积极参与，评选出了自己心目中的神话英雄。然而，由于评选标准不够明确，部分学生的选择可能过于主观或片面，缺乏客观性和公正性。

活动中，学生们以小组合作的形式完成任务，但在实际操作过程中，可能会出现分工不明确、沟通不顺畅等问题。教师应适时引导，教会学生如何进行有效沟通和合理分工，以确保活动的顺利进行。

希望能够继续深化项目式学习在语文教学中的应用，探索更多富有创意和实效性的教学方法和手段。同时，也期待学生在未来的学习和生活中，能够继续发扬英雄精神，勇敢面对挑战，追求卓越成就。

第四章 项目化学习中学生批判性思维能力的培养策略

单纯的知识储备已无法满足日益复杂的现实挑战，批判性思维能力对于学生在发现问题、解决问题以及创新创造能力的培养上，有着不可或缺的价值。项目化学习强调以真实情境为载体，以完成实际任务为导向，充分调动学生的主动性和探究性，从而实现知识与技能的综合运用。在项目化学习过程中，批判性思维作为一种高阶思维能力，其强调理性、客观、缜密地思考，是创新精神和问题解决能力的重要基础。

一、批判性思维的内涵与重要性

（一）正确理解批判性思维的内涵

批判性思维是一种理性思维方式，包括质疑、分析、评估、推理、解释、自我调节等多方面能力。具备批判性思维的人，善于从多角度审视问题，深入分析信息的可靠性和逻辑性，客观评估不同观点，以开放和谦逊的态度参与讨论，提出有说服力的论证，并能反思自身思维过程，及时调整偏颇或错漏。批判性思维强调证据导向，重视逻辑论证，抵制武断和偏见。

（二）准确认识批判性思维的重要性

批判性思维在项目化学习中具有重要意义，主要体现在以下几个方面：

1. 促进深度学习与理解

项目化学习强调面对实际问题的解决过程，学生需要调动全部的知识、经验、能力、品质等创造性地解决问题。批判性思维要求学生不仅仅接受信息，更要进行深入分析和判断，从而促进学生对知识的深度理解和应用。

2. 提升问题解决能力

批判性思维强调怀疑精神、分析能力和逻辑推理，这些特点使得学生在面对项目化学习中的复杂问题时，能够更好地识别问题的本质，提出有效的解决方案，并评估其可行性。这种能力的培养对于提升学生的问题解决能力至关重要。

3. 培养创新精神和独立思考能力

项目化学习鼓励学生自主选择和设计项目，并在整个项目过程中自主学习和合作学习。在这个过程中，批判性思维鼓励学生能独立地提出新观点、新方法，并对现有观点和方法进行评价和改进，激发学生的创新精神，提高他们的独立思考能力。

4. 促进元认知发展

项目化学习重视过程和结果的反思，要求学生不断地进行过程诊断和反思，持续地修改和完善学习。批判性思维要求学生不仅关注学习结果，还要关注学习过程，通过反思来提升学习效率和质量，促进学生的元认知发展，使他们更好地掌握学习方法和策略。

二、批判性思维的主要特征

（一）开放性

批判性思维要求以开放、客观、公正的态度看待问题。具备这种思维的人，能够摆脱成见和偏见的影响，以平等的眼光对待不同观点。他们不盲从权威，也不轻易否定他人意见，而是尊重事实，理性分析每一种声音。

在“我为解放军写创意对联”案例中，参与项目活动的每位同学在对联设计环节中都展现出了这种态度。他们不仅展示了自己的作品，还愿意听取他人的意见和建议。这种开放的态度使得他们能够接受不同的观点，并从中汲取灵感。

在交流过程中，同学们正是以开放的胸怀接纳不同的意见或建议，没有因为自己的设计而贬低他人的作品，而是用平等和尊重的眼光去看待每一副对联。他们尊重每个人的创意和付出，这种开放性为讨论和学习营造了一个积极健康的氛围。

（二）逻辑性

批判性思维强调逻辑性，要求立论有据、推理严密。批判性思维者重视客观证据，善于甄别资讯的真伪，分析论据的充分性和可靠性。具有批判性思维的人善于运用科学原理和逻辑规律，揭示事物的本质和规律。

在“探索食物的奥秘”案例中，学生们在进行营养学问卷调查的结果分析时，首先进行了小组讨论，确定了分析的方向和内容。这一步骤体现了批判性思维中的逻辑起点，即明确问题和分析的目标。

学生分小组讨论确定要分析的内容，如BMI值、饮食习惯等。这是批判性思维中明确问题范围的过程，确保分析具有针对性和系统性。

学生们根据问卷收集的数据进行整理和分析，查找BMI值偏低或偏高的学生人数、不达标的食物摄入量等。这一步骤体现了批判性思维中重视客观证据的原则。

在全班讨论中，学生们根据分析结果提出自己的观点和理由，如掌握营养学知识的重要性等。这是批判性思维中运用科学原理和逻辑规律揭示事物本质和规律的过程。

最后，学生们根据分析结果制订统计表，反映班级学生的饮食健康情况。这一步骤体现了批判性思维中的严密性和逻辑性。

（三）能动性

批判性思维的另一特征是能动性，表现为主动质疑、积极思考的态度。拥有批判性思维者不满足于被动接受现成观点，而是勇于提出疑问，寻根究底。他们敏锐地觉察问题，挖掘表象背后的深层原因，主动搜集相关资料，广泛阅读前人研究成果。

在"'小海燕'军旅文化特色课间操"案例中，学生们在接触并了解了海军军旅文化、黎族舞蹈和儋州调声后，并没有满足于这些现成的知识和信息，而是产生了将其融合并编创成课间操的疑问和想法。这体现了学生们主动质疑、积极思考的态度。

在编创课间操的过程中，学生们表现出了敏锐的觉察力和挖掘深层原因的能力。他们不仅考虑了课间操的基本动作要素，还深入挖掘了这些元素背后的文化内涵和象征意义。

面对已有的课间操编创方式和传统动作，学生们并没有盲目接受，而是敢于质疑并提出自己的改进意见。学生们编创课间操的过程充分展示了批判性思维的能动性特征，主动质疑、积极思考、敏锐觉察等。这些特点共同构成了批判性思维的核心要素，对于培养学生的创新能力和解决问题的能力具有重要意义。

(四) 敏感性

批判性思维的敏感性体现在对价值观和意识形态等问题的敏锐洞察力。具备批判性思维的人，深谙思想观点的复杂性，意识到价值判断、政治立场可能对认知和决策产生影响。

在"我为班级设计班徽"案例中，学生们不仅关注图案的形态美感和创新性，还深入探讨了班级文化、设计原则以及背后的价值观。学生们认识到，一个出色的班徽设计不仅要有形态优美的图案，还要展现出积极向上的精神风貌和独特的班级文化。

学生们在设计班徽的过程中所展现出的对班级文化、设计原则和价值观的敏感性和理解力，正是批判性思维敏感性的体现。

三、在项目化学习中培养学生批判性思维的基本路径

(一) 在入项导入活动中培养学生的批判性思维

项目化学习为培养学生批判性思维提供了理想的土壤。教师可以在项目的不同环节设计适切的教学策略，引导学生在实践中锻炼批判性思维。在项目入项导入活动环节就是培养学生批判性思维的关键切入点。在这一环节中，苏格拉底式提问法是一种行之有效的活动学习方法。苏格拉底提问法是通过不断提问和质疑，引导人们自我反思、深入探究，从而发现真理和智慧的哲学方法。

以"创意书包大比拼"项目为例，教师提出一系列问题："你认为书包在学习生活中扮演什么角色？""书包重量过大会给学生带来哪些影响？""杂乱无章的书包有什么坏处？""选择书包需要考虑哪些因素？""如何才能养成爱护和整理书包的良好习惯？"这些问题能够引导学生深入思考书包使用中的实际问题，反思自身的行为习惯。教师鼓励学生畅所欲言，以开放包容的态度倾听并尊重每一位学生的见解。在交流碰撞中，学生学会换位思考，站在不同视角去审视问题。

在明确项目目标的过程中，教师进一步通过问题引导学生思考设计书包时应当注意的方面，如应当从哪些方面来设计这样的创意书包、设计过程中应当注意什么等。这些问题促使学生思考设计的本质和要素，培养他们从批判性思维的角度分析问题、解决问题的能力。

在整个入项导入活动中，学生需要在教师的引导下，通过自我反思和深入探究，形成自己对书包设计的初步理解和认识。这种教学方法鼓励学生不盲从、不轻易接受他人的观点，而是要通过自己的思考和实践来验证和构建知识。

因此，项目化学习的入项导入活动不仅是项目启动的重要环节，更是培养学生批判性思维能力的关键切入点。通过这种教学方式，学生能够在实践中锻炼批判性思维的基本功，为后续的项目实施和问题解决奠定坚实的基础。

（二）在项目产品制作活动中培养学生的批判性思维

项目产品制作过程是项目化学习的核心环节，也是培养学生批判性思维的重要阵地。在制作过程中，学生需要运用已有知识和技能，结合实践不断尝试、摸索，优化改进产品方案。这一过程对学生的问题解决能力、创新思维能力等提出了更高要求。

如“探寻食物的奥秘”项目中的产品制作环节，首先在分析问卷调查结果时，学生需要将所学的营养学知识应用到实际情境中，并进行深入思考。这一环节不仅要求学生有扎实的知识基础，还需要具备批判性思维，能够独立思考、分析数据，并提出有针对性的见解。同时，教师可以引导学生使用元认知策略来审视自己的分析过程，如反思是否考虑了所有可能的影响因素，是否需要调整分析策略等。

其次，在制作统计表的过程中，学生需要根据分析结果来确定统计表的内容和形式。这一环节需要学生具备批判性思维，能够评估不同统计方式的优缺点，选择最适合的方式来呈现数据。同时，学生还需要对统计结果进行解释和说明，这一过程同样需要学生具备批判性思维，能够准确、清晰地表达自己的观点。

此外，在项目产品制作过程中，学生还需要不断尝试、摸索，优化改进产品方案。这一环节要求学生具备创新思维能力和问题解决能力，能够针对实际问题提出创新性的解决方案。在尝试和摸索的过程中，学生需要不断反思、总结，调整自己的思路和方法。这也是对学生批判性思维能力的锻炼。教师可以设置更具挑战性的高阶思维任务，如设计一个针对患有基础病家长特定群体的营养改善计划，以提升学生的综合分析和决策能力。

在项目产品制作过程中通过实际的操作和实践，学生能够将所学知识与实际情境相结合，运用独立思考、分析和创新等方式，不断提升自己的批判性思维能力。

（三）在项目结项展示活动中培养学生的批判性思维

在展示活动中，教师可以通过精心设计，为学生提供相互评价、反思总结的机会，进而提升学生的批判性思维能力。评价反思是批判性思维的重要组成部分。通过评价他人的项目成果，学生学会用客观、理性的标准审视问题，分析其中的优点和不足，提出中肯的改进意见。而反思自我的学习过程，则有助于学生及时发现自身思维盲点，调整思考策略。

以"我为班级设计班徽"项目为例。在结项展示环节，教师组织学生开展互评活动。每个小组依次上台展示自己的班徽设计方案，阐述设计理念和寓意。其他小组认真听取汇报，客观评价方案的优缺点，并提出建设性意见。

教师鼓励学生从多角度评判方案的合理性，如班徽图案是否体现了班级文化内涵，设计是否美观得体，是否考虑到制作的可行性等。学生在评价过程中学会换位思考，站在不同视角审视问题，提出有价值的见解。展示结束后，教师引导学生反思自己的设计方案和学习过程，总结经验教训，思考有待改进之处。

项目化学习是一种以学生为中心、强调实践体验的教学模式，对于培养学生的批判性思维大有裨益。在项目学习的不同环节，教师需要因势利导，采取恰当的教学策略，为学生批判性思维的生成和发展创造条件。苏格拉底式提问、元认知策略、高阶思维任务设置、评价反思等方法，都是行之有效的教学手段。在实施的过程中，教师要时刻关注学生的表现，及时调整策略，确保教学活动的针对性和实效性。因此，在项目化学习中培养学生批判性思维，需要教师在理念和行动上的双重努力。

案例分享

探寻食物的奥秘

项目类型	年级	课时数	学校	设计者	实施者
跨学科项目	六年级	8课时	海口市海燕小学	刘艳艳	刘艳艳

一、项目概述

"让核心素养落地"，是新课标提出的理念。在核心素养背景下，小学数学教学更需要关注学生创造力、思维力的培养，跨学科主题综合实践，能更好地激发学生的个性化思维。基于此，结合中国历史悠久、源远流长的饮食文化，确定了"探寻食物的奥秘"这一跨学科综合实践主题，努力实现数学与科学、美术等学科的高度融合，让学生在项目化的学习中拓宽学习视野，在实践活动中生成素养。

营养均衡的饮食影响着学生的健康，良好的饮食习惯和均衡的膳食搭配可使学生保持健康。我们班学生发现班上爱吃零食的同学身材有点偏瘦，或者偏胖。究其原因，可能是平时吃饭不注重营养，含高脂肪的食物吃太多了，或者是吃太多热量高的零食导致不想吃饭。希望结合我们所学过的知识，让学生们每日都能合理、科学地饮食。

二、项目目标

(一) 知识与能力目标

(1) 数学:在具体的生活情境中记录统计数据过程,突出统计的意义和作用。

(2) 科学:通过对各种食物营养鉴别与资料的收集,对照“中国居民平衡膳食宝塔”分析,客观评价自己的饮食情况,找出存在的问题,在设计并制作美食的过程中深入理解平衡膳食的重要性,建立健康生活的意识。

(3) 信息科技:通过学习调查问卷的基本结构,了解调查问卷设计题目的原则和要点,结合本次主题,设计简单的调查问卷,提高学生的数字化学习与创新能力和信息意识。

(4) 劳动:让学生做一道美食,了解这道美食的营养成分,提升学生的生活能力。

(二) 学习素养目标

(1) 了解人类生存所需的营养物质,要想保持身体健康就需要营养均衡。

(2) 能够正确使用信息技术工具查阅资料、寻求帮助,获得食物营养成分数据。

(3) 能够运用文字、图片、声音等多种方式展示成果,综合运用技能美化成果。

(三) 核心价值目标

了解各种菜肴中热量、脂肪、蛋白质的含量和营养午餐的一些基本指标,克服偏食、挑食的毛病,养成科学饮食的习惯。

三、挑战性问题

(一) 本质问题

小学生正处于快速长身体阶段,需要做到营养搭配、健康饮食,大家每日营养均衡吗? 每日的膳食搭配是不是符合营养标准呢?

(二) 驱动性问题

今天我们的营养均衡吗?

四、预期成果

(一) 产品形式

烹饪营养美食,撰写美食日记。

(二) 公开形式

营养美食赛,美食日记分享会。

五、项目评价

(一) 过程评价

(1) 对营养学基础知识掌握情况。

(2) 能否绘制中国居民“平衡膳食宝塔”。

(3) 能否对中国居民“平衡膳食宝塔”进行介绍。

(4) 能否计算符合12岁儿童营养标准的餐食。

(二) 结果评价

(1) 学生撰写的美食日记评价。

(2) 学生制作的营养美食评价。

六、项目资源与工具

(一) 项目资源

电脑、平板等电子产品，书籍，有关营养学的知识信息，绘图工具、美术材料等。

(二) 制作工具

厨具、A4纸。

(三) 计划时间表(见表4-1)

表4-1 计划时间表

时间	内容
第1～2课时	确定调查问卷内容；根据调查问卷内容，统计自己一周的饮食情况后再进行调查问卷的填写
第3～4课时	营养学知识学习、宣讲和知识竞赛
第5～6课时	问卷调查结果分析；制作统计表
第7～8课时	制作营养美食，撰写美食日记；营养美食赛，美食日记分享会

七、项目实施设计

(一) 入项活动

教师和学生课上口头交流各自的饮食爱好，学生们发现班上爱吃零食的同学身材有点偏瘦，或者偏胖。可能是平常的饮食不注重营养搭配。每日餐食如果不注重营养，可能会影响到我们的身体健康和学习生活，因此激发学生想要探索营养美食的兴趣。

1. 全班学生以小组为单位，设计调查同学们日常饮食的问卷

2. 以小组为单位，讨论以及确定问卷的组成部分

首先明确调查目标：了解同学们的饮食习惯，身体素质情况以及对营养学的掌握情况。

接着确定调研对象：全班 44 名学生。

然后设计问卷题目：小组讨论，并集合每个小组的意见，进行问卷题目的设计。

(1) 性别。

目的：男孩子和女孩子每日所需的能量不同，因此要进行分类讨论。

(2) 身高和体重。

目的：进行 BMI 值的计算。

(3) 牛奶一天平均喝多少毫升？

目的：饮食营养成分调查。

(4) 一周五天吃最多的肉类是什么？有七种食物供学生选择，包括鸡肉、鸭肉、鹅肉、牛肉、羊肉、猪肉等。

(5) 平均一天吃多少克肉类？

(6) 平均一天吃多少克青菜？

(7) 平均一天吃多少克米饭？

(8) 平时喜欢吃哪种烹饪类型的食物？有六种烹饪方式供学生选择，包括烘烤类、煎炸类、蒸煮类和炒类。

(9) 是否经常吃零食？

(10) 有没有挑食的习惯？

第(4)至第(10)个问题的调查目的：饮食习惯的调查。

(11) 对中国居民膳食宝塔了解多少？有三种情况供学生选择，包括不知道、知道一点、完全清楚。

目的：营养学知识掌握情况调查。

3. 问卷调查题目确定后，给学生一周的时间进行自己饮食情况的统计，一周后进行问卷调查的填写

(二) 项目实施

1. 资料搜集，学习营养学知识

在分析调查问卷结果之前，学生们必须要进行营养学知识学习，才能正确进行分析。

(1) 分小组讨论，全班集合需要学习的营养学知识模块，并分组开展资料调查学习。

教师运用如下问题链促进学生去总结需要学习的营养学知识模块：①什么是营养？营养从哪里来？②什么是中国居民平衡膳食宝塔？知道每日各类食物的摄入量

以及会计算食物的热量。③怎样的生活方式是健康的?

(2) 学生用一周的时间进行资料调查,调查形式可以是查阅相关书籍,查找相关视频学习,以及向营养学专家进行咨询。

2. 知识宣讲,分享营养学知识

营养学知识分为三大模块:基础知识、《中国居民平衡膳食宝塔》、健康生活。学生通过制作 PPT 展示宣讲对营养学的初步认识。

如分享什么是营养?什么是能量?什么是碳水化合物?什么是蛋白质?什么是脂肪?营养从哪里来?如何计算 BMI 值。

如介绍每日各类食物的摄入量以及会计算食物的热量。

如介绍健康的生活方式。坚持每天吃早餐、吃好早餐;一周早餐食谱推荐;坚持每天喝奶,有益健康;饮食清淡少盐;每天足量饮水;油炸食物要少吃;合理选择零食;坚持每天身体活动;怎样预防超重、肥胖。

3. 知识竞赛,激励深入学习营养学知识

宣讲会结束后通过小组合作参与知识竞赛的形式,了解学生们对于营养学知识掌握程度。我们班总共有 44 名学生,每组 4 人,分成 11 个组,进行知识竞赛。

(1) 第一轮为营养学基础知识点抢答赛,分为必答赛和抢答赛。

团队必答题每题 10 分,共 11 题,由各队依次答 1 题。主持人念完题目再作答,答题时限 30 秒,确认答题后时间清零,即只有 1 次答题机会。答对加 10 分,答错不得分也不扣分。

团队抢答题每题 10 分,共 10 题,不读题。主持人指令开始答题,进入 30 秒倒计时,此时可以开始抢答。同一题目"非法"抢答,每次扣 1 分,没有上限。答对获得对应分值,答错扣除该题一半分数,不答题扣除全部分值。

(2) 第二轮为绘制中国居民"平衡膳食宝塔",并进行介绍。

(3) 第三轮为计算餐食是否符合 12 岁儿童的营养标准。

对学生的竞赛进行过程性评价,见表 4-2。

表 4-2 过程性评价表

评价维度	掌握	熟悉	了解
营养学基础知识(20%)	营养学基础知识竞赛中第一名的小组则评价为"掌握"	营养学基础知识竞赛中第二名的小组则评价为"熟悉"	营养学基础知识竞赛中第三名及以下排名的小组则评价为"了解"
中国居民"平衡膳食宝塔"绘制(30%)	准确绘制	绘制有 1~2 处错误	绘制有三处以上错误
中国居民"平衡膳食宝塔"介绍(25%)	详略得当,并能加入自己的理解	详细具体,但未能加入自己的理解	叙述简略粗糙,唯有框架式结构

续　表

评价维度	掌握	熟悉	了解
计算餐食是否符合12岁儿童的营养标准(25%)	能够正确计算并判断	能够正确计算但不能判断	不能正确计算也不能判断

4. 运用所学的营养学知识,对问卷调查结果进行分析

(1) 学生分小组讨论对问卷调查结果应进行哪些方面的分析,再全班进行意见的整合和统一。

教师可以引导学生进行以下几个方面的分析:①BMI值偏低或偏高的学生有多少人?②是什么导致学生的BMI值偏低或偏高?③饮食习惯不好的学生对中国居民膳食宝塔了解程度如何?④全班同学一日奶量、肉量、蔬菜量、饭量不达标的有多少人?⑤全班同学里有多少人经常吃零食?⑥全班同学里有多少人有挑食的习惯?⑦掌握营养学知识的重要性。

(2) 根据以上内容的分析情况制成统计表。统计表的内容由学生小组讨论决定,小组讨论要确定自己的统计表要想反映的内容是什么。比如要想反映的是我班学生的饮食不健康情况,或者是BMI值偏低或偏高的学生饮食不健康情况。

(三) 出项活动——制作营养美食

1. 小组合作,完成以下任务

(1) 小组讨论,一组至少要确定制作两道营养美食,并且对所用的食材进行称量,最后还需对美食所含的蛋白质、脂肪、碳水化合物的含量以及热量进行计算。

(2) 撰写美食日记。

2. 营养美食赛,美食日记分享会

把周末制作的美食拍成视频或者图片的形式进行分享。采用小组互评的方式,并按照美食日记评价表(见表4-3)和营养美食评价表(见表4-4)对同学们的营养餐和美食餐进行评比。

表4-3　美食日记评价表

评价维度	优秀	良好	及格
图片(20%)	手绘图片,而且图片美观且清晰	手绘图片,图片清晰	打印图片
语言文字(30%)	语言表达流畅自然,详细地介绍了食物的制作过程以及食物所含的营养价值	语言表达通顺,简单地介绍了食物的制作过程以及食物所含的营养价值	语言表达简单,未重点突出介绍食物制作过程以及食物所含的营养价值
食物的选择(50%)	符合12岁儿童“中国居民膳食营养素参考摄入量”的	符合12岁儿童“中国居民膳食营养素参考摄入	符合12岁儿童“中国居民膳食营养素参考摄入

续　表

评价维度	优秀	良好	及格
食物的选择(50%)	标准,符合食物多样性,且展现出了独特的创意和个性化	量"的标准,符合食物多样性	量"的标准

表4-4　学生制作的营养美食评价表

评价维度	优秀	良好	及格
色、香、味(20%)	色、香、味俱全	色、香、味仅具有其中两种	色、香、味仅具有其中一种或没有
食品所含热能和营养素的量(50%)	热量、蛋白质和脂肪摄入量均符合儿童营养摄入标准	热量、蛋白质和脂肪摄入量,只有其中两种符合儿童营养摄入标准	热量、蛋白质和脂肪摄入量,仅其中一种符合儿童营养摄入标准
讲解营养制作过程及营养价值(30%)	清楚地介绍了食物的制作过程以及食物所含的营养价值	简单地介绍了食物的制作过程以及食物所含的营养价值	未重点突出介绍食物制作过程以及食物所含的营养价值

八、反思与展望

本次项目化教学,紧密结合同学们的真实生活,在让同学们意识到营养均衡的重要性上具有明显的效果;同时,在激发学生问题意识、磨砺其思维能力及协作能力等方面,展现了传统教学方式无法比拟的优势。

本次项目化教学紧密结合学生真实生活,有效引导学生认识到营养均衡的关键性。第一,本次项目化学习探究的是学生真实生活问题,“民以食为天”,吃在我们的生活中尤为重要。现代人的生活已经不缺“吃”了,而是要“吃”得好,因此学生们都很乐意主动地成为“探索营养美食家”。项目伊始,学生就要先主动学习如何设计调查问卷,让调查问卷里呈现出的问题能够更好地为接下来的项目实施服务。如何设计调查问卷是我们课本上不会接触到的知识,但是设计调查问卷是学生们长大后、在大学生活里,甚至工作后都必须掌握的一项技能。因此,这次项目化学习不仅让学生深入探索营养美食的魅力,更在实践中锻炼了他们的问卷调查设计能力,为未来的大学生活和职业生涯奠定了坚实的基础,真正实现了“学以致用”的教育目标。

第二,本次项目化学习鼓励学生自主搜集与营养学的相关资料,并进行精心地整合,最终将所得成果以PPT的形式进行宣讲。这一连串的过程不仅锻炼了学生的自主学习能力,让他们学会了如何从海量的信息中筛选出有价值的内容;还提升了他们的资料整合能力,学会了如何将分散的知识点串联成完整的体系;同时,宣讲环节更是锤炼了学生的表达能力,使他们能够自信、流畅地展示自己的研究成果。

第三,本次项目化学习锻炼了学生的合作意识、良性竞争意识。整个活动过程中,学生们以小组合作的形式展开，不同小组间相互切磋、共同进步，并共享着彼此的劳动成果。这种学习方式尤其对那些学业优秀但习惯独行的学生而言，具有显著的促进作用，使他们在实践中深刻体验到合作的重要性，进而提升了他们的团队协作能力。

当然，整个项目化学习在实际操作的过程中也是存在着一些问题的，比如教师有关营养学的专业知识储备不够，有时候不能很好地解决学生提出的问题；有些学生的自主学习以及探究性不强，还是需要教师下达明确的指令才能去完成任务；评价方式过于单一，过于注重营养学知识掌握能力。

结合本次项目化实际情况，可以从以下方面入手解决：教师应当继续加强自身的专业发展，深度地学习有关营养学的知识。不断提高自己的教学水平，以更好地指导学生的学习；项目的设计应该更加多样化和具有创新性，可以引入更多的实际问题和热点话题，激发学生的自主进行探究的兴趣和动力；项目的评价方式还需要进一步完善，需要更加注重学生的实践能力和创新思想的发展。

案例分享

我为解放军写创意对联

项目类型	年级	课时数	学校	设计者	实施者
跨学科项目	三～五年级	10 课时	海口市海燕小学	韩宏莉	韩宏莉

一、项目概述

海口市海燕小学的前身是南海舰队航空兵子弟学校。学校位于海口市中沙路 18 号南航部队大院。学校校园文化以海军蓝白色为主，学生耳濡目染受到军旅文化的熏陶。对联是古时的桃符逐渐演变而来的，而桃符是用来避邪的，是给人带来好运的，所以对联寓意是好运、吉祥如意。解放军战士为我们戍守边疆，学生用自己学习到的文化知识为解放军战士送上一份祝福。在给解放军战士写对联的过程中，学生了解了我国传统文化对联的基本知识，也学会了毛笔的使用技能和书写技巧，用毛笔在对联上加入绘画的元素，加入了学生的创意与祝福，也传播了对联的文化知识。

二、项目目标

（一）核心知识与能力

（1）语文：文字描述和语言表达。收集对联的相关知识，小组之间互相讨论交流自己收集的内容。收集相关对联赞颂解放军战士。

(2) 美术:审美感知和艺术表现。如书写对联,可以在对联的基础上进行创新,绘画一些图案、花纹等。

(二) 学习素养

(1) 学习利用网络学习知识,对信息进行收集、整理。

(2) 学会表达,在各种场合大胆、自信地展示自己。

(3) 学会和同学之间进行合作,发现问题,解决问题。

(三) 价值观念

(1) 学生热爱我国传统文化,并将其继承发扬。

(2) 学生知道,解放军保家卫国,是我们最可爱的人,培养学生热爱祖国,尊敬军人。

三、挑战性问题

(一) 本质问题

如何让学生深入了解对联在生活中的价值?如春节为什么贴春联?什么样的对联送给解放军战士更有创意、更受欢迎?

(二) 驱动性问题

由于学校紧挨部队,学生能够近距离感受到解放军战士保家卫国的精神,同学们可以讨论一下用什么方法表达对解放军战士的赞美之情、用什么样的形式给解放军送温暖呢。

四、预期成果

(一) 产品形式

(1) 问卷调查及结果报告提出方案:解放军更喜欢有绘画元素的创意类对联。

(2) 对联用毛笔书写,毛笔绘画花样草稿作品。

(3) 自创创意对联作品。

(4) 相关的演示文稿。

(二) 公开方式

学生以小组为单位,带着自己制作的对联举办展览会,展示并将对联送给解放军战士。

五、项目评价

(一) 过程评价

(1) 能否熟练使用毛笔的书写技法。

(2) 能否用文字描述、语言表达对联的寓意。

(3) 能否详细写出对联,并说出对联文字的含义、对联上的绘画的寓意。

(4) 能否运用艺术表现能力绘画书写对联。

(二) 结果评价

1. 知识技能、合作技能、实践技能的评价量化表

(1) 知识评价:了解我国对联的寓意与来历,知道毛笔的运用。

(2) 技能评价:使用毛笔书写对联,并用毛笔在对联上进行简单绘画。

(3) 实操评价:创意对联的作品展示。

2. 作品展示

3. 语言表达

六、项目资源及工具

(一) 项目资源

计算机、平板电脑、网络、与对联相关的书籍或其他形式的资料信息、绘图工具、美术材料等。

(二) 计划时间表(见表 4-5)

表 4-5　计划时间表

时间	内　　容
第 1～2 课时	发布项目主题,调查数据分享,确定探究内容,开展入项活动
第 3～4 课时	学习毛笔的使用和用毛笔写字
第 5～6 课时	对对联中单个文字进行创意变形
第 7～8 课时	提供知识技能,掌握技术工具,绘画对联草稿
第 9～10 课时	提出修订建议,形成最终成果,演示文稿报告,公开成果展示

七、项目实施设计(计划)

(一) 入项活动

1. 全班学生以小组为单位,利用周末时间,随机对解放军进行问卷调查

2. 以小组为单位,统计调查结果

同学们随机调查了 50 个解放军,其中女性 25 人,男性 25 人。女解放军中有 20 人喜欢创意对联,3 人喜欢传统对联,2 人对对联没有要求,什么形式的对联都可以;男解放军中有 13 人喜欢创意对联,8 人喜欢传统对联,4 人对对联没有要求,什么形

式的对联都可以。根据以上结果，50人中有33人喜欢创意对联，11人喜欢传统对联。

3. 公布统计结果，激发学生的驱动力，提出书写创意对联送给解放军战士

（二）项目实施

1. 亲身实验，认识毛笔

（1）组织学生观看视频，认识毛笔，尝试使用毛笔。

（2）完成对联的书写，写出关于对联的说明文。

信息包括文字的结构、字形，图案的绘画等，图案的位置摆放可以作为讨论点。评价表见表4－6。

表4－6　对联作品评价量表

评价领域	评价标准		画上你的个性表情吧！		
			自评	组评	师评
审美感知	能否说出对联的含义				
	能否准确使用毛笔				
艺术表现	能否用线描的形式画出与内容相关的图案				
创意实践	作品是否有图文并茂				
	作品是否有描写出对联的说明文				
文化理解	能否用语言表达自己对美术作品的感受				
表情评价	☺ 非常满意	☺ 比较满意	☹ 不满意		
综合评语					

2. 运用问题链，促进深研

（1）教师运用如下问题链促进学生去思考和探索：①怎样使用毛笔写出文字？②怎样运用毛笔画出图案？③一副完整的对联字形和图案怎样安排更好？

（2）小组讨论用怎样的方式送对联。

3. 开展分享会，提升认知与表达能力

教师组织学生将自己设计好的创意对联展示出来，说说自己的设计意图，大家一起学习交流。

生1：我写的是“诸事皆宜多喜乐，未来可期长安宁”。我将上联中的“诸”字，写成繁体字“諸”，将言字下面的“口”，创意变化成“铜钱”的形状，寓意财源滚滚；我将“喜”字的“口”创意变化成嘴巴，寓意笑口常开；我将下联的“可”中的“口”变成“♥”、“安宁”的“宁”字，写成繁体字，让对联更有厚重感。整副对联表达的是在解放军叔叔的努力下，我们才能生活得安宁的思想感情。

生2：我觉得“长安宁”的“长”字可以将“长”的上半部分改成枪的造型，这样更贴近军人形象。我写的对联是“只生欢喜不生愁，吾心安处是吾家”。这副对联，我没有

用到变体字，但是我将对联的空白处添加了花纹和动物，比如：铜钱、爱心、柿子、元宝等，都寓意吉祥，让对联更加丰富起来。

生3：同学们提的意见非常实用，可以相互学习，相信今天的分享会让大家的对联更加有创意。

4. 收集创意对联，探索对联的书写方式

（1）学生广泛收集创意对联资料。

（2）教师运用如下问题链驱动学生探索，统计出对联的不同形式。①哪些对联适合送给解放军？②对联中的哪些文字适合进行图案变形与添加？

（3）以小组为单位，进行头脑风暴，组织学生展开讨论，选出自己要写的对联，形成小组讨论。

（4）发表意见，形成决策。教师运用如下问题链驱动学生思考：①选择的对联中哪些文字适合创意变形？②使用毛笔绘画书写时用毛笔的哪个部位？③对联完成后是否可以添加一些别的颜色装饰？

为了帮助学生完成以上任务，我们为其提供了三种类型的知识技能：一是解决该问题所需的学科知识技能；二是项目化学习过程中所需的技术工具（收集信息、书法用笔和小红书APP等网络工具）；三是合作技能。

5. 探究制作方法，书写创意对联

（1）小组设计“创意对联”的草图。

各小组通过小红书学习、网络查询或自媒体视频学习，了解毛笔笔锋的使用，在对联的文字中进行添加花纹和变形，使对联更加有创意。

学生需要决定哪个草图是最有创意的并且思考为什么。

教师从以下几个方面驱动学生思考：内容积极向上，书写工整，图文并茂，创意感十足。评价表见表4-7。

表4-7　对联草稿小组活动成果展示的评价量表

项目	评 价 标 准
美观性（30分）	图文并茂；视觉效果
简洁性（10分）	抓住中心、关键词
完整性（10分）	内容适合，文字书写正确
正确性（30分）	主题明确
形象性（10分）	符号具有独特性；图标指示性强
参与度（10分）	小组成员有团队意识，能群策群力，交流积极主动

（2）各小组分工合作，使用项目工具，书写一副创意对联。

教师运用如下问题链驱动学生合作探讨：①你选择什么样的对联？②写对联要有哪些注意事项？③毛笔笔锋如何使用？④合作过程中如有意见分歧你是怎么处理的？

学生需要记录探究制作心得，并交流分享经验。探究记录表见表4-8。

表4-8 学生探究记录表

我的任务：
我的发现：
我猜这可能是因为：
我解决该问题的方法：
小组探讨解决该问题的方法：

(3) 书写创意对联。

为了帮助学生完成以上任务，我们为其提供了书写对联的工具：铅笔、橡皮、毛笔、对联纸、墨汁、金粉。评价表见表4-9。

表4-9 创意对联实践评价表

评价要素	主要指标	评价结果(ABC)		
		自评	组评	师评
对联内容选择	积极参与小组分工，收集对联相关知识与内容，善于解决过程中遇到的问题			
对联的创意	能从对联的内容、文字上对对联进行变形、添加花纹			
对联完成的美观	与小组成员积极配合，动手能力强			
展示汇报	声音响亮，吐字清晰，表达流利，能较好地呈现出探究结果			
我收获的评语				

(三) 出项活动——送对联活动

在部队大院的广场上设置展柜，展示创意对联，学生需要现场书写。

同学们见到解放军叔叔进行询问，需要什么样的创意对联和喜欢哪些内容，同学现场进行书写、绘画。

进行评估陈述。

在陈述中，项目小组共同介绍陈述报告，并介绍自己在项目中承担的任务。

在公开成果展中记录他人意见和观点。

八、反思与展望

1. 学生撰写反思笔记

学生回顾自己在写创意对联的时候有哪些方面做得好，有哪些方面有待提高，学生要做好记录。同学有写得好的方面，要多学习，夸赞对方。

2. 完成对联书写任务

对联是我国的传统文化，在传统文化的基础上，学生将绘画、文字相融合，做成创意对联，送给解放军，不仅提高学生的书写能力，也将我国的传统文化发扬，将设计的创意对联送给我们最可爱的人。

3. 传播中华优秀传统文化

传统文化是中华民族的血脉，是中华民族的精神家园。通过这样的活动将绘画、书法和对联相结合，并传承下来，是非常有意义的。

案例分享

创意书包大比拼

项目类型	年级	课时数	学校	设计者	实施者
活动项目	三、四年级	7 课时	海口市海燕小学	许环丽	许环丽

一、项目概述

每个孩子都有书包，书包是陪伴孩子成长的重要物品。然而学生在日常生活中使用书包时存在许多问题。首先，书包过于沉重，影响学生骨骼发育，有些学生经常还要多带一个手提袋装书本、文具。其次，书包整理不当。有些学生不擅长整理书包，书包内部乱七八糟，找东西很麻烦，外部也脏。再次，书包尺寸和款式选择较少，并不完全符合每个学生的需求。本项目主要通过创设生活情境，引导学生了解书包的作用和爱护、整理书包的重要性，通过行为训练掌握爱护书包的方法及整理书包的要领，帮助孩子养成每天整理书包的习惯。在学习过程中，发展学生的想象力和创造力，培养学生爱书包、爱学习的情感。

二、项目目标

(一) 知识与能力目标

(1) 劳动：学生能在项目中了解书包常用材料的作用与特征；规范地使用劳动工具整理书包，分类摆放。

(2) 美术：学生根据自己的需要，通过图画的方式设计书包。

(3) 语文：学生在作品交流中，能够按照一定顺序清晰、准确地介绍自己的作品。

(二) 学习素养目标

(1) 自主学习能力：学生能主动查找资料，探究书包的起源和演变。

(2) 批判性思维体现:学生通过探究书包起源,发现书包演变过程中的优缺点;通过整理、分类、清洁书包,发现书包在使用过程中存在的问题,根据存在的问题提出自己的解决方案,设计符合自己需求的书包。

(3) 创新思维实践:学生在整理分类书包时,总结出分类、整理的技巧;在清洁书包时,能够找到快速清洁的方法;在作品设计时,能根据自己的需求,寻找合适的工具、资源,创造出符合自身需求的作品。

(4) 有效沟通的能力:学生在项目中能够准确、清晰地表达自己的观点,同时也能认真聆听他人介绍,并给出公平的评价。

(三) 核心价值目标

培养劳动观念:在清洁过程中做到不怕脏不怕累,不怕困难,初步养成有始有终、认真劳动的习惯。爱护自己的书包,确立符合自身实际的健康生活目标。

三、挑战性问题

(一) 本质问题

学生通过整理、分类、筛选发现自己的书包存在的问题,根据自己的需要发挥想象力设计书包,提高综合能力。

(二) 驱动性问题

你的书包陪你走过了许多日子,你知道书包的演变过程吗? 你觉得它有什么用处呢? 怎样更好地使用、爱护你的书包呢? 你喜欢怎样的书包?

四、预期成果

(一) 产品形式

"书包的前世今生"PPT讲解会、"我为书包代言"学生自主评选会、分类整理大比武、"我给书包换新衣"书包清洁展示会、"'包'你满意"创意作品展览会。

(二) 公开方式

校内作品展览会。

五、项目评价

(一) 过程评价

真实情景中发现书包的功能;发现书包使用过程中出现的问题;主动动手清洁、整理书包。

(二) 结果评价

了解书包的来源、演变;学会分类整理书包;设计有创意的书包。

六、项目资源及工具

(一) 项目资源

(1) 关于书包演变历程的PPT。

(2) 关于书包演变历程的视频。

(二) 项目工具

(1) “创意书包大比拼”活动评价表(见表4-10)。

表4-10　活动评价表

评价标准		优秀	良好	一般	自评与互评	
					自评	互评
学习兴趣	介绍书包	有顺序、有感情地介绍书包,注意语速、语调、停顿	能介绍书包,能注意语速、语调、停顿	需要在同学和老师的帮助下介绍书包		
	整理和清洗书包	对整理和清洗书包很感兴趣,积极实践,能在课堂中进行挑战	对整理和清洗书包比较感兴趣,愿意实践	对整理和清洗书包兴趣一般,愿意尝试模仿		
作品展示	设计书包	绘画作品精美,想象合理,能表达出书包的新理念	绘画作品能表达出书包内容,绘画及文字内容构图合理	绘画作品符合主题,文字和绘画内容有提升空间		
	个性展示	提交的视频或作品形式新颖,能给人带来美感	提交的视频和作品准备充分,作品完整	提交的视频和作品还有进步的空间		

(2) 书包、彩纸、剪刀、装饰品等工具。

(三) 计划时间表(见表4-11)

表4-11　计划时间表

时间	内　　容
第1课时	发布项目,自主探究,入项活动
第2～3课时	课内展示,习得知识,公开汇报

续 表

时间	内　容
第4～5课时	课外练习,掌握技能,自我反思
第6～7课时	课外设计,按需定制,公开汇报

七、项目实施设计

(一) 入项活动

1. 引入项目主题

(1) 引导问题:图片上的书包和我们的书包有什么不同,你更喜欢哪种书包?

(2) 活动内容:课堂展示一些创意书包的图片或视频。

2. 明确项目目标

(1) 引导问题:应当从哪些方面来设计这样的创意书包? 设计过程中应当注意什么?

(2) 活动内容:教师引导确定项目目标为设计一款创新性和实用性书包相结合的创意书包。

师:书包给我们的学习生活带来最大的便利是什么?

生:方便收纳书本和文具。

师:是的,那我们在设计书包的时候,首先要考虑它的实用性。

师:大街上相同的书包这么多,如何能够让别人一眼就认出你的书包?

生:书包要和别人的不一样。

师:所以我们在设计创意书包时,还要考虑它的创新性。

师:我们的任务就是要设计实用性和创新性的书包。

3. 介绍项目流程

本次项目我们将从五个方面探究设计创意书包,进行"创意书包"大比拼活动。

(1) 探寻书包的前世今生:自主查找资料,了解书包的演变过程。

(2) "我为书包代言"学生自主评选会:介绍自己的书包,并选出自己最喜欢的书包。

(3) 分类整理大比武:在课堂上自主分类整理自己的书包,看谁整理得又快又整齐。

(4) "我给书包换新衣"书包清洁展示会:在家尝试清洗自己的书包、晾晒,并录制视频。课上交流自己的活动经验和体会。

(5) 梳理总结:梳理总结出设计创意书包要考虑的内容。

4. 激发学生参与热情

在项目的最后,我们将制作出一款独属于自己的书包,并且在班级内公开展示评价,评价优秀者将获得"创意书包大比拼"活动的冠军,教师将为这些同学颁布"最佳设计奖"。在每一环节结束后都将进行评价,在活动结束时还将根据同学们的评价评选出"最佳参与奖"。

(二) 项目实施——知识与能力建构

1. 任务一:探寻书包的前世今生

(1) 引导问题:你知道书包的演变过程吗?

(2) 活动内容:学生自主查找资料,制作 PPT,在课堂上交流讨论并充分表达,介绍书包的演变过程(见表 4-12)。

表 4-12　书包的演变过程

书包的发展历史可以追溯到古代,其演变过程见证了人类社会的发展和文明进步。		
时间	演变	优缺点
古代书包	起源于古代装书的袋子,早期的人们用布或皮革等材料制成,用于装载书籍和文具。在各个时期,书包的形态和功能不断演变,如商朝时期的布袋、周朝时期的精致布袋、汉朝时期的皮革书包等	书包外观逐渐精致,材料由重到轻。但材料易损坏,容量小、设计较为单调
近现代书包	随着社会经济的发展,书包的材质逐渐从布向皮革和绸缎等高档材料演变。在造型方面,现代书包更加注重个性化和时尚化,有各种款式和图案供人们选择	出现多种图案、款式的书包,用料精致。但材料昂贵,造价高,难以普及
现代书包	主要采用尼龙、皮革等材料制作,具有轻便、耐用、多功能等特点。在材质、面料、样式、舒适度等方面都有所创新	外观、用料、舒适度大为改进,但也无法满足不同人群的需求
根据自己的需要设计书包,既能节约资源,又能满足自己的需求		

2. 任务二:"我为书包代言"学生自主评选会

(1) 引导问题:你觉得你的书包好在哪里?

(2) 活动内容:在课堂上按顺序介绍自己的书包,评选出你心中最喜欢的一款书包,说说喜欢它的原因,表达出你对此书包的喜爱之情。

师:同学们你喜欢你的书包吗?请用上一些顺序词,从外观、用料、舒适度、功能等方面依次介绍你的书包吧!

3. 任务三:分类整理大比武

(1) 引导问题:你的书包平时是谁整理的?你能自己整理吗?

师:同学们,在三年级的时候我们学会了为超市分类摆放商品,请大家先回忆一下,我们当时是怎么分类摆放的?

师:超市物品分门别类地摆放有利于我们快速找到所需物品,其实我们的书包就像一个小超市,里面摆满了你们的学习用品,请同学按照学习的分类整理技能,把我们的物品在书包里摆放整齐吧。

(2) 活动内容:学生在课堂上演示分门别类地摆放学习用品。(引导学生发现书包的问题:你对你的书包满意吗?你的书包存在哪些问题?)

① 按照类别整理:将书本、文具、电子设备等按照类别分开放置,如将书本放在

一个区域,文具放在一个袋子里,电子设备放在另一个区域等。

② 按照使用频率整理:将经常使用的物品放在容易取到的地方,不常用的物品放在不太容易取到的地方。

③ 使用收纳袋:将书本和其他物品放入透明的收纳袋中,这样可以使书包内部整齐且方便寻找。

④ 利用隔层:一些书包内部设有隔层,可以将物品按照大小和类别放入不同的隔层中,以免混在一起。

⑤ 最常用物品放在最前面:将经常使用的物品放在书包最前面的口袋中,这样可以快速找到。

⑥ 使用小袋子或口袋:在书包内部放置一些小袋子或口袋,可以将不同类别的物品放入不同的袋子中,例如将文具放在一个小袋子内,将电子设备放在一个口袋内等。

⑦ 确保每次使用后整理书包:每次使用完书包后,及时整理书包,将物品放回原来的位置,避免下次使用时乱糟糟的。

(3) 在整理过程中,你的书包是否能完全容纳下你的用品?用品是否摆放整齐且易找寻?是否有一些书包的功能是你不需要的?你对你整理后的书包满意吗?

4. 任务四:“我给书包换新衣”书包清洁展示会

(1) 引导问题:怎样更好地使用、爱护你的书包呢?

师:同学们,你们知道吗,其实我们的书包也和我们的衣服一样爱干净呢。所以我们也要经常为我们的书包“洗洗澡”,保证它的干净整洁。来吧,小主人,请展示你们的整理技能,为我们的小书包“洗洗澡”吧。

(2) 活动内容:学生在家尝试清洗自己的书包、晾晒,并录制视频。课上交流自己的活动经验和体会。

(3) 在清洁书包时,哪里比较容易清洁?哪里比较难清洁?哪一步骤花费时间最长?可以怎么改进?

5. 任务五:梳理总结

(1) 引导问题:在整理分类的过程中,我们如何设计一款自己满意的书包?

(2) 总结:我们要根据自己的日常需要,从书包的材料、外观、功能等方面定制书包。

(三) 出项活动

出项活动内容为“‘包’你满意”创意书包大比拼。

(1) 引导问题:你喜欢怎样的书包?你将如何展示本组的成果?怎样公平地给其他组的成果打分?

师:同学们,通过前面的活动,想必你们对书包有了很深的了解。你们喜欢怎样的书包呢?

师:你们一定也想试着自己设计一款心仪的书包吧。请你发挥想象力,为自己设计一款专属书包吧。

师:在小朋友介绍自己的书包时,请其他小朋友根据评价量表为其打分哦。

(2) 活动内容:学生对自己的书包进行改造或发挥想象,设计一款新型书包并采用多种方式进行展示,学生根据评价量规打分。选择优秀作品进行展览。

八、反思与展望

(一) 提高分类思维

本次项目化学习,通过实际操作和示范,帮助学生掌握了整理书包的方法和步骤,并培养了他们的自理能力和责任心。学生在实践活动中积极参与,相互观察和纠正,提高了整理书包的效率和准确性。在展示环节中,学生能够独立完成设计并展示,表现出良好的掌握程度。总体而言,本次项目化学习达到了预期的教学目标,但在项目化学习过程中,可以进一步加强学生的合作学习和自主学习能力的培养,提高学习效果。

(二) 掌握科学探究的方法

在本次项目化学习活动中,学生按照"提出问题—推测—动手实践—分析整理分类过程中现象—根据分析设计符合需求的书包并进行评估"的步骤,一步步设计出符合需求的产品。

(三) 提高动手能力

整理环节和设计环节均由学生自己动手完成,在实践中提高了自己的动手能力。

(四) 教师指导有待加强

教师在让学生设计自己满意的书包环节,应当给予学生充分的资源,尽最大可能地拓宽学生思路。同时应当普及基础工具的使用方法,并且叮嘱学生注意安全。

案例分享

"小海燕"军旅文化特色课间操

项目类型	年级	课时数	学校	设计者	实施者
跨学科项目	3～6 年级	10 课时	海口市海燕小学	陈晓妍	陈晓妍、胡丽冰、王蕾

一、项目概述

本项目来源于海燕小学特殊的地理位置和历史文化,即南航部队子弟学校的前身。结合体育课的核心素养和学生身体发展的需要,通过参与体育活动和锻炼,培养学生综合发展的关键能力和品质,如身体素养、运动技能、团队合作、健康意识等,包括身体的协调性、柔韧性，发展身体的各项能力，提高学生身体健康水平，增强其自信心，学会与他人合作、协调和沟通，培养团队精神和集体荣誉感。通过学生自主编创，培养学生的想象力、创新能力，激发学生的创新思维。所以我校决定以海南音乐文化和海军军旅文化为设计背景，以项目化学习为载体，师生共同开展“小海燕”军旅文化特色课间操。

体育和音乐从综合素质的角度看，就是音乐的美和体育的锻炼相结合，以一种显著的肢体方式在音乐中获得反映。课间操由体育和音乐学科相结合，融入海南地域性文化特色及军旅文化特色，一方面能体现学生对家乡文化的自信，也能体现学校军旅文化的特色，更契合小学阶段学生的发展需要，能力素养的需要，形成文化传承与技能的养成。

基于以上思考，我校尝试用项目化学习的方式探索实践活动的新路径。

海燕小学三年级至六年级学生通过平时的音乐课和体育课训练，有一定的乐感、节奏感和良好的身体素质。在编创动作方面，高年段的学生有一定的创新思维能力，相对来说，三年级的学生编创能力较为薄弱，要求教师在备课时考虑多方面的因素，制订合理有效的教学方法和与学生的审美能力相符的课间操动作。

二、项目目标

（一）知识与能力目标

通过搜集课间操材料的过程能感悟音乐、理解音乐。

（二）学习素养目标

（1）通过学生自主编创，激发学生的想象力和创新能力。

（2）通过课间操肢体的运动，增强学生的身体素质，促进学生身心健康的发展。

（三）核心价值目标

通过结合学校办学特色，融入海军军旅文化和海南音乐舞蹈元素，激发学生的文化自信和热爱校园的情感。

三、挑战性问题

（一）本质问题

如何通过课间操等肢体运动增强学生的身体素质，促进学生身心健康的发展？

（二）驱动性问题

如何通过肢体的表达展现你对家乡文化的自信和热爱。展现你对军旅文化的认识？

四、预期成果

（一）产品形式

（1）搜集海南音乐及海洋音乐。

（2）让学生兴趣盎然地参与编创学习。

（3）体现“小海燕”“小海军”的歌词征集。

（4）小组展示编创成果。

（二）公开方式

学生以小组为单位，把编创成果汇报给教师，教师逐一进行指导，选出合适的肢体动作，最后确定课间操的动作。在各班推选出有舞蹈特长的学生来学习，进行小组录制，以班级为单位利用音乐课和体育课时间学习课间操，再进行全校性课间操评比。

五、项目评价

（一）过程评价

（1）能熟悉音乐，掌握具体的音乐风格。

（2）动作标准，能和音乐搭配表现主题。

（3）小组分工明确，态度认真，积极参与，相互合作，踊跃发言，提出观点。

（4）熟悉课间操动作，完整表现，能达到体育锻炼标准的同时也能提升艺术表现力。

（二）结果评价

（1）彰显主题：主题明确，突出军旅文化、海南黎族、儋州调声等。

（2）个性表达：活泼向上，符合小学生朝气蓬勃的气质。

（3）情感态度：增加对校园文化及家乡文化的热爱。

（4）知识技能：学习军旅文化知识，发挥创造力和想象力参与编创。

（5）成果展示：以班级为单位学习课间操，并参加全校性课间操展示评比。

六、项目资源与工具

（一）项目资源

课间操由三位专业教师指导：

（1）陈晓妍，音乐表演声乐专业，任“小海燕”课间操音乐搜集制作指导。

（2）王蕾，山东大学艺术学院舞蹈表演专业，任“小海燕”课间操动作指导。

(3) 胡丽冰，音乐教育钢琴专业，有舞蹈特长，任“小海燕”课间操指导。

三位教师根据所学专业开展工作配合，完全具备工作能力。学校还聘请省内知名舞蹈表演专家进行指导，有效地提高了学生整体跳操水平及艺术表现力。

(二) 项目工具

学校为开展小海燕军旅文化课间操课程提供了专门的排练厅、操场空地、音响等设备。

(三) 计划时间表(表 4 - 13)

表 4 - 13　计划时间表

时间	项目实施	场地	指导教师
第 1 课时	走访军营、观看舞蹈视频、教官培训、编创歌词	军营、排练厅、操场、教师	陈晓妍 胡丽冰
第 2 课时	音乐制作、录音	校外音乐工作室	陈晓妍 胡丽冰
第 3 课时	动作编创、记录	操场、排练厅	陈晓妍
第 4～7 课时	动作分解学习	操场、排练厅	王蕾
第 8～9 课时	配乐加动作	操场、排练厅	陈晓妍
第 10 课时	课间操分年级展示、比赛	操场	王蕾、体育教师

七、项目实施设计

(一) 入项

子问题一：你喜欢部队军旅文化吗？关于军旅文化你知道哪些？有哪一些是你不知道、不清楚的？

(二) 项目实施

活动项目成立后，学生带着问题以分组的形式走访军营参观官兵日常训练活动，与官兵面对面学习交流。实地走访结束后，通过部队官兵提供的资料，记录下了许多问题，教师将学生提出的问题进行汇总，形成了项目活动任务单(见表 4 - 14)。

表 4 - 14　“我想知道的军旅文化”活动任务单

小组：	姓名：	指导教师：
问题 1：海军的号旗旗语的作用是什么？“我爱蓝色的海洋”旗语如何挥动？		
问题 2：解放军立正、踏步、整理着装、敬礼等动作如何才能做规范？		

续　表

小组：	姓名：	指导教师：
问题3：能体现海洋文化的歌曲有哪些？		
问题4：踏步口号都有哪些？		

为了帮助学生解决问题，学校在与部队沟通后，请一位教官为项目的主要成员们答疑解惑并做一次培训。学生们的疑惑既得到了解答，也学习到了知识。

子问题二：你关注过海南黎族、儋州调声的舞蹈吗？

走访部队官兵的交流会后，教师组织学生在教室里分享交流心得，并播放黎族舞蹈、儋州调声视频让学生观看，教师引导学生从动作的特点和音乐的特点上说一说观后感，请有舞蹈特长的学生示范经典动作，学生一起讨论搜集。

子问题三：你知道哪些歌曲是关于海洋文化的？你能为军旅课间操的音乐编创歌词吗？

教师拟"小海燕课间操"歌词招募方案通过班主任发到班级群，以班级的形式讨论、交流，在全校广泛展开为课间操编创与海军、海燕有关的歌词征集，在获得音乐旋律后用编创的歌词填词演唱。通过广泛征集，最终确定歌词。（见表4-15）

表4-15　歌词征集表

征集班级：	指导教师：
歌词内容：我们都是小海燕，风雨来临不低头，风再猛雨再大，我们手牵手手牵手。我们都是小海军，身姿挺拔昂起头，雄赳赳气昂昂，大步向前走向前走。海纳百川，踏过千山万水，燕舞长空，我们英勇无畏。	

子问题四：如何通过动作的编创来表达军旅文化和海南舞蹈元素？

通过前期的军营走访交流及视频观看，学生们对海军军旅文化和黎族舞蹈、儋州调声有了一定的了解，但是，学生们仍然疑惑，要把这些元素编创成具有特色的课间操，应该怎么做？

（1）有舞蹈特长的学生可以积极踊跃报名参加动作编创，教师引导学生发挥自己的想象力，提出自己的观点和看法。可以分组讨论交流、分组分段编创。

（2）教师把学生分成五个小组进行动作编创，以入项前期活动为基础，学生对军旅文化和海南舞蹈元素有一定的知识和了解，教师鼓励学生通过个人或者小组合作的方式解决问题。

第一小组根据课间操音乐中部队军营的起床号，融合向左向右看、整理着装、跨立、原地踏步、喊口号等动作加以编创，教师引导学生注意编创时动作的力度和简易度，并拍摄视频记录。

第二小组讨论后，以四肢伸展和跳跃为基础，借鉴小学生广播体操跳跃运动编创了第二节课间操动作，教师播放音乐让学生配合跳，然后再请教师评价审核，达到较好的效果后教师拍摄视频记录。

第三小组聆听了音乐风格后，向教师反馈了体现出的音乐要素，从速度上、节奏上、情绪上入手，教师建议融入黎族经典舞蹈动作和儋州调声动作，以黎族“大力神”动作和儋州调声“勾手”动作为创作灵感，加入现代舞蹈元素，展现了音乐中活泼可爱的“海南小海燕”形象，编创完成后请组内同学相互评价并发表自己的观点，并以绘画的形式记录经典动作。

第四小组以走访军营后产生的灵感，发挥想象力，气势蓬勃地在原地踏步中喊出校训口号“海纳百川、燕舞长空”，教师向学生提出问题：你眼中的“小海燕”和“小海军”的形象是什么样的？你如何用动作来体现“展翅的小海燕”和“威武的小海军”？学生各抒己见，教师对学生的观点给予肯定，并激发学生进行动作编创，教师认真记录。

第五小组负责编创音乐最后高潮迭起的部分，为达到更好的编创效果，教师要求学生学唱有歌词的部分，学生们个个认真投入演唱，把“海纳百川跨过千山万水”的格局和“燕舞长空我们英勇无畏”的勇敢带入动作的编创中，教师要求编创的动作除了体现歌词以外，还要充分地达到课间操的整体运动效果，学生们你一言我一语热火朝天地讨论起来，最后记录下编创的动作。

(3) 实施要求。

① 在课间操编创过程中，要求每位学生能遵守纪律，投入学习，按时按量、有质量地完成。

② 学生在课间操学习编创中能够团结协作、同心协力，与同学和睦相处，相互包容、相互谦让、相互欣赏，体现了良好的团队精神，为增强体质和展现校园文化特色共同努力。

③ 课内、课外结合编创策略。课间操编创不仅在课内，课外也由家长监督配合完成，家校合作，教师及时与家长沟通交流。

④ 每次编创设计后，针对其中存在的问题进行标注记录、反思修正。

⑤ 舞蹈动作修改、反思，定期整理完善。提高教技、教艺，求实、求真、求活、求新，倡导自主、合作、探究的学习方式。

⑥ 充分利用现电教媒体，利用网上信息资源拓展学习，提高课间操教学效益。注重课堂内外、学习内外的联系，拓宽学习和应用的渠道，增加实践机会。

(三) 出项

(1) 以年级为单位进行课间操展示、评比。

(2) 每天早操时间进行全校性展示。

2023年10月，军旅课间操全校性铺开，也是本学期项目化学习的出项活动，在学校操场开展，进行三至六年级评比，各班学生认真学习、积极参与、主动加入跳操行列，学生自主编创、学习，体现了项目化学习的意义和价值。

出项活动还包括参与项目化学习的学生在电视台播出的“海南省中小学生热带雨林研学实践活动启动仪式”上进行展示。

八、反思与展望

目前，课间操活动已成为我校的特色课程，这对丰富学生的校内生活和提升校园文化品质，有着积极的意义。

学生的思想道德和心理素质得到了提高，丰富多彩的运动不仅培养了学生的组织纪律性，还形成了互相鼓励、互相合作、自学奋进的良好习惯，各种优良的意志品质正在潜移默化地形成。

项目在开展过程中，对课间操活动进行了展评，学生在热情奔放的乐曲中健身，既张扬了个性，又体现了天真的童趣、强烈的团队合作精神和集体责任感、荣誉感，从而以良好的状态投入学习。

但是项目实施的过程中，在列队的速度、队伍的整齐、口号的洪亮、现场的秩序，活动后场地卫生等方面还有待加强，希望各班指导教师对课间操活动提高重视程度，培养学生运动兴趣，正确指导学生活动，让课间操活动开展得更加顺利，更加扎实有效。

案例分享

我为班级设计班徽

项目类型	年级	课时数	学校	设计者	实施者
跨学科项目	五年级	5 课时	海口市海燕小学	王欢	王欢

一、项目概述

一个良好的班集体必定离不开一个有意义的核心，这个核心必定需要一定的载体将这种理念展现出来，成为班集体的灵魂和象征。“班徽”无疑是班集体文化符号最好的呈现方式，不仅可以将班级文化寓于其中，还能让学生在班徽文化的熏陶下，耳濡目染，时刻感受着这种精神内核的存在，进而潜移默化地影响着学生的成长。

开学之初，我便将设计和确定班徽作为一项非常重要的班级活动邀请全体学生参加，以此来提炼和彰显班级文化。群策群力，共同智慧的结晶必将带来巨大的群体效果，班级的精神内核也必定建立在正确的群体价值之上。提高学生对班级文化的认知，培养学生对班集体的认同感和归属感，为此组织了“我为班级设计班徽”的活动。

二、项目目标

(一) 知识与能力目标

(1) 语文:通过项目研究,学会表达自己的思维和行为,学会通过言语交流沟通,学会撰写设计思路。

(2) 数学:掌握图形的平移、旋转和轴对称在现实生活中的应用。让学生对身边与数学有关的事物有好奇心,能参与数学学习活动,了解数学可以描述生活中的一些现象,感受数学与生活的密切联系,感受数学之美。

(3) 综合实践:能在项目过程中,了解班级文化,培养集体认同感和归属感,探究更合理的设计方案,形成科学探究精神。

(4) 信息技术:能在项目过程中,通过网络媒介查找资料,梳理资料信息。

(5) 美术:学会设计班徽。

(二) 学习素养目标

(1) 学习搜集、整合资料的方法,注意整合资料,进行信息的搜集与概括,让学生具备初步搜集和整理信息的能力。

(2) 学会表达自己的思维和行为,学会言语交流沟通,学会撰写设计思路。

(三) 核心价值目标

提高学生对班级文化的认知,培养学生对班集体的认同感和归属感。

三、挑战性问题

(一) 本质问题

如何在生活中运用图形的平移、旋转和轴对称来做一个有意义的项目?

(二) 驱动性问题

引导学生接触并掌握主要概念和原理,引导学生主动思考,探索解决问题的方法,具有挑战性,引发学生高阶思考,以激发学生好奇心为出发点。提出驱动性问题:如何在班徽设计中体现班级文化?

四、预期成果

(一) 产品形式

班徽设计图。

(二) 公开方式

学生以小组为单位，带着自己制作的图画、设计思路等，向参会的师生介绍项目经历，呈现产品，展示并推销班徽产品。

五、项目评价

(一) 过程评价

(1) 能积极运用各类书籍或软件查询资料。

(2) 认真参与项目学习，并对小组有贡献。

(3) 能参与组内的各项合作活动，并参与完成组内展示的作品和成果。

(二) 结果评价

(1) 能用语言的概括设计思路。

(2) 作品工整美观。

六、项目资源及工具

(一) 项目资源

计算机、网络、绘图工具、美术材料。

(二) 制作工具

A3 纸。

(三) 计划时间表(见表 4-16)

表 4-16　计划时间表

时间	内　　容
第 1 课时	发布项目主题，调查数据分享，确定探究内容，开展入项活动
第 2 课时	查阅相关资料，明确班徽思路
第 3～4 课时	绘制班徽，并配上设计思路。提出修订建议
第 5 课时	形成最终成果，公开成果展示

七、项目实施设计

(一) 入项活动

1. 发布任务

王老师利用班会发布招集令，让每位同学争当班级小主人，自己设计班徽！通过自己设计,使小朋友能主动了解自己班的班级文化,实现班级的强大凝聚力。

班徽创作要求:

(1) 尽可能利用"图形运动中的对称性"进行设计。

(2) 要体现班级团结进取、积极向上的精神风貌。

(3) 对设计的图形要进行文字解读说明。

(4) 作为一次长作业,利用周末完成。

2. 分组

把班级学生分成6个小组,每个小组的角色由项目经理、项目副经理、时间跟催员、档案管理员、督察员、技术员组成。分组时要充分考虑学生的个性差异,人尽其才。可以取长补短,可以培优。项目不同,角色分工也可以不同,适时调整。

分组时注意组内异质,组间同质均衡发展。例如:在活动探究环节,有的学生擅长出谋划策,可以赋权、积分,促其个人成长。在分享展示环节,有的学生擅长组织语言进行表达和分享,可以赋权、积分,促其个人成长。但是要注意项目经理的职责是主导、统筹,不等于包办。

根据明确的要求,学生们开始了自己的设计,并为自己的设计理念和设计思路进行了文字表达,以更好地去传达他们的巧思。

(二) 项目实施

1. 查阅资料,了解班徽

组织学生查阅相关资料,观察班徽的特征和设计理念。

如在图案设计方面,可能很多同学都会去参照一些外国国旗、国徽、军旗、勋章等,或与自己班级相同或相似者的图案作为参照。对于班徽图案的形式美感,我见过有些设计基本具有简练、准确和有一定的信息量,但是不美。有些是外形不美,有些黑白不匀,总之是不符合形式美法则和造型规律,这样就使标志设计丧失了艺术感染和视觉冲击的力量。最好就是一目了然,简练明确,能反映班级的精神风貌就最好了。

2. 运用问题链,促进深研班徽

教师运用如下问题链促进学生去思考和探索:

(1) 逆向设计的班级的名称以及独特的精神风貌是什么样的?

(2) 班徽图案可以是哪些?

(3) 班徽色彩有什么设计理念?

小组讨论班徽设计理念:

(1) 图形的运动变化种类有哪些?

(2) 在设计时还要注意些什么?

3. 开展分享会,提升认知与表达能力

根据设计班徽主题,学生通过文字描述和语言表达对班徽及班级文化进行初步认识:

如一个出色的班徽设计，除了一个形态优美的图案以外，还要表现出与众不同的积极向上的精神风貌，最好有一个比较顺口的、好记的、动听的班级口号，要有独创性与时代感，要富有新意和美好的联想。这样能给做设计的同学更多有利的设计元素与灵活性、创造性。

如在设计班徽时，除了轴对称、旋转和平移的知识，我们还需要考虑到一些设计原则。首先是简洁性原则，班徽应该尽量简洁明了，避免过于复杂的图案和元素。其次是符号性原则，班徽应该能够代表班级的特色和精神，让人一眼就能够联想到班级的特点。最后是美观性原则，班徽应该具备一定的美感，让人看到后产生共鸣和喜爱之情。

如基于轴对称的设计思路，我们可以选择以班级名称的首字母为主要元素，通过轴对称的方式设计出一个有特色的图案。以某班级为例，班级名称为“ABC”，我们可以将这三个字母作为设计的基础元素，通过轴对称的方式进行排列组合，形成一个独特的图案。例如，将字母“A”和“C”以轴对称的方式排列，再在中间插入字母“B”，形成一个具有对称美的图案。这样的设计不仅能够展现班级的团结力量，还能够体现班级的独特性。

如我们利用平移的概念进行设计时，我们可以选择一个简单的图形作为基本元素，然后通过平移的方式将它重复排列，并逐渐变大或变小，形成一个有层次感的图案。这样的设计不仅能够展示班级的活力和创造力，还能够体现班级成员之间的互助和合作精神。

4. 绘制班徽

各小组分工合作，尝试绘制班徽，教师运用如下问题链驱动学生合作探讨：

(1) 你选择什么样的图案？

(2) 有哪些注意事项？

(3) 合作过程中如有意见分歧你是怎么处理的？

学生需要记录探究制作心得，并交流分享经验(见表4-17)。

表4-17　学生探究制作班徽记录表

我的任务：
我的问题：
我解决该问题的方法：
小组探讨解决该问题的方法：

5. 修正班徽

(1) 根据绘制效果，提出修订建议。

(2) 个体和项目小组根据意见修订自己的成果(见表4-18)。

表4－18　自制班徽修正表

第一次绘制			第二次绘制		
图案	颜色	设计理念	图案	颜色	设计理念
不足之处：			不足之处：		

(3) 收集项目材料，包括项目计划、过程记录、修改记录、评价表以及最终结果，形成最终可以参加成果展的成果。

(三) 出项活动

1. 出项任务

各小组需提交一份关于班徽图画，展示形式可以多样，鼓励创意和新颖性。展示内容应全面、准确、生动地介绍班级文化，提高学生对班级文化的认知，培养学生对班集体的认同感和归属感。

2. 展示品形式

(1) 竞选大会展示

结合PPT进行宣讲：小组可制作精美的PPT，包含图片、文字、视频等多种元素，以图文并茂的方式展示设计的班徽。

(2) 图画展示

以手绘或拼贴的方式呈现班徽图。图画应设计新颖、内容充实。

3. 评价表(见表4－19)

表4－19　评价表

评价形式	评价目标	评价内容	个人自评	组内互评
过程评价	情感态度	能积极、认真地参与项目学习，并对小组有贡献	☆☆☆☆☆	☆☆☆☆☆
		能与组员相互合作，并在组员有困难的时候提供帮助	☆☆☆☆☆	☆☆☆☆☆
	学习策略	能用各类书籍或软件查询资料	☆☆☆☆☆	☆☆☆☆☆
		能运用多媒体和网络，对所需资料进行收集、筛选，并在组内讨论、整合	☆☆☆☆☆	☆☆☆☆☆
		能参与组内的各项合作活动，并参与完成组内展示的作品和成果	☆☆☆☆☆	☆☆☆☆☆
结果评价	语言运用	能用语言概括设计思路	☆☆☆☆☆	☆☆☆☆☆
		语言流畅，表达清晰	☆☆☆☆☆	☆☆☆☆☆
	作品呈现	制作的有关班徽的图册	☆☆☆☆☆	☆☆☆☆☆
		作品工整美观	☆☆☆☆☆	☆☆☆☆☆

续　表

评价形式	评价目标	评价内容	个人自评	组内互评
		能用流利的语言介绍小组的作品以及方法、过程,有适当的肢体语言和表情动作	☆☆☆☆☆	☆☆☆☆☆
投票评价	选出你支持的班徽			

4. 评选与颁奖

评选结束后,举行颁奖仪式,为评选出的优秀班徽设计小组颁发荣誉证书和奖品。

八、反思与展望

教师的收获:“我为班级设计班徽”项目式活动结束了。这次活动不仅让学生们了解徽章设计的基本原则,设计出体现班级特色和班级精神的班徽,而且让每个学生在构思、设计与投票过程中都有所收获。班徽设计需要有内涵和意义。班徽不仅仅是一个图案,更是一个象征,一个代表班级的标志。在设计班徽的过程中,我们思考了班级的核心价值观和目标,希望能够通过班徽来传达出这些价值观和目标。无论是班级成员还是外界人士,都能够从班徽中感受到我们的内涵和意义。

教师的不足:活动环节设计不成熟,有待改善。

学生的收获:通过设计班徽的过程,我深刻体会到了设计的重要性和团队合作的力量。一个好的班徽不仅能够增加班级的凝聚力,还能够让班级在外界展现出自己的特点和魅力。班徽的设计需要考虑多个方面的因素,不仅要有独特性和创意性,还要有美感和内涵。我相信,在未来的日子里,我们的班徽将成为我们班级的骄傲和标志,让我们更加团结和自信地前行。

学生的不足:学生的设计思想简单没有创新,语言表达也不够流利,有待加强。

第五章
项目化学习中学生数字信息技术能力的培养策略

《义务教育信息科技课程标准(2022年版)》首次确立了信息科技课程在义务教育阶段的独立性地位,对我国中小学信息科技教育发展具有划时代意义。因此,培养学生的数字信息技术能力至关重要,这不仅可以提高学生的个人素质,促进教育的大跨步发展,还能为师生之间教学的科学性、便捷性和综合性带来前所未有的变革。

一、数字信息素养的概念与作用

(一) 科学理解数字信息技术能力

人民教育出版社副编审施歌认为,“数字素养”是信息素养、科学素养、媒介素养等概念的延续和深化,是信息化社会公民必备的基本能力和态度,是新时期学生核心素养的重要组成部分。“信息素养”最早由美国信息产业协会主席 PaulZurkowski 首次提出,并定义为“利用大量的信息工具及主要信息源解决问题的技能”。“数字素养”最早由以色列学者 YoramEshet-Alkala 提出,他认为数字素养包括“图片—图像素养”“再生产素养”“分支素养”“信息素养”“社会—情感素养”。数字信息技术能力旨在提升学生的数字能力,即运用数字化工具解决实际问题的能力,学生应具备理解、获取、利用数字信息能力及利用信息技术的能力。

(二) 准确把握数字信息技术在项目化学习中的作用

数字信息技术着眼于学生对工具的利用,增强学生自主学习能力,引导学生向外拓展自己的知识领域,注重他们在真实情境中发现问题,创造性地解决问题,又在解决问题中发现问题,这种对问题的循环性探索就是学习的实质。学生在问题的持续探索过程中,通过掌握与应用数字信息技术,调动和激活已有的知识经验、能力基础,从而形成可迁移的思维方式,体会应用知识解决实际问题、创造美好世界的乐趣,真正感受学习的意义。

信息技术的实践,使得项目化学习成为师生开展活动的不二之选。因此,在目前信息技术学科的教学中,教师应当积极挖掘项目化学习活动的应用优势,以便进一步提高信息技术学科的教育品质。

数字信息技术在项目化学习中的应用带来许多变化,如:

1. *学习方式*

数字化学习使学生能够通过互联网快速获取海量电子资源,如电子书籍和在线期刊,从而节省时间并提供更多学习机会。数字信息技术可以根据学生的兴趣和特点提供个性化的学习内容和学习路径,满足每个学生的需求,实现更高效的学习。通过数字信息技术，学生可以与同学进行远程讨论，分享学习心得，与老师进行交流，这种互动与合作学习的方式拓宽了学生的学习视野。

2. 技术应用

在“互联网＋”背景下，项目式学习采用混合式设计，将部分项目活动在互联网平台上实施，利用互联网技术手段优化课堂教学。为培养学校等特殊教育环境提供“真实”情境，帮助学生更好地理解教材和学习知识。如 Coursera、edX 等，为学生提供了丰富多样的课程选择和自主学习机会，同时提供在线作业、论坛讨论等功能。

3. 成果呈现

数字化学习提供了在线测验、项目作业、学习日志和互评等多样化的评估方式，使学生能更全面地展示学习成果。通过数字信息技术，学生可以获得更具体的反馈和指导，从而提高学习效果。数字化学习不仅转变了学习方式，还培养了学生的数字素养和学习能力，如信息获取、处理和评估能力，以及自主学习能力、合作与沟通能力和思维创新能力。

二、数字信息技术能力的内涵构成与培养策略

了解数字信息能力的构成对于我们学习数字信息技术能力尤为重要。数字信息技术能力包括四个方面：分别为信息处理能力、沟通交流能力、内容构建能力以及网络道德能力。只有清楚了解数字信息素养所包含的各项能力，再根据各项能力逐一学习与掌握，才能全面提升学生数字信息能力，使得学生能够在数字信息时代下自由学习。

（一）数字信息技术能力的内涵构成

（1）信息处理能力：获得、接受、识别、检索、遴选、存储等各种形态的数字信息，并判断信息的相关性、准确性和有效性。

（2）沟通交流能力：利用数字化社交工具，寻找、确定、连接交流对象进行信息的传递、共享、评价、互动，具有国际视野和跨文化意识。

（3）内容建构能力：结合个人生活经验、知识技能和已获得的数字信息，利用数字化技术创造性地生产内容、表达内容，有创新意识和思辨能力。

（4）问题解决能力：合理应用数字化手段分析问题、解决问题、满足需求。在数字信息时代下，学生更要学会用数字技术解决问题。夏雪梅认为，跨学科素养需要从儿童的早期学习开始，人类学习的本质是与跨学科素养所指向的核心维度相一致。

（5）信息安全能力：具有个人隐私防护、数字身份保护、知识产权维护、数据安全的基本意识和能力。

（6）网络道德能力：在网络社会活动中理解、尊重他人，不主动传播有害信息，具备价值判断和信息辨识能力，具有网络道德规范、文明素质及行为能力、自控能力。

(二) 数字信息技术能力的培养策略

1. 激发学习兴趣

为促进学生对数字信息技术领域的兴趣,教师应当构思富有吸引力的数字化学习计划,使学生在实践活动过程中亲身体验该技术的魅力。例如,举行编程竞赛、机器人构建大赛等活动,使学生在竞技氛围中享受技术带来的愉悦及成就感。同时,将数字信息技术与日常生活紧密相连,展示其在应对实际挑战中的应用实例,可有效激发学生的好奇心并增强学习意愿。

2. 搜集信息策略

在提升学生搜集信息能力的教育过程中,教师需指导学生掌握高效的信息搜索途径与策略。首要任务是教导学生运用搜索引擎、数据库等数字化工具进行资料检索。其次,着重培养学生筛选与评估信息的能力,以确保所获信息的准确性和价值。此外,鼓励学生积极利用社交媒体平台、专业论坛等资源,与同领域学习者或专家互动交流,以拓宽信息获取渠道。

3. 沟通合作策略

鉴于数字信息技术环境对沟通协作的高度要求,教师应采取相应策略强化学生的这方面技能。首先,安排在线团队合作项目,使学生在实践中掌握有效的沟通技巧。其次,激励学生积极参与线上论坛讨论,以提升其文字表述与互动沟通的效能。此外,利用视频会议软件等工具,模拟现实世界中的沟通协作场景,帮助学生适应并掌握复杂沟通环境下的应对策略。

4. 分享展示策略

分享与展示是衡量学生数字信息技术能力发展的重要指标。为提升学生在此方面的能力,教育者可采取如下策略:一是创建多样化的展示平台,包括校园网页、社交媒介等,为学生提供展示个人学习成果的机会;二是指导学生掌握制作高水平演示文稿、视频等多媒体素材的方法,以增强其信息传达能力;三是定期举办分享会、专题讲座等活动,不仅使学生有平台分享个人学习心得与成就,也能借此机会提升他们的自信心和公众演讲技巧。

三、在项目化学习中培养学生数字信息技术能力的主要方法

了解清楚数字信息技术能力,我们将能力的培养放到具体项目中进行分析,这样能够清晰地了解到各类能力在具体实践过程中是怎么体现的,又是如何培养的。同时,通过剖析学生各项能力在项目化学习中的运用,从而更好地提升学生的综合素养。

(一) 搜索与筛选,培养学生的信息处理能力

信息处理的能力是一个人的核心竞争力。教师要将关键概念放在不同的学科情境中,帮助学生准确地理解概念。让学生通过上网查找、阅读书籍等方法搜集整理各

类信息，并根据具体的项目实施内容进行筛选加工处理，做到去粗取精、去伪存真，符合项目活动的实际需要。

在“旧衣新用”项目中的信息技术目标：能在项目过程中，通过网络媒介查找资料，梳理资料信息，并能制作线上调查问卷及展示PPT。学习素养目标中要求学生学习调查、搜集、整合的方法，进行旧衣物的搜集、筛选和分类，让学生具备初步搜集、筛选、分类的能力。对衣物进行搜集和筛选，在网络上进行信息搜索和整理，就是锻炼学生的信息处理能力，让学生可以在大量资料中找到自己所需要的信息。

在“爱国护旗”项目中的信息技术目标：在项目过程中，通过网络媒介查找资料，梳理资料信息。学习素养目标要求学生学会收集查找资料，通过自主学习、合作探究等多种形式，讲解国旗知识、表达爱国志向。学生通过查找资料、梳理资料信息来锻炼信息处理能力，同时通过合作的方式，进行信息的交流，进而更好地提升自我信息处理能力，与其他同学共同进步。

（二）传播与对话，培养学生的沟通交流能力

数字信息技术的沟通交流能力主要指的是在数字化和信息技术环境下，个体或组织如何有效地进行信息传递、接收和理解的能力。这种能力在当今数字化社会中至关重要，因为它决定了个人和组织在快速变化的信息环境中的适应性和竞争力。

在“争当中国世界文化遗产宣传员”项目中，学生沟通的措施：①准备宣讲材料。根据宣讲稿，准备相应的图片、视频等辅助材料，增强宣讲的视觉效果。②演练与反馈。小队成员进行多次宣讲演练，相互评价，提出改进建议。根据反馈，不断优化，用自己的语言和手抄报的形式向家人和朋友清楚地介绍一处自己感兴趣的中国世界文化遗产，并宣传其历史、艺术、科学价值，以及告诉大家如何更好地利用和保护，极大提高了学生的沟通交流能力。

在“我理想中的传统节日”项目中，学生可以制作关于传统节日以及中国世界文化遗产的短视频或网站，通过社交媒体等渠道进行传播。这对学生培养网络沟通交流能力的提升有很大帮助。项目的学习目标是“学习讲解技巧，增强网络口语表达和交际能力”，同时也是项目化学习中培养网络沟通交流能力最好的体现。在网络交流过程中，准确清晰地表达自己的意愿；在与他人交流过程中，提高自己网络交流能力，同时网络交流也包括熟练使用交流软件。

（三）实践与展示，培养学生的内容建构能力

内容建构即将自己的观点做成产品，夏雪梅认为这是学科实践的表现，即用学科的思想方法去行动和实践，是知行合一。

“花小钱办大事”项目中设计手工记账单和购物清单，最后对比计划和实际购物清单，这些都是学科实践的表现。项目内容构建实施的过程有：①学会记账，养成习惯。制作记账记录本，完善表格内容。②合理规划，制作购物清单。根据实际情况构建任务清单，完善购物内容，进行内容构建。根据项目主题，构建出记账本和购物清

单这两个产品结果，让项目主题更加具象化。

“旧衣新用”项目中，学生自主设计调查问卷并动手改造旧衣，最后展示时，以手抄报的形式进行展示，体现学生内容构建的素养。“花小钱办大事”项目中，学生制作购物清单以及账单，并最后进行比对，同时制订时间计划表，制作短视频和宣传视频，体现内容构建素养能力。让学生们构建“新衣”，在内容构建过程中锻炼了学生对项目主题进行具象化的能力。

（四）辨别与判断，培养学生的网络道德能力

施歌认为，培养网络道德能力需要帮助学生树立信息安全意识和网络道德素养，让学生具有数据安全的基本意识和能力，在网络社会活动中能理解、尊重他人，具备价值判断和信息辨识能力、行为能力、自控能力。

在项目“我理想中的传统节日”中，学生要利用信息技术能力查询我国和其他国家的文化。不仅如此，在其他项目如“‘旧衣’新用”、“爱国护旗”、“花小钱办大事”、“争当中国世界文化遗产宣传员”中，在利用信息技术工具进行资料搜索、问题解答时，学生难免与网络上的人员意见不一。但学生在处理过程中，不仅要有能力判断甄别，更要有自控能力，不要在网络上发泄私人情绪。

在“争当中国世界文化遗产宣传员”项目中，要求学生搜集资料，即成员通过图书馆、网络、专家访谈等渠道，广泛搜集关于所选世界文化遗产的资料，包括历史背景、文化内涵、建筑特色、保护现状等。查询相关资料信息时，在网络平台发布言论或者发布视频介绍时要谨言慎行，不得发布违背公序良俗的内容，要友好交流。

在项目化学习活动中，培养学生的学习数学信息技术能力，不仅可以打开学生知识视野，丰富他们的认知，而且对于培育学生的创新素养与创造能力，都会有着积极影响。

案例分享

爱国护旗

项目类型	年级	课时数	学校	设计者	实施者
活动项目	五、六年级	8课时	海口市苍西小学	王成孚、冯莉、罗才玲、吴江莉、阮钰瑜	王成孚、冯莉、罗才玲、吴江莉、阮钰瑜

一、项目概述

国旗是时刻激励着中华儿女克服困难、奋勇前行的力量源泉。我校生源大多数是农民工子女，多数家庭教育思想观念落后，学生的养成习惯差，安全意识薄弱，对国旗的意识淡薄，不理解国旗的含义，或国旗下讲话时，很多同学不够重视等。学生的健康成长是我们教育的首要任务，“立德树人”是教育之根本。国旗下讲话是我国中小学校长期运用的教育形式之一，它可以引导学生接受教育文化，帮助我们践行教育理想，落实教育理念。国旗下讲话既有对祖国的赞美、环保的关注、成长的洗礼，也有对学法的指导、生命的关爱和成长的引领等。通过小组合作了解国旗历史、绘画“爱国护旗”手抄报、撰写国旗下演讲稿，要让学生感受到成长的责任，要勇于超越自我，迎接更高挑战。通过活动对学生进行养成各种习惯的教育，引导学生正确表达爱国热情，促进学生健康成长，做新时代的好少年。

二、项目目标

(一) 知识与能力目标

(1) 语文：能够提升口语表达能力，掌握撰写演讲稿的技巧，以表达个人对祖国的热爱与志向。

(2) 道德与法治：深入了解国旗的历史演变和《中华人民共和国国旗法》的相关规定，熟悉国旗的正确使用方法和适用场合。

(3) 信息技术：在项目过程中，熟练运用网络媒介查找资料，并有效梳理资料信息。

(4) 美术：学习运用合适的色彩搭配，创作“爱国护旗”主题的手抄报。

(二) 学习素养目标

(1) 掌握收集、查找资料的方法，通过自主学习、合作探究等形式，自主讲解国旗知识，表达个人的爱国志向。

(2) 在项目实施中，学生将培养解决问题的能力、审辨思维及创新能力。

(三) 核心价值目标

(1) 通过项目学习，激发学生的爱国情怀，深化学生对国旗作为国家象征意义的理解，培养学生对国旗的尊重与爱护之情。

(2) 项目化学习将增强学生的集体荣誉感和民族自豪感，促使学生更加珍视和爱护国旗。

三、挑战性问题

(一) 本质问题

借助“爱国护旗”主题演讲、手抄报评比等活动，学生自主搜集、查阅资料，了解国旗的意义，探索国旗精神，深刻认识国旗的历史和文化，培养和传递爱国护旗的价值观。

(二) 驱动性问题

作为一名中国小学生，你认为有哪些活动可以表达对国旗的敬意？

四、预期成果

(一) 产品形式

(1)“爱国护旗”手抄报。

(2)“爱国护旗”主题演讲。

(二) 公开方式

(1)“爱国护旗”手抄报展。

(2)“爱国护旗”主题班队会。

(3)“爱国护旗”演讲活动。

五、项目评价

(一) 过程评价

(1) 是否能够独立查阅资料，准确阐述“爱国护旗”的深层意义，并能够使用恰当的语言文字与同学交流自己掌握的国旗知识。

(2) 是否能够运用艺术手法和表现形式，绘制出富有创意和内涵的“爱国护旗”手抄报。

(二) 结果评价

项目介绍，“爱国护旗”主题演讲及手抄报成果展示评价。

六、项目资源与工具

(一) 项目资源

计算机、平板电脑、网络、与国旗的资料信息、绘图工具、美术材料等。

(二) 项目工具

4K纸。

(三) 计划时间表(见表5-1)

表5-1 计划时间表

时间	内容
第1课时	发布项目主题，探究开展入项活动
第2～3课时	多渠道收集信息，了解“国旗”的历史。开展“爱国护旗”主题班会活动
第4～5课时	掌握如何制作手抄报的方法，开展“护旗爱国”手抄报活动
第6～8课时	了解演讲形式，撰写演讲稿，开展“爱旗护旗”主题班队活动

七、项目实施设计

（一）入项

1. 创设情境，激发学生对国旗知识了解的热情

周一班会课，探讨小学生应该怎么表达对国旗的敬意，发布此次项目化学习的驱动性问题。在学生心中埋下疑问的种子。学生小组讨论，中队辅导员组织学生开展以“了解国旗”为主题的班会活动，随机了解学生对国旗知识的了解。

2. 小组讨论，明确目标

学生分成小组，围绕“爱国护旗”的主题，讨论可以开展哪些活动来直观、具体地表达爱国之心。这一过程中，教师应鼓励学生积极发言，提出自己的见解。

3. 分享讨论结果，达成共识

（1）自主搜集与国旗相关的资料，深入了解国旗的历史、意义等知识。

（2）开展以“爱国护旗”主题手抄报活动，通过绘画、文字等形式展现对国旗的热爱。

（3）策划并准备“爱国护旗”主题演讲活动，通过演讲的形式表达自己对国旗的敬意和认识。

（二）项目实施

1. 了解“国旗”

（1）开展“探索国旗”主题班会。教师引导学生四人一组进行讨论，探讨中国国旗的由来、象征意义以及护旗的重要性。通过师生间的交流讨论，发现学生对国旗的认识可能较为零散和浅显，从而引导学生进一步深入探索。

（2）为了评估学生对“国旗”的了解程度，组织学生讨论：教师组织学生参与问卷调查（见表5-2）。问卷中设置一系列问题，以了解学生对国旗知识的掌握情况。教师帮助学生罗列问题，以两个班级为问卷调查对象，小组成员负责统计问卷结果。

表5-2　“爱国护旗”项目问卷结果统计表

问题清单	备注
1. 你知道国旗的来历吗？	
2. 你知道国旗是谁设计的吗？	
3. 你知道国旗设计的意义吗？	
4. 你还知道关于国旗的诗歌或故事吗？	
5. 你知道为什么在周一升旗吗？	
6. 你想通过什么方式表达对国旗的敬意？	

（3）预设学生在回答问卷时，对于问题1、2、3能够有较为清晰的了解；而对于问

题4、5则可能了解较少;对于问题6,学生可能会提出多种表达敬意的方式。

(4) 针对问卷中学生对问题4、5的回答情况,教师布置了学习任务:学生回家后利用手机、电脑等网络设备,在网页上搜索关于国旗的诗歌、故事以及周一升旗的原因。第二天回到学校后,在小组内进行交流分享。

(5) 为了让学生更好地了解国旗的来历和象征意义,教师从网络上下载了关于"国旗"由来的视频,并组织学生进行观看。观看后,引导学生分享自己的感受和体会。

(6) 小组合作制作多媒体课件。在小组成立后,学生首先确定要介绍的国旗历史内容,然后通过讨论确定介绍的角度和重点。接着,根据讨论结果继续收集和完善相关资料,并制作多媒体课件。考虑到学生在家可能没有电脑,教师可以与信息技术教师沟通,利用信息技术课的自由活动时间或学校电脑室进行这一活动。对于学生在多媒体制作中可能遇到的技术问题,教师可以提供必要的指导和帮助。

(7) 活动小结。国旗是一个国家的标志,它象征着国家的尊严和民族精神。通过本次项目活动,学生不仅了解了国旗的历史和象征意义,还学会了如何表达对国旗的热爱和尊重。同时,教师也强调了在思想上和行动上统一对国旗的热爱和尊重的重要性。

2. 开展以"爱国护旗"为主题的手抄报活动

为了响应学生表达的需求及深化对国旗的认识,激发他们的爱国情怀,并提升他们的艺术创造力,项目组特别策划了以"爱国护旗"为主题的手抄报活动,面向五、六年级的学生展开。

(1) 活动要求。①围绕"爱国护旗"展开,富有创意。②作品格式要求:可以配上文字,可以个人参加,也可以多人合作完成,鼓励参赛作品形式多样(如水彩画、蜡笔画、国画、拼贴画等),用纸一律为四开大小,底色为白色。③五、六年级每班推选5至8幅优秀作品参加手抄报评比。

(2) 创作过程。学生们积极响应,自发组成学习小组,选择合适的布展空间,开始了他们的创作之旅。选择美术表达形式与美术技法,考虑使用最多、最熟练的方式:画一画、剪一剪、贴一贴、折一折和粘一粘;选择平面的、立体的表达,满足展示场景的立体性与饱满度。

(3) 问题解决与互助。面对创作过程中的种种挑战,学生们展现出了极高的解决问题的能力。他们通过欣赏优秀的作品,寻找灵感和启发;通过讲解打动自己的原因,加深对作品的理解;通过模仿和练习,提高自己的绘画和制作技巧;通过回忆生活中的美好场景,丰富作品的内容和情感。此外,他们还通过观看折纸操作的视频,提升自己的空间想象力,使作品更具立体感和饱满度。

(4) 作品展示。经过一段时间的精心制作和准备,学生们的手抄报作品终于完成。项目组安排了一个专门的展示区域,将学生们的作品一一展示出来。这些作品不仅展示了学生们的艺术才华和创意,更体现了他们对国旗的热爱和尊重。同时,通过展示和交流，学生们也相互学习和借鉴，共同提高了他们的艺术水平和创作能力。

(5) 完成评价表(见表5-3)。

表5-3 “爱国护旗”手抄报评价表

类别	评价项目	评价指标	抽检方式	最高分值
美术创作基础	美术表达能力(40分)	1. 主题明确，画面富有意义。 2. 关注细节美感的观察发现。	动手实践	
	图像表达能力(30分)	1. 线条，自然流畅，精致美观。 2. 细节特征，表现生动。 3. 设计创意新颖。	动手实践	
	色彩搭配表现能力(30分)	1. 基本掌握色彩平涂、填色的技巧。 2. 基本学会运用色彩对比与协调知识。 3. 能用色彩构成表达一定的情感。	动手实践	
综合	优秀(　)　良好(　) 及格(　)　不及格(　)		总分	
说明：评分标准为百分制，满分一百分。				

3. 开展“爱国护旗”主题演讲活动

(1) 为了深化学生对“爱国护旗”精神的理解，同时提高他们的表达能力，项目组决定组织一场“爱国护旗”主题演讲活动。

(2) 在与语文教师的交流中，项目组发现大部分学生对于演讲技巧并不熟悉。

(3) 因此，在班会课上，班主任与语文教师紧密配合，引导学生们了解演讲的基本概念，并教授他们朗诵的技巧。通过在校的学习，并结合回家后自主的网络学习，学生们初步掌握了演讲的形式内容和诗歌朗诵的技巧。

(4) 随后，教师指导学生们组成小组，分工合作进行资料的搜集。学生们需要分类查阅与“爱国护旗”主题相关的资料，这些资料可以是现成的主题演讲稿，也可以是表达爱国主题的名人、历史故事，或是与“爱国护旗”主题紧密相连的诗歌朗诵内容。教师和家长也会指导学生们如何使用关键信息进行有效的搜索。

(5) 在收集到足够的资料后，学生们需要将这些资料整理并撰写成演讲稿。小组成员之间互相阅读、听取彼此的演讲稿，并给出修改建议。最后，教师会对学生们的演讲稿进行审阅，并提供专业的修改建议。

(6) 最终，在主题班队活动课上，学生们将以多种形式进行演讲和朗诵的展示。

(三) 出项

1. 成果展示

学生们将展示一系列精心制作的成果，包括护旗主题的多媒体课件、手抄报、演讲稿等。这些成果不仅展现了学生们对国旗的崇高敬意，还深刻体现了他们对爱国精神的领悟以及如何在实践中践行这一理念。

2. 经验分享与互动交流

学生们将分享在项目化学习过程中遇到的挑战与困难,以及他们是如何搜集和整理资料的。这种分享不仅能增强学生的自信心和成就感,还能为其他同学提供宝贵的参考和借鉴。学生们将有机会向他人分享自己的学习心得,同时也能倾听他人的意见和建议,从而不断完善自己的学习和实践。

八、反思与展望

"爱国护旗"项目活动以其突出的主题和扎实有效的实施,成功激发了学生的多元兴趣。该活动紧密贴合学生实际,以学校大德育思想为引领,有序、有目标地开展教育活动。通过一系列教育实践,学生的爱国意识得到了增强,报国志向被进一步激发。

"爱国护旗"项目活动将主题融入多样化的实践活动中,全体学生积极参与其中。通过参加升旗仪式、绘制手抄报、撰写国旗下演讲稿等活动,学生的爱国情怀得到了充分激发。学生们在提出问题、寻找答案、共同分享的过程中,实现了深度学习,并将爱国情怀内化为自己的心灵力量。

"爱国护旗"主题活动不应仅限于特定活动的展示,而应贯穿于学生的日常学习与生活中。未来,我们将积极引导学生参与社会公益活动,为国家的繁荣和稳定贡献自己的力量。同时,我们将通过活动引导学生用实际行动向国家致敬,展示他们的爱国情怀。此外,我们还将致力于传承和弘扬国家优秀的传统文化,让更多学生了解国家的历史和文化,从而培养和传递爱国护旗的价值观。

案例分享

旧衣新用

项目类型	年级	课时数	学校	设计者	实施者
跨学科项目	三年级	15课时	海口市海燕小学	潘招	潘招

一、项目概述

随着经济的发展和社会的进步,人们的物质文化生活水平较之以往得到了很大的改进,但随之,服装类废物也应运而生,旧衣物的浪费现象较为严重。在这种情况下,旧衣物的回收再利用,不仅有益增强人们的节约意识,更能为整个社会节约社会资源。

现代社会倡导环保低碳，而越来越多的旧衣服弃之可惜，放置衣橱又造成废物堆积。在服装面料再造设计教学中，学生需要花费大量的材料费用于购买服装面料及辅料。如果可以用废旧衣服充当大部分的面料，可以节省部分开支。旧衣利用和改造成了学生学习材质设计最好的渠道。

在这个活动项目当中，需要学生进行问卷调查，了解人们旧衣的去向，将旧衣分类，再依据自己的喜好选择要改造的旧衣，并设计出美观实用的旧衣改造产品。学生通过此次活动，不仅能够提升实践技能，还能有效培养他们的环保意识和社会责任感。

二、项目目标

(一) 知识与能力目标

(1) 劳动：通过收集、剪裁衣服等动手过程，培养学生自主学习和动手的能力。

(2) 数学：能在项目研究的过程中，通过问卷调查，进行数据调查梳理和衣物尺寸的测量、绘制及成果展示。

(3) 语文：通过项目研究，能够在了解旧衣物相关问题的基础上，讲解旧衣物改造的方法，宣讲回收旧衣物和改造旧衣物的重要性。

(4) 美术：能在项目过程中，掌握简单的剪、缝等基本技能，利用旧衣物设计并制作出有新意的物品。

(5) 信息技术：能在项目过程中，通过网络媒介查找资料，梳理资料信息，并能制作线上调查问卷及展示 PPT。

(6) 道德与法治：能树立节约环保的责任意识。

(二) 学习素养目标

(1) 学习调查、搜集、整合的方法，对旧衣物进行搜集、筛选和分类，让学生具备初步搜集、筛选、分类的能力。

(2) 学习组织语言技巧，客观地展示评价活动成果，对自己及他人在活动中的综合表现进行自我反思性评价。

(3) 学习各类应用文的得体表达(说明文、主持稿、宣讲稿)，能根据不同交际场合使用恰当的口语表达(采访、街头调查等)。

(三) 核心价值目标

爱生活、懂审美，树立为他人、为社会服务的责任意识，并树立节约的环保意识。

三、挑战性问题

(一) 本质问题

并不是所有同学都具备回收旧衣物的意识，希望同学们能通过回收和改造旧衣物,从而意识到保护环境的重要性。

(二) 驱动性问题

如何使旧衣物“变废为宝”,产生它新的价值,让我们的童年充满意义?

四、预期成果

(一) 产品形式

(1) 回收旧衣物宣讲会演示文稿。

(2) 旧衣物改造成果展示会。

(3) 回收旧衣物的宣传报。

(二) 公开方式

学生以小组为单位,带着自己制作的宣传报、演示文稿等向参会的师生介绍项目经历,呈现产品使用效果,展示并推销改造后的产品。

五、项目评价

(一) 过程评价

(1) 能否对旧衣物的类型进行分类。

(2) 能否对旧衣物相关问题进行调查。

(3) 能否详细记录并整合调查结果。

(二) 结果评价

1. 知识技能、合作技能、实践技能的评价量规用表

(1) 知识评价:衣物的制作过程和材料的使用。

(2) 技能评价:旧衣物的选择、裁剪工具的使用、裁剪技法。

(3) 实操评价:手工制作产品。

(4) 态度价值观评价:树立节约的环保意识。

(5) 学习素养的评价:发挥创新思维,设计出有特色的作品。

2. 产品展示、项目介绍、效果评价

六、项目资源及工具

(一) 项目资源

网络、制作图纸、美术材料等。

(二) 项目工具

剪刀、卷尺、缝纫机、针线盒、A3 纸、相关剪裁工具等。

(三) 计划时间表(见表 5-4)

表 5-4 计划时间表

时间	内 容
第 1~2 课时	发布项目主题,确定探究内容,开展入项活动
第 3~5 课时	对旧衣物类型进行讨论和研究
第 6~11 课时	提供知识技能,掌握技术工具,绘制改造图纸,手工制作衣物
第 12~15 课时	提出修订建议,形成最终成果,演示文稿报告,公开成果展示

七、项目实施设计

(一) 入项活动:发现旧衣去向中的问题

随着经济的发展和社会的进步,旧衣物的浪费现象比较严重。那我们去年的衣服到哪里去了呢?

教师提供调查问卷,学生根据提示,追根溯源,寻找相关资料,了解旧衣服到底去哪儿了。

(二) 项目实施

1. 学生学习如何开展调查研究

(1) 调查目的。学生在进行问卷调查时需要有一个明确的目的。本次问卷调查的目的是,通过此次问卷调查,学生们能够初步对自己、对他人的旧衣服数量、去向等有一定的了解。

(2) 调查的时间和地点。学生在进行问卷调查时需要选择合适的时间和地点。时间最好选择在人们空闲的时候进行,比如放学后或者周末。

(3) 调查对象。学生可以选择同班同学进行调查,也可以选择其他班的同学,还可以选择校外的家长,甚至是亲人朋友进行调查。调查对象的选择要合理、丰富。

(4) 调查过程中的注意事项。学生需要准备好问卷调查表格并提前告知调查对象。告知他们问卷调查的目的和内容,以及填写问卷的方式和时间等信息。为了增加亲朋好友的参与度,问卷调查表格要设计得生动有趣,并且要求他们在填写问卷时要真实地回答问题,不能作弊。

(5) 调查结果的整理和分析。最后,学生需要对问卷调查结果进行整理和分析。在这个过程中,他们需要注意保护调查对象的隐私,不能将他们的个人信息透露给他人。

2. 调查问卷的设计(见表 5-5)

表 5-5 调查问卷

<table>
<tr><td rowspan="4">基本信息部分</td><td>1. 您的性别是?
◎ 男
◎ 女
◎ 其他
◎ 选择不透露</td></tr>
<tr><td>2. 您的年龄段是?
◎ 18 岁以下
◎ 18~25 岁
◎ 26~35 岁
◎ 36~45 岁
◎ 46 岁以上</td></tr>
<tr><td>3. 您所在的地区(城市/乡村)?</td></tr>
<tr><td>4. 您的职业是?</td></tr>
<tr><td rowspan="6">旧衣处理行为与习惯部分</td><td>5. 您通常如何处理不再穿的旧衣服?
◎ 捐赠给慈善机构或个人
◎ 放在小区内的旧衣回收箱
◎ 交给专门的旧衣物回收站或企业
◎ 自行改造或 DIY 利用
◎ 闲置在家中的储物空间
◎ 当作一般垃圾丢弃
◎ 在二手市场出售
其他,请说明________</td></tr>
<tr><td>6. 您多长时间会整理一次不再穿的衣物并进行处理?</td></tr>
<tr><td>7. 在决定捐赠旧衣物时,您是否了解和关心这些衣物最终的去向?
◎ 是,我会关注它们是否被有效利用
◎ 否,没有特别关注过
◎ 不确定</td></tr>
<tr><td>8. 如果您的旧衣物通过回收渠道处理,您希望它们能够怎样被再次利用?
◎ 捐赠给需要的人群
◎ 回收再生产成其他产品(如再生纤维、填充材料等)
◎ 环保降解处理
◎ 其他用途,请说明________</td></tr>
<tr><td>9. 您认为当前旧衣物回收系统的透明度如何?
◎ 非常透明,能清楚了解到衣物的处理过程和结果
◎ 一般,只知道大概方向但具体流程不清楚
◎ 不透明,完全不了解衣物回收后的去向</td></tr>
<tr><td>10. 您愿意支持并参与哪些形式的旧衣物回收活动?
◎ 定点定时回收
◎ 上门回收服务</td></tr>
</table>

续　表

	◎ 通过网络平台预约回收 ◎ 学校、社区组织的公益活动 ◎ 其他，请说明________
附加问题：11. 对于提高旧衣物回收利用率，您有哪些建议或期待？	

3. 有效问卷的回收

在众多调查问卷中，对其进行筛选，对有效的问卷进行回收。

4. 调查时间安排

(1) 设计与预测试阶段：制订详细问卷并进行小范围预测试。

(2) 实施阶段：发放问卷、开展访谈和实地考察。①先进行分组：a. 进行实地访问的小组；b. 制作并发放调查问卷的小组。②方法：本次该项目的调查问卷采用纸质形式，学生化身“小小采访员”，通过询问，记录下所采访的内容，并形成完整的调查问卷。③学生根据调查问卷，分组采取不同的方式进行调查和总结，并在小组中讨论，你对旧衣物回收的认识是什么？并派代表发言。

(3) 数据整理阶段：对收集到的数据进行整合、筛选。

5. 旧衣物类型的讨论和研究

将收集到的旧衣物进行精细的分类和筛选，最终筛选出自己可以利用其改造和制作出有新意的物品的旧衣物。

(1) 确定研究主题。学生需要确定一个具体的旧衣物作为研究对象。可以选择自己感兴趣或与日常生活密切相关的旧衣物，例如牛仔裤、毛衣等。

(2) 收集数据。学生可以通过问卷调查、访谈、实地观察等方式收集关于旧衣物类型的数据。可根据以下条件进行分类(见表 5 - 6)：

表 5 - 6　旧衣物类型

新旧程度	新、旧
材质	棉布、麻布、丝绸、呢绒、皮革、化纤、混纺等
款式	上衣、裤子、裙子等
破损程度	看该衣物是否有无破损

(3) 分类整理。将收集到的数据进行分类整理，便于后续的分析。可以根据不同的标准对数据进行分类，例如新旧程度、款式、材质等。

在学生进行分类和筛选旧衣物前，先对衣服的材质进行详细的查阅，能够对衣服材质有初步的了解，进而再进行分类，最后选出自己要改造的衣物。学生能够通过不同视角，学会分类。

(4) 展示成果。学生可以通过图片、视频等形式展示自己筛选出来的衣物。

6. 旧衣物的价值

学生和教师一起学习并确立“旧衣新用”主题，学习剪、缝的技法，利用筛选出来的旧衣物创造属于自己的有新意的物品。

(1) 确定改造目标。你要改造成什么样的衣物呢？先确定旧衣物的改造目标。这可以基于个人需求、审美或创意。例如，可以将旧衣物改造成更符合当前时尚潮流的款式，或者将多件旧衣物组合拼接成一件新的衣物。

(2) 收集材料。收集需要的材料，包括旧衣物、缝纫工具、纽扣、拉链等。

(3) 设计改造方案。在开始改造前，先设计改造方案或绘制改造的图纸。这包括确定新衣物的款式、尺寸、细节等。可以参考时尚杂志、网上教程或自己的创意来设计。

(4) 剪裁和缝制。按照设计好的方案，将旧衣物剪裁和缝制成新的款式。这一步需要使用针线、缝纫机等工具，按照一定的技巧和步骤完成。如果需要额外的帮助，可以请教有缝纫经验的人。

(5) 装饰和点缀。为了增加新衣物的个性和美观度，可以进行装饰和点缀。例如，添加绣花、珠片、流苏、珍珠等。这些额外的元素可以使新衣物更具特色和风格。

(6) 完成改造。最后，检查新衣物的尺寸、舒适度和外观，并进行必要的调整。如果一切满意，就可以完成改造了。需要注意的是，改造旧衣物需要一定的耐心和技巧。如果对针线或缝纫不太熟悉，可以多加练习或寻求帮助。

通过不断地尝试和实践，学生可以逐渐掌握改造旧衣物的技巧和方法，创造出独特而时尚的新衣物。

(三) 出项

经过入项和实施后，项目活动进入出项公开展示阶段：

1. 宣讲会

在该项目正式开始之前，面向班级学生，进行回收旧衣物、旧衣改造的宣讲会。学生仔细倾听，认真学习。随后还要发表自己对“旧衣新用”的看法和理解。

2. 成果展示会

学生根据自己制作的作品，小组内推选出一名代表上台，作为模特上台展示作品。最后进行生评、师评。

3. 宣传小报的制作

学生依据自己对“旧衣新用”的理解以及自己制作的衣物，从而绘制了宣传小报，宣传小报可以丰富学生们对旧衣回收的认识，开拓他们的视野，提高学生的写作、绘画能力，更能够增强学生们对保护环境的意识。

4. 学生阶段成果

(1) 过程性评价以学生自评和教师过程跟踪评价为主。

(2) 总结性评价依据每组提交的产品及产品展示情况而定(见表5-7)。

表 5-7　评价表

评价标准	分数(100 分)
做工美观(20 分)	
款式新颖(20 分)	
具有实用价值(20 分)	
小组内团结合作(15 分)	
产品展示(25 分)	

5. 展示会要求

(1) 根据自己制订的作品,制订一个主题,小组内推选出两名代表上台,一名同学负责介绍自己的作品,另一名同学则作为模特,上台展示作品。其他组员组成助威团。

(2) 每个小组推举一位组员担任评委,邀请语文教师担任首席评委,数学教师担任副评委,共同组成评审委员会。

(3) 文艺委员负责组织展示会。首先需要同各小组组长确定时间及流程,并拟出相关规则。

根据评价量规(见表 5-8),项目小组在班级内进行展示。

表 5-8　评价量规表

要点	分值	第一组	第二组	第三组	第四组	第五组	第六组
展示时间 15 分钟	10 分						
台风的表现	10 分						
作品风格	5 分						
问题、修改建议:							

分值的高低取决于学生们的表现,评委由高到低进行打分。学生评委及教师评委对各宣讲会小组的宣讲内容提出意见及整改建议。

八、反思与展望

旧衣改造是一种可持续时尚的生活方式。

在此次活动设计之初,我对旧衣改造的意义、可行性及其在环保、资源节约方面的贡献缺乏深入理解;在实操过程中,也会担心没有接触过缝纫、拼贴等手工技艺的学生,初次尝试可能会无从下手。同时也担心自己对项目难度估计不准。但通过一段时间的设计,不断在完善,不断在进步,项目进度时间把控得越来越准。对于之后,我还需要一步一个脚印,不断提升自己设计创新的能力,学习更专业的服装结构知识。

我认为改造的意义是让物品重新焕发生机,放到更合适的地方,提升利用频率。

实用性改造，是一次结合衣物本身特点的重新设计，这就要求我们对面料、款式、版型都要有所了解。通过此次活动，是否通过有效地宣传和教育，使更多人了解到旧衣物回收再利用的价值，以及个人行为对环保的影响；评估旧衣物改造再生产的产品质量，是否能满足市场对于新产品的功能需求和审美要求。

以此项目，希望学生能够感受亲手劳作的快乐，珍惜自己的物品，树立环境保护的责任意识。

案例分享

争当中国的世界文化遗产宣传员

项目类型	年级	课时数	学校	设计者	实施者
跨学科项目	五年级	15课时	海口市海燕小学	周婧	周婧、董秋敏

一、项目概述

《中国的世界文化遗产》是部编版语文五年级下册第七单元习作的内容。这一习作要求学生搜集、整理资料，介绍一处中国的世界文化遗产。本次项目化学习意在引导学生探寻凝结着华夏祖先汗水和智慧的文明结晶，培养学生对中华文化的认同感，提高学生的审美情趣。同时，通过此次活动，学生应具备初步整理和筛选信息的能力，掌握讲解技巧和讲解稿的得体表达，了解作为一名宣传员需要具备的品质。

本次项目化学习结合这次习作及本单元课文，设置“世界文化遗产”导游招聘会项目。通过项目研究，我们着力培养学生根据目的搜集资料、整理资料、再清楚地介绍事物的能力，逐步提高学生运用资料的能力。学生将运用自己的语言，结合手抄报的形式，向家人和朋友清楚地介绍一处自己感兴趣的中国的世界文化遗产，并宣传其历史、艺术、科学价值，并分享如何更好地保护和利用这些宝贵遗产的方法。

二、项目目标

(一) 知识与能力目标

1. 语文

(1) 通过课前调查、课上小组讨论，感受中国古代文明的辉煌，体会中华文化的博大精深。

(2) 学习撰写有重点、有逻辑的讲解稿，提高自身写作素养。

(3) 提高阅读理解和表达能力。

2. 信息技术

（1）检索有关中国的世界文化遗产的信息。

（2）查找、剪辑相关视频。

（3）制作宣传展示 PPT。

3. 美术

绘画中国的世界文化遗产手抄报。

（二）学习素养目标

（1）学习搜集、整合资料的方法，注意运用关键词法等搜集资料，进行信息的整理和筛选，让学生具备初步整理和筛选信息的能力。

（2）学习讲解技巧，了解作为一名宣传员需要具备的品质，增强自身口语表达和交际能力。

（三）核心价值目标

（1）认识保护我国文化遗产的意义。

（2）增强继承和弘扬中华优秀传统文化的意识。

（3）培养热爱我国传统文化的情感。

三、挑战性问题

（一）本质问题

我们该如何宣传才能够让大家认识到中国的世界文化遗产的重要性，并保护这些文化瑰宝呢？

（二）驱动型问题

我们现在开展“争当中国的世界文化遗产的宣传员”的招聘大会，谁能成为金牌宣传员，把中国的世界文化遗产介绍给周围家人和朋友呢？

四、预期成果

（一）产品形式

（1）设计并制作手抄报与手册，突出展示中国世界文化遗产的魅力和特色。

内容包括世界文化遗产的概述、中国的代表性文化遗产介绍、保护意义以及参观指南等。

（2）宣传视频。制作一部短片，通过影像和声音展现中国世界文化遗产的风貌，结合历史、文化和现代保护的元素，增强视觉冲击力和感染力。

（二）公开方式

（1）举行“金牌宣传员”竞选大会。

（2）在校内展示学生的宣传海报和宣传视频，并利用学校平台（如公众号等）发布，扩大影响力。

五、项目评价

（一）过程评价

（1）研究过程评价

学生在收集、整理和分析关于中国世界文化遗产的资料时，是否展示了有效的信息检索能力和批判性思维；是否积极参与小组讨论和合作，共同推进项目的进展。

（2）创意与策划能力评价

学生设计的宣传文案是否新颖独特，能否吸引目标受众的注意力。

（3）技能运用与提升评价

学生在制作宣传材料（如海报、视频等）时，是否掌握了相关的设计、编辑和制作技能；在宣传活动中是否能够有效运用沟通、表达和互动技巧。

（4）态度与参与度评价

学生是否对项目保持持续的热情和积极性，是否认真对待每一个任务和挑战；在面对困难和挑战时，是否展现出坚韧不拔的精神和解决问题的能力。

（二）结果评价

1. 产品成果质量评价

学生制作的宣传海报、手册、视频等是否精美、专业，能否有效地传达文化遗产的价值和意义。

2. 宣传效果评价

学生组织的宣传活动是否吸引了足够的受众参与，是否提高了公众对文化遗产保护的认识和关注度。

3. 态度与价值观评价

（1）通过项目学习，学生是否增强了对中华文化的自信心和自豪感，是否对文化遗产保护产生了浓厚的兴趣。

（2）学生是否树立了保护文化遗产的意识，并愿意积极参与文化遗产保护活动。

六、项目资源与工具

（一）项目资源

1. 文献资源

包括关于中国世界文化遗产的书籍、论文、报告等，提供丰富的背景知识和理论支持。

2. 网络资源

利用互联网搜索引擎、专业网站和数据库，获取最新的研究成果、图片、视频等多媒体资料。

3. 家长资源

邀请文化遗产保护领域的相关家长到校讲座、指导和评审，为学生提供专业的建议和指导。

(二) 制作工具

1. 设计软件

如 Photoshop、Illustrator 等，用于制作宣传海报、手册等视觉材料。

2. 视频编辑软件

如 Premiere、Final Cut Pro 等，用于剪辑和制作宣传视频。

3. 社交媒体平台

如微信公众号等，用于发布宣传内容、互动交流和扩大影响力。

4. 在线协作工具

如腾讯会议、钉钉等，用于团队成员之间的远程沟通和协作。

(三) 计划时间表(见表 5-9)

表 5-9　计划时间表

时间	内　　容
第 1～3 课时	项目启动会议，介绍项目背景、目标及任务分配 组建团队，明确角色与职责，进行初步的资料收集确定项目主题和具体宣传对象，制订初步的宣传策略
第 4～9 课时	全面搜集关于所选文化遗产的详细资料，包括历史背景、文化价值、保护现状等，并将收集到的资料进行整理、分析和归纳，形成详细的文化遗产档案 设计宣传海报和视频等视觉材料，强调文化遗产的独特魅力
第 10～15 课时	组织成果展示活动，展示学生的作品和项目成果 在校内进行展示，请老师和同学们提供反馈和建议 整理项目过程中的经验教训，形成项目总结报告 举行项目结束会议，表彰优秀团队和个人，总结项目收获

七、项目实施设计

(一) 入项活动

1. 启动仪式与主题宣讲

(1) 开场视频：播放一段关于中国世界文化遗产的精美视频，展示其独特魅力和价值,引起学生的兴趣和好奇心。

(2) 项目介绍:由教师或项目负责人介绍项目的背景、目标和意义,强调作为宣传员的重要性和责任感。

(3) 学生宣誓:组织学生集体宣誓,表达他们愿意积极参与项目,为中国世界文化遗产的宣传贡献力量的决心。

2. 文化遗产知识竞赛

(1) 分组竞赛:将学生分成若干小组,进行世界文化遗产知识竞赛,包括问答、抢答等形式。

(2) 奖励机制:设立奖项,对表现出色的小组或个人进行表彰,激发学生的学习积极性。

(3) 角色扮演与情景模拟:让学生扮演游客、导游、文化遗产保护专家等角色,进行情景模拟,体验不同角色的职责,交流感受。

(二) 项目实施

1. 组队与选题

(1) 学生分组:学生根据个人兴趣选择想要宣传的中国的世界文化遗产,并据此自由组成小队。每个小队人数建议控制在5～7人,以便更好地分工协作。

(2) 选题确定:每个小队确定一个具体的世界文化遗产作为宣传对象,并进行初步的资料收集和了解,确保对该遗产有基本的认识。在这个过程中,每个成员需要思考并阐述自己选择该遗产的原因,通过讨论与碰撞,共同确认宣传对象,培养批判性思维与团队协作能力。

2. 资料搜集与整理

(1) 多渠道搜集:小队成员通过图书馆、网络、专家访谈等渠道,广泛搜集关于所选世界文化遗产的资料,包括历史背景、文化内涵、建筑特色、保护现状等。学生利用各种渠道搜集资料,并对资料的来源、真实性、完整性进行初步判断,这锻炼了他们的信息筛选与评估能力。

(2) 资料整理:将搜集到的资料进行整理,分类归档,方便后续筛选和加工。成员们共同对搜集到的资料进行整理,通过分类、归纳、总结等方式,形成初步的知识体系,这有助于培养他们的逻辑思维和归纳能力。

3. 资料筛选与加工

(1) 资料筛选:根据宣传的需要,小队成员共同讨论,筛选出最具代表性、最能体现文化遗产价值的资料。小队成员需要对整理后的资料进行深度分析,并在此基础上,共同讨论,选择最具代表性、最能体现文化遗产核心价值的资料。这一过程中,他们需要权衡各种因素,如资料的相关性、重要性、新颖性等,这锻炼了他们的决策能力和批判性思维。

(2) 资料加工:对筛选出的资料进行加工处理,可以包括文字提炼、图片编辑、视频剪辑等,使其更加生动、直观、易于理解。对筛选出的资料进行创新性加工,如重新编排、添加新视角、运用现代技术等，使其更具吸引力和说服力。这要求成员们具备创新思维和创造性解决问题的能力。

4. 宣讲稿撰写

(1) 内容策划：根据加工后的资料，策划宣讲稿的内容，确保内容丰富、结构清晰、逻辑严密。

(2) 撰写与修改：小队成员分工合作，共同完成宣讲稿的撰写。初稿完成后，进行多次修改和打磨，确保语言准确、生动、有感染力。在多次演练中，成员们不仅关注宣讲内容的呈现效果，还关注彼此之间的配合与互动。每次演练后，他们都会进行反思和讨论，找出存在的问题并提出改进方案，这有助于培养他们的反思性思维和持续改进的能力。

5. 宣讲准备与演练

(1) 准备宣讲材料：根据宣讲稿，准备相应的图片、视频等辅助材料，增强宣讲的视觉效果。

(2) 演练与反馈：小队成员进行多次宣讲演练，相互评价，提出改进建议。根据反馈，不断优化宣讲材料。

(三) 出项活动

1. 出项任务

各小组需提交一份关于所选中国世界文化遗产的宣传展示品，展示形式可以多样，鼓励创意和新颖性。展示内容应全面、准确、生动地介绍文化遗产的历史背景、文化内涵、建筑特色及保护现状，以吸引更多人关注和保护文化遗产。

2. 展示品形式

(1) 竞选大会展示。

结合 PPT 进行宣讲：小组可制作精美的 PPT，包含图片、文字、视频等多种元素，以图文并茂的方式展示文化遗产的魅力。

(2) 视频宣传。

小组可拍摄一段短视频，通过镜头语言讲述文化遗产的故事，展现其独特之处。视频时长建议在 3～5 分钟之间。

(3) 手抄报展示。

小组可制作手抄报，以手绘或拼贴的方式呈现文化遗产的美丽图景和丰富内涵。手抄报应设计新颖、内容充实。可以在手抄报上添加二维码，扫描后可直接链接到小组的 PPT 或视频展示，增加互动性和便捷性。

3. 评价标准

(1) 内容准确性。

展示内容应准确反映文化遗产的历史、文化、建筑等方面的特点，无事实错误或误导性信息。

(2) 创意新颖性。

展示形式应具有创新性，能够吸引观众的注意力，使宣传效果更佳。

4. 金牌宣传员评选与颁奖

(1) 评选过程。①教师和学生共同组成评审团，对各小组的展示品进行评价。②评审团根据评价标准打分，并结合观众投票结果，确定金牌宣传员名单(见表5-10)。

表5-10 评价标准

评价标准	
内容准确、精练、重点突出	1. 能借助资料，运用多种表达方式，介绍对象的特点突出，给人留下深刻印象。(☆☆☆☆☆) 2. 能借助资料，围绕主题，内容充实精练。(☆☆☆☆) 3. 能围绕主题，内容相对充实。(☆☆☆)
内容有条理	1. 通过列提纲等方式，结构严谨，构思巧妙，引人入胜。(☆☆☆☆) 2. 能按一定的顺序有条理地讲解。(☆☆☆)
声音、语速、表情到位，注意观众	1. 语言技巧处理得当，语速恰当，语气、语调、音量节奏张弛符合思想感情的起伏变化，能熟练表达所讲内容。(☆☆☆☆☆) 2. 语言规范，吐字清晰，表达准确、流畅、自然。(☆☆☆☆) 3. 声音响亮，吐字清晰，语气语速适当。(☆☆☆)
	1. 精神饱满，能较好地运用姿态、动作、手势、表情。(☆☆☆☆) 2. 能根据讲解需要，使用恰当的表情、动作。(☆☆☆)
	1. 具有较强的感染力、吸引力和号召力，能较好地与听众感情融合在一起。(☆☆☆☆) 2. 能根据听众的反应，及时调整讲解的内容。(☆☆☆)
辅助工具进行讲解	能借助小展板、思维导图、视频、音乐等进行展示(☆☆☆)

(2) 颁奖仪式。①在竞选大会结束后，举行颁奖仪式，为金牌宣传员颁发荣誉证书和奖品。②金牌宣传员上台领奖，分享心得与体会，激励其他同学继续努力。

八、反思与展望

(一) 反思

在指导学生开展本次项目化学习过程中，我深切体会到激发学生兴趣的重要性。例如，当学生们通过制作精美的PPT和短视频展示故宫的魅力时，他们的热情与投入让我深感欣慰。

培养学生的团队合作能力是项目化学习的关键。在小组分工合作中，学生们相互支持、共同进步，如攀登小队在资料整合时遇到困难，其他小组主动提供帮助，这种团队精神和团队合作能力是他们一生的财富。

教师的角色在项目化学习中应定位为引导者和辅助者。例如，在学生们设计宣传方案时，我给予他们建议和指导，帮助他们更好地完善方案，同时也尊重他们的创意和想法，让他们在实践中得到成长。

(二) 展望

党的十八大以来，习近平总书记对文化遗产保护高度重视，他指出："世界文化遗产，保护好是第一位的。"

党的十九大将加强文物保护利用和文化遗产保护传承作为坚定文化自信的一部分写进报告。党的二十大报告提出，要加大文物和文化遗产的保护力度，加强城乡建设中历史文化保护传承。

历史是文化的载体，文化是历史的血脉。灿若星辰的文化和自然瑰宝，在历史的烟云里铭刻辉煌的过去，在世代传承下见证精彩的现在，更在历久弥新中孕育美好的未来。

此次项目化学习，在一次次思维的碰撞中，学生探寻了凝结着华夏祖先汗水和智慧的文明结晶，培养了对中华文化的认同感，提高了审美情趣，为实现中华民族伟大复兴的中国梦凝聚了强大的精神力量。

展望未来，我将继续深化对项目化学习的理解与实践，探索更多适合学生的教学方法和手段。同时，我也期待通过更多的实践活动，帮助学生提升综合素质，培养他们的创新能力和团队协作精神。

案例分享

花小钱办大事

项目类型	年级	课时数	学校	设计者	实施者
跨学科项目	五年级	8 课时	海口市海燕小学	符慧慧	符慧慧

一、项目概述

逢年过节，孩子们都会收到长辈给的零花钱，如何精打细算来规划这笔收入，对小学生来说是困难和迷茫的。因此，结合学校和学生特点，想让学生认识记账单，并了解其中的要素，然后根据账单要素来设计属于自己的手工记账单和购物清单，最后对比计划和实际购物清单，反思怎样花钱更有意义，使学生学会合理规划零花钱，初步形成科学的金钱观念和理财意识。

二、项目目标

(一) 知识与能力目标

(1) 语文：用写作、口语交际等能力制订零花钱的购物清单并实施采购。

(2) 品德:学习合理消费,养成勤俭节约、珍惜劳动成果的良好习惯。

(3) 数学:运用计算方法和数学逻辑,学会记账和收入支出的数据整理。

(4) 综合实践:经历信息收集、零花钱的购物行动、设计制作账单的过程不仅能帮助学生体会到数学与生活之间的联系,还能让学生合理规划使用人民币。

(二) 学习素养目标

(1) 学习搜集、整合资料的方法,进行信息的整理和筛选,让学生具备初步整理和筛选信息的能力。

(2) 学会通过制订零花钱的购物清单,明确需要和想要的区别,最终制订性价比更高的购物清单。

(3) 学会表达自己的思维和行为、学会语言交流沟通、学会制订购物清单。

(三) 核心价值目标

可持续发展观(量入为出,经济实用)、建立学生的科学金钱观。

三、挑战性问题

(一) 本质问题

如何在生活中运用小数加减法来进行一次性价比高的购物?

(二) 驱动性问题

近期你的零花钱收支情况是怎样的?在购买物品时,你学会合理消费了吗?如果给你们一样的钱,谁花的钱最有价值?

四、预期成果

(一) 产品形式

设计一份科学消费的规划方案,包括零花钱的记账单、计划和实际购物清单的对比规划。

(二) 公开方式

学生以小组为单位,带着自己制作的“花小钱办大事”科学花钱规划方案、设计思路等,向参会的师生介绍项目经历,呈现产品。

五、项目评价

(一) 过程评价

(1) 能积极去超市或用软件调查商品的价位。

(2) 认真参与项目学习,并对小组有贡献。

(3) 能参与组内的各项合作活动,并参与完成组内展示的作品和成果。

(二) 结果评价

项目介绍、产品展示评价(见表 5-11)。

表 5-11　“花小钱办大事”评价表

	☺☺☺	☺☺	☺	自评
计算准确	□能独立完成计算。□计算方法正确、结果准确。	□基本能独立完成计算。□计算方法正确,但结果有误。	□不能独立完成计算,但能在教师或同组成员帮助下完成计算。□计算结果正确,但是需要在教师帮助下完成。	
支配合理	□能在规定预算下,根据自身需要的商品,制订购物清单,合理分配自身的零花钱。	□能根据自身需要的商品,制订购物清单,合理分配自身的零花钱,但与规定预算稍有差距。	□能在规定预算下,根据自身需要的商品,制订购物清单,但分配不合理。	
阐述清晰	□表述完整、逻辑清晰,能清晰阐述如何支配零花钱。	□表述能听懂但逻辑不够清晰,能基本阐述如何支配零花钱。	□表述含糊不清,不能清晰阐述如何支配零花钱。	
建议				

六、项目资源与工具

(一) 项目资源

计算机,网络,平板电脑,绘图工具。

(二) 项目工具

A4 纸。

(三) 计划时间表(见表 5-12)

表 5-12　计划时间表

时间	内　　容
第 1 课时	发布项目主题,确定探究内容,开展入项活动
第 2～3 课时	提供知识技能,掌握绘图工具
第 4～6 课时	制作零花钱收支单、购物清单
第 7～8 课时	提出修订建议,形成最终成果,计划和实际消费购物清单成果展示

七、项目实施设计

(一) 入项

教师出示“零花钱收支记账单”(见表5-13),让学生初步感受什么是记账单,激发他们了解记账单作用、要素、形式的强烈愿望。

表5-13 零花钱收支记账单

<table>
<tr><td colspan="6">支　出</td><td colspan="2">收入</td></tr>
<tr><td>日期</td><td>文具/书本</td><td>玩具</td><td>零食</td><td>早餐</td><td>其他</td><td>摘要</td><td>金额</td></tr>
<tr><td></td><td></td><td></td><td></td><td></td><td></td><td></td><td></td></tr>
<tr><td></td><td></td><td></td><td></td><td></td><td></td><td></td><td></td></tr>
<tr><td></td><td></td><td></td><td></td><td></td><td></td><td></td><td></td></tr>
<tr><td></td><td></td><td></td><td></td><td></td><td></td><td>小计</td><td></td></tr>
<tr><td></td><td></td><td></td><td></td><td></td><td></td><td colspan="2">总结算</td></tr>
<tr><td>小计</td><td></td><td></td><td></td><td></td><td></td><td>周收入</td><td></td></tr>
<tr><td colspan="6" rowspan="2">总计:(　　)元</td><td>周支出</td><td></td></tr>
<tr><td>总余额</td><td></td></tr>
<tr><td colspan="8">消费小结:</td></tr>
</table>

全班学生以小组为单位,就记账单的作用、要素、形式以及如何设计记账单进行小组讨论。

教师将学生们讨论的结果进行汇总(见表5-14)。

表5-14 “认识记账单”活动任务清单

<table>
<tr><td colspan="2">________小组</td></tr>
<tr><td>问题1:记账单是怎样的?它有什么作用?</td><td></td></tr>
<tr><td>问题2:记账单需要包括哪些要素?</td><td></td></tr>
<tr><td>问题3:如何设计记账单?记账单有哪些形式?</td><td></td></tr>
<tr><td>问题4:了解完记账单,你有什么想问的吗?</td><td></td></tr>
</table>

(二) 项目实施

1. 学会记账,养成习惯

现在我们知道了什么是记账单,也知道来记账有那么多好处,下面我们就来试一试设计一份属于自己的个性化手工记账单吧!

(1) 教师提问:“谁还记得记账单需要包括哪些要素?”学生再次明确记账单要素包括:日期、收入、支出、余额、消费小结。

(2) 通过之前的介绍，我们知道记账单中只要包含这些基本要素即可，形式没有限制，可以设计成表格、小报、图画或思维导图等不同形式。那么，我们就从最常见的表格式记账单开始学习。

(3) 出示表格式记账单绘制过程(见表 5-15)：①根据记账单要素绘制一个 3 行 5 列的表格，其中第 2 列要宽一点，最后一行是单独一长行，在画竖列时不要画出头。因为表格中要填写内容，所以在绘制时可以尽可能地画得尺寸大一些。②在表格中填写日期、内容收入、支出、余额、消费小结等要素。③每次收支消费后在表格中增加一行，填写具体收支项目。

表 5-15　记账单

<table>
<tr><td>日期</td><td>内容</td><td>收入</td><td>支出</td><td>金额</td></tr>
<tr><td></td><td></td><td></td><td></td><td></td></tr>
<tr><td colspan="5">消费小结：</td></tr>
</table>

(4) 学生自主绘制表格式记账单，教师巡视指导，尤其是在尺寸大小方面，提醒学生画得大一些。

同学们通过展示手工记账单，发现同学们的设计都能够清晰地看出零花钱收入支出的情况，有的同学的作品更详细地看出一周零花钱的收入支出情况，还将自己的消费感悟记录了下来，这让同学们感受到钱来之不易，要学会珍惜，学习合理支配零花钱(见表 5-16、表 5-17)。

表 5-16　零花钱收支记账单

<table>
<tr><td colspan="6">支出</td><td colspan="2">收入</td></tr>
<tr><td>日期</td><td>文具/书本</td><td>玩具</td><td>零食</td><td>早餐</td><td>其他</td><td>摘要</td><td>金额</td></tr>
<tr><td></td><td></td><td></td><td></td><td></td><td></td><td></td><td></td></tr>
<tr><td></td><td></td><td></td><td></td><td></td><td></td><td></td><td></td></tr>
<tr><td></td><td></td><td></td><td></td><td></td><td></td><td>小计</td><td></td></tr>
<tr><td></td><td></td><td></td><td></td><td></td><td></td><td colspan="2">总结算</td></tr>
<tr><td>小计</td><td></td><td></td><td></td><td></td><td></td><td>周收入</td><td></td></tr>
<tr><td colspan="6" rowspan="2">总计：(　　)元</td><td>周支出</td><td></td></tr>
<tr><td>余额</td><td></td></tr>
<tr><td colspan="8">消费小结：</td></tr>
</table>

表 5-17　收支情况

日期	内容	收入	支出	金额

2. 合理规划，制作购物清单

学生提前前往超市，对超市里所含商品及商品的价位进行调查。接着以小组为单位进行讨论，根据预算制作购物清单。

(1) 制订购物清单。根据账单记录，学生们知道了自己可支配的零花钱数目。怎样能更合理地使用这笔零花钱购买秋游物品呢？针对这一问题学生们进行了讨论，根据讨论结果，决定试着制订购物清单(见表5-18)。

表5-18　购物清单

序号	数量	物品

(2) 明确需要和想要。针对购物清单，学生进行了交流，发现有超出预算等问题，在教师的帮助下，知道了“需要”和“想要”的区别，尝试着优化自己的购物清单。

(3) 优化购物清单。按需采购，体验快乐购物。

3. 怎样计算商品价格并在一定的预算范围内进行购物

在学生认识小数，正确计算小数加减法的基础上，了解如何合理支配零花钱，提高购物效率。此活动可分成两个内容：

(1) 学生按需前往商场进行采购。

同学们在爸爸妈妈的带领下，进入商场实地购买。在挑选时更是量入为出、货比三家、讨价还价，最终选出物美价廉的那一款。

(2) 绘制消费清单对比表和对比图(见表5-19)。

秋游活动回来，同学们制作实际消费和计划消费对比表、对比图，进行消费核算。

表5-19　购物清单

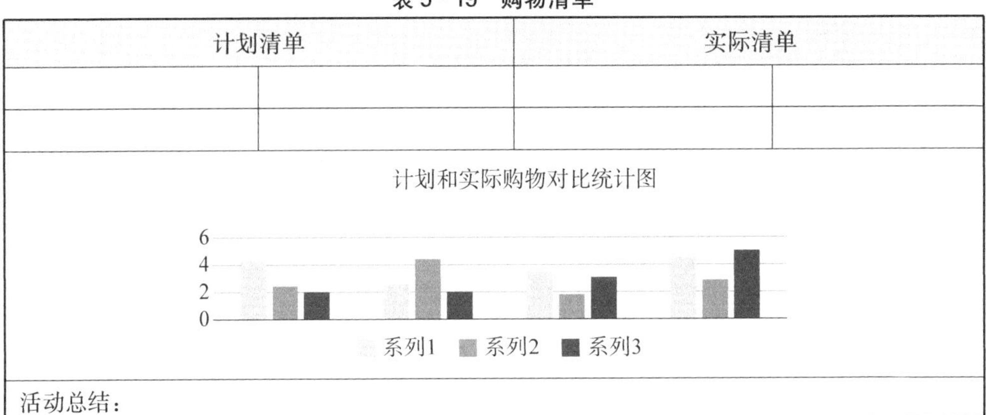

计划清单		实际清单	
计划和实际购物对比统计图			
活动总结：			

学生相互讨论谁的钱花得最有意义。

讨论交流后，发现第一位同学在准备秋游物品时，除了准备零食外，还细心地准备了垃圾袋，将吃完的零食直接丢到垃圾袋中，避免了乱丢乱扔的现象，并且在游玩过程中减少了寻找垃圾桶的时间，所以大部分学生认为她的钱花得最有意义。

（三）出项

在这次“花小钱办大事”项目化学习中，学生们主动提出问题、参与讨论、搜集整理资料、汇报展示，他们主动探究、勇于创新的能力得到了很好的锻炼和提升。同时，他们用自己的方式理解数的意义，感悟生活中蕴含着大量的数学问题，体会数学的趣味性和实用性，树立科学的金钱观。

八、反思与展望

教师的收获："花小钱办大事"项目式活动结束了。这次活动不但让学生们了解了什么是记账单，还体验了如何花钱更有价值，更让每个学生在设计与表达过程中都有所收获。在思考花小钱办大事的过程中，我们希望能够通过计划和实际购物的对比来形成科学的金钱观念和理财意识。

教师的不足：活动环节设计不成熟，有待改善。

学生的收获：学生们体验了整个探究过程，体会到了自主探究的乐趣，加深了对“如何花钱更有价值”的体验与感受。通过此次项目化学习，学生们学会了利用在线图表绘制复式统计图，根据绘制的表格、统计图进行整体分析，促使学生学会合理规划零花钱，初步形成科学的金钱观念和理财意识，更提升了独立思考、合作探究和语言表达的能力。该项目结合五年级小数加减法这一课开展，进一步锻炼了学生初步筛选信息、整理资料的能力，发展他们计算能力的同时也提升了自信心。

学生的不足：采购时必需物品准备不充分，使得秋游体验不够愉快；非必需物品过多，使得预算超标等情况。

案例分享

探寻传统节日，争当文明代言人

项目类型	年级	课时数	学校	设计者	实施者
跨学科项目	三至五年级	8课时	海口市高坡小学	罗海、黄宏江、吉银、熊慧敏、黄婷婷	罗海、黄宏江、吉银、熊慧敏、黄婷婷

一、项目概述

传统节日不仅是民族历史的瑰宝，更是民族精神的集中体现，在青少年成长过程中有着独特作用，对学生的人格塑造、情感陶冶具有不可估量的深远影响。然而，在信息化、全球化的今天,学生们的生活节奏日益加快,他们面临着多元文化的冲击和诱惑,对于传统节日的了解往往停留在表面,缺乏深入的体验和感悟。

本项目旨在通过四周的集中学习,引导学生们深入探索传统节日的内涵与价值。通过丰富多彩的学习方式,如学习节日历史、体验节日习俗、参与节日活动等,让学生们亲身感受传统节日的魅力,理解其中蕴含的深刻意义。

在这个过程中,我们将注重培养学生的批判性思维,引导他们思考这些节日在现代社会中的意义和价值,如何将其与现代生活相结合,发挥其在现代社会中的积极作用。同时,我们鼓励学生提出自己的观点和看法,通过讨论和交流,形成对传统节日的全面而深刻的认识。

此外,该项目还将注重培养学生的实践能力和创新精神。我们将组织各种实践活动,如模拟传统节日庆祝、传统节日文化展示等,让学生亲身体验传统节日的氛围,并在实践中加深对传统节日的理解和认识。同时,我们还将引导学生结合现代社会需求,对传统节日进行创新性思考,从而推动传统节日的传承与发展。

通过本项目化学习,促进学生不仅能够更好地了解和体验传统节日,更能够在其中汲取精神力量,成长为具有深厚文化底蕴和宽广视野的新时代青少年。他们将能够深刻理解传统节日的价值,树立文化自信,为未来的生活和发展奠定坚实的基础。同时,他们也更具有文化素养和人文精神,将成为传统节日的传承者和弘扬者,为中华民族的文化复兴贡献自己的力量,共同推动传统节日的传承与发展。

二、项目目标

(一) 知识与能力

(1) 语文:掌握传统节日文化的基本知识,学会用语言表达对传统节日文化的理解和感悟。

(2) 综合实践:通过实践活动,增强对传统节日文化的体验和理解,形成科学探究精神。

(3) 信息技术:运用现代信息技术手段,搜集、整理、分析传统文化资料,提升信息素养。

(二) 学习素养

(1) 学习如何有效地搜集、整理和分析传统节日文化资料,培养信息处理能力。

(2) 学习如何在不同场合运用恰当的语言表达对传统节日文化的理解和感悟。

(3) 培养科学探究能力,学会发现问题、分析问题、解决问题。

(三) 核心价值

(1) 树立尊重传统文化、传承传统文化的价值观念。

(2) 培养文化自信,增强民族自豪感和责任感。

三、挑战性问题

（一）本质问题

如何通过开展本项目学习，让学生在探索传统节日文化的道路上，不仅能够领略其深厚底蕴，更能思考如何将其与现代生活相结合，发挥其积极作用。

（二）驱动性问题

当今，我们受到外来节日文化的影响和冲击，如何让更多的人认识我们的传统节日？我们应该如何传承和发扬传统节日文化呢？

四、预期成果

（一）产品形式

开展一场关于如何传承传统节日的辩论赛，包括对传统节日的来由和背后蕴含的故事的分析、怎么发扬传统节日的历史温度以及最终辩论赛呈现的形式。

（二）公开方式

在校内举办辩论赛，展示项目所学的成果。

五、项目评价

（一）过程评价

(1) 在完成项目之后能否感受到传统节日背后的历史。

(2) 能否学习到传统节日背后的故事和历史。

(3) 能否运用所学的知识、语言逻辑和分析能力完成辩论赛。

（二）结果评价

项目介绍、产品展示评价。

六、项目资源及工具

（一）项目资源

计算机、平板电脑、网络、新媒体设备等。

（二）制作工具

计算机、电子设备等。

(三) 计划时间表(见表5-20)

表5-20 计划时间表

时间段	活动内容	活动目标
第1~2课时	学习传统节日的历史与起源	掌握传统文化的基本知识,理解传统节日的背景和由来
	实践活动:模拟传统节日庆祝	通过实践活动,增强对传统节日的体验和理解
第3~4课时	学习传统节日习俗与仪式	学会用语言表达对传统节日的理解和感悟
	实践活动:传统节日文化展示	培养学生展示和表达能力,提升对传统文化的认识
第5~6课时	探究传统节日在现代社会的意义与价值	有效地搜集、整理和分析传统文化资料,培养信息处理能力
	小组讨论:传统节日与现代生活如何结合	培养学生批判性思维,学会发现问题、分析问题、解决问题
第7~8课时	创作传统节日主题作品	运用现代信息技术手段,搜集、整理、分析传统文化资料,提升信息素养
	项目总结与展示	树立尊重传统文化、传承传统文化的价值观念,培养文化自信

注 ①每周活动将根据实际情况进行灵活调整,确保教学目标的达成。②实践活动将注重学生的参与和体验,让学生在亲身实践中感受传统节日的魅力。③小组讨论和作品创作将鼓励学生发挥创新精神,提出自己的见解和想法。④项目总结与展示将作为学生学习成果的重要体现,同时也是对传统文化的传承与弘扬。

七、项目实施设计

(一) 入项活动

启动阶段:组织项目启动会,明确项目目标、内容和任务,分组并分配任务。召开项目启动会,全体成员共同参与,明确研究传统节日的目的、意义及预期成果。进行团队分组,分配指导教师,确保每组都有明确的负责人和任务分配。

(二) 项目实施

学习阶段:学生们通过阅读文献、观看纪录片、参观博物馆等方式,学习传统节日的相关知识。安排讲座、阅读、观看纪录片等活动,引导学生全面学习传统节日的历史、习俗、文化内涵等。组织参观博物馆、文化遗址等活动,让学生亲身体验传统节日的氛围和特色。

活动一:传统节日知识竞赛

设计一场传统节日知识竞赛,通过问答形式,让学生们深入了解传统节日的历史、习俗和文化内涵。竞赛内容涵盖各类传统节日,如春节、清明节、端午节、中秋节等,以此激发学生们的学习兴趣,加深对传统节日的理解。

实践阶段:学生们开展实践活动,如传统节日历史辩论赛、传统节日庆祝等,亲身体验传统节日的魅力。引导学生参与传统节日的庆祝活动,如春节庙会、中秋赏月等,深入了解节日习俗和文化内涵。

活动二:传统节日手工艺制作

鼓励学生亲手制作与传统节日相关的手工艺品,如剪纸、灯笼、粽子等。通过亲手制作,让学生更深入地了解传统节日的习俗和文化内涵,同时培养他们的动手能力和创新思维。

创新阶段:学生们结合现代社会需求,对传统文化进行创新性思考,提出自己的见解或设计方案。指导学生结合所学知识和实践经验,进行传统节日主题作品的创作准备,如绘画草图、摄影构思等。组织小组讨论,探讨传统节日在现代社会中的意义和价值,为创作提供思想支持。

活动三:传统节日文化传承与创新成果展示

在项目结束时,组织一场传统节日文化传承与创新成果展示活动。学生可以将自己在项目实施过程中的学习成果、实践经验和创新成果进行展示和分享。通过成果展示,检验项目实施的成果,同时激发学生对传统节日文化传承与创新的热情。评价表见表5-21,互评表见表5-22。

表5-21　项目学习小组活动评价表

评价内容	评价标准	自我评价 ☆☆☆☆☆	同学评价 ☆☆☆☆☆	教师评价 ☆☆☆☆☆	家长评价 ☆☆☆☆☆
制订计划	小组分工明确,计划安排合理				
搜集资料	能运用查找图书、网络搜索、请教别人等多种渠道搜集资料,搜集到的资料比较丰富				
整理资料	能把资料整理得比较完善、清楚				
展示交流	展示形式新颖,展示内容丰富,互动效果良好				

表5-22　项目学习小组展示互评表

评价内容	评价标准	同学评价 ☆☆☆☆☆
参与度	小组成员人人参与,相互合作	
自信心	展示时态度大方,充满自信	
形式	形式多样,有创意	
质量	内容丰富,展示清楚	

(三) 出项活动

总结阶段:学生撰写项目总结报告,展示学习成果和实践经验。完成传统节日主题作品的创作,如绘画、摄影、短视频等,并进行展示准备。举办传统节日主题的辩论赛活动,邀请师生、家长和社区居民共同欣赏。评价表见表5-23。

表5-23 传统节日辩论会评价表

评分维度	☆	☆☆	☆☆☆	☆☆☆☆	☆☆☆☆☆
学生在辩论中准确引用传统节日相关知识的能力					
学生能够结合传统节日的主题,深入剖析和阐述相关观点					
学生能够运用传统节日元素来丰富辩论内容,增强说服力					
学生能够从不同角度分析问题,展示多元化的思维方式和传统文化素养					

八、反思与展望

在本项目学习开展过程中,我们围绕传统节日文化,引导学生深入探索其内涵,并思考如何将其与现代生活相结合。现在,对项目的实施过程进行反思:

(一) 传统节日文化内涵的挖掘

成效:通过丰富的文献资料和实践活动,学生对传统节日的起源、习俗、意义等有了更深入的理解。他们不仅领略了传统节日的魅力,还认识到了其在现代社会中的重要价值。

不足:部分学生对传统节日的文化内涵理解仍停留在表面,缺乏深入的思考和体验。未来需要更加注重引导学生深入探索传统节日背后的深层含义。

改进:我们将增加实践教学环节,如组织实地参观、节日庆祝活动等,让学生在亲身参与到传统节日内涵的探索和感受中。

(二) 学生创新能力的培养

成效:我们鼓励学生发挥想象力和创造力,围绕传统节日创作作品。学生们积极参与,创作出了许多富有创意的作品,如节日海报、传统手工艺品等。

不足:部分学生在创新过程中表现出一定的局限性,缺乏足够的创新思维。未来需要提供更多的创新引导和实践机会,帮助学生提升创新能力。

(三) 实践活动的组织和实施

成效:我们组织了一系列与传统节日相关的实践活动,如模拟节日庆祝、传统手工艺制作等。这些活动深受学生喜爱，有效提升了学生的实践能力。

不足：部分实践活动的组织和实施不够精细，导致学生的体验不够深入。

改进：未来需要更加精细地设计和实施实践活动，确保学生获得更好的学习体验。

总之，通过本次项目的实施和反思，我们更加坚定了推进传统节日主题项目学习的信心和决心。我们将继续努力，为培养具有深厚文化底蕴和创新能力的新一代青少年贡献自己的力量。

第六章

项目化学习中学生合作学习能力的培养策略

合作学习能力涵盖了学生在协作学习过程中所需的知识、技能、思维品质和情感态度等多方面素质。项目化学习作为一种强调学生主体性和团队协作的学习方式，为培养学生合作学习能力提供了理想的平台。

一、正确理解合作学习能力的概念与内涵

合作学习能力是学生在小组协同学习过程中所展现出的知识技能、思维深度与情感态度的综合体现。这一能力全面涵盖了学生与他人协作时所需的各种素养，包括但不限于人际交往的巧妙运用、组织规划的精准执行、倾听与表达的精准掌握、问题解决的灵活应对、批判性思维的深度运用、创新思维的激发以及自我管理的有效实施。对于学生而言，培养这一能力不仅有助于塑造其积极的人生观，更能引导其树立坚定的价值观，学会尊重他人、友善待人，进而增强社会责任感和使命感。

合作学习能力在项目化学习中起着关键作用，它有助于学生更好地推进项目化学习的有效展开。它能提高学生的参与度和积极性，通过小组合作，学生能够共同讨论、分享知识，激发创新思维，从而拓宽学习的深度和广度。合作学习能力不仅有助于提高学生的学习效果，还能够培养学生的团队合作精神和协作能力，在项目化学习中，学生需要相互协作、协调分工，共同解决问题和完成任务，这种合作经历能够帮助学生更好地适应社会和职业发展。

从学习的本质来看，合作学习能力的培养有助于学生深化对知识的理解和运用。通过小组协作，学生能够相互启发，共同探究，在交流碰撞中产生新的思想火花，加深对知识的领悟。同时，合作学习过程也为学生提供了展现个性、发挥特长的平台。不同学生在协作中能够根据自身优势分工合作，彰显个性魅力。合作学习能力的养成，既促进了学生知识能力的提升，又为其个性发展提供了土壤。因此，教师应高度重视合作学习能力的培养，在项目化学习实践中为学生搭建协作平台，激发其学习潜能，促进学生在知识建构和个性张扬方面的双向发展。

二、项目化学习中培养学生合作学习能力的基本理念

(一) 协作学习

协作学习理念强调学习是一个社会互动的过程，学生通过与他人的合作交流获得知识和技能。在协作学习中，学生不再是被动接受知识的对象，而是主动参与知识建构的主体。学生在小组内部开展讨论、辩论、分享等活动，通过平等互利的协作实

现共同目标。协作学习理念为学生营造了民主、包容、互助的学习氛围，激发了学生的内在动机，培养了学生的社会交往能力。教师应树立协作学习理念，改变传统的以教师为中心的教学模式，为学生提供充分协作、交流、实践的机会，引导学生在协作中学会分工合作、团结互助，提升合作学习的能力。

（二）学生主体

学生主体理念郑重强调学生是学习活动的核心主体，应当在学习过程中积极发挥主观能动性和创造性。教师需充分尊重并维护学生的主体地位，为他们提供广阔的自主学习和自我探索的空间。在合作学习中，学生应当积极参与小组活动，主动发表自己的观点，勇于担当起学习的责任。秉持学生主体理念，教师需成为学习活动的组织者、指导者和合作伙伴。教师应致力于营造民主、平等的学习氛围，鼓励学生勇于质疑、敢于创新，以此充分调动学生参与合作学习的积极性，确保他们能在主动探究与协作交流中深化理解，提升能力。

（三）全体参与

全体参与意味着合作学习需要每个学生的积极投入和贡献。这一理念打破了传统的精英教育模式，教师需关注每一个学生的学习需求和发展潜力。在合作学习中，教师为所有学生提供平等的参与机会，鼓励每个学生发挥自身特长，为小组学习作出贡献。全体参与理念倡导构建包容、互助的学习共同体，让每个学生都能感受到自己是团队的重要一员，增强学习的归属感和获得感。教师引导学生树立“人人都是参与者，个个都是贡献者”的理念，调动全体学生参与合作学习的积极性和主动性。

（四）共享成果

合作学习的结果属于每一个参与者，这一理念打破了传统的竞争性学习模式，倡导学生在协作中共同成长、共享收获。在合作学习中，学生通过分工合作、互帮互助，共同完成学习任务，达成集体目标。学习成果不再是个人的私有物，而是集体智慧的结晶。共享成果理念构建了一个团结友爱、互利共赢的学习环境，显著提升了学生的集体荣誉感和责任感。在此理念的指导下，教师积极引导学生树立“同舟共济、共同进退”的价值观，激励学生在协作中共同体验成功的喜悦，深刻感受团队的力量。当学生深刻理解和积极践行共享成果的理念时，他们将在合作学习中展现出强大的内在动力，实现个人价值与团队价值的和谐统一，进而持续提升其合作学习能力，共同迈向更高的学术与人生目标。

三、项目化学习中对学生合作学习能力培养的基本策略

（一）养成遵守规则的习惯

在项目化学习中，学生通过参与真实情境下的任务，开展小组协作探究，解决实际问题。为引导学生养成遵守规则的习惯，教师应首先树立明确的规则意识，确保学

生理解并认同规则的重要性。其次,通过制订具体、合理的规则,为学生提供清晰的行为指南,并且让学生在实践中体验遵守规则的意义和价值,从而更加坚定地形成遵守规则的习惯。最终,家庭、学校和社会应形成合力,共同营造一个遵守规则的良好氛围,为学生养成遵守规则的习惯提供有力支持。

这样的学习模式也将为学生带来诸多益处。

1. 遵守规则的习惯能够显著提高学生的学习效率

当学生遵循学习规则和课堂纪律时,他们能够更专注于课堂内容,减少不必要的分心。这不仅有助于他们更好地理解和吸收知识,还能减少因违规行为而导致的课堂中断,从而为教师提供更多的教学时间,进一步促进知识的传递。因此,遵守规则的习惯能够帮助学生更加高效地学习。

2. 遵守规则的习惯能够增强学生的责任感

当学生明确并遵守学习规则时,他们开始意识到自己的行为对学习环境和他人学习的影响。这种责任感促使他们对自己的学习行为负责,努力保持良好的学习习惯,以维护整个学习环境的和谐与稳定。这种责任感不仅有助于学生在学习中保持自律,还能促进他们在其他方面的成长和发展。

3. 遵守规则的习惯能够提高学生的学习自觉性

当学生习惯性地遵循学习规则时,他们会逐渐将学习视为一种自觉的行为。他们不再需要外界的监督和提醒,而是能够主动安排自己的学习时间和内容,积极寻求解决问题的方法。这种学习自觉性使学生能够更加主动地参与到学习中来,充分发挥自己的潜能,实现更高层次的学习目标。

综上所述,学生在学习中养成遵守规则的习惯不仅有助于提高学习效率,还能增强责任感和提高学习自觉性。为了促进学生的全面发展,教师和家长应引导学生养成遵守规则的良好习惯,并鼓励他们积极参与学习和社会活动。这一过程不仅促进了学生知识和技能的习得,更为其合作学习能力的发展提供了广阔空间。

在合作学习过程中,为确保合作的高效和顺利,也需要严格遵守以下规则:明确学习目标与分工,确保每个成员都清楚自己的职责;积极参与讨论与协作,尊重并倾听他人的观点;保持有效沟通,及时分享信息与资源,避免误解和冲突;遵守时间约定,确保合作任务按时完成;尊重团队多样性和成员差异,营造包容和和谐的学习氛围;遵循团队规则和纪律,保持诚信与学术道德;在合作中互相支持与帮助,共同解决问题,共享合作成果与荣誉。这些规则共同构成了合作学习的基础,促进团队间的和谐与协作,提升学习效率。

以部编版小学语文教材五年级上册第三单元——民间故事项目化学习为例。民间故事是古代劳动人民创造并传播的口头文学作品,了解和学习民间故事,是继承和弘扬优秀传统文化的重要内容之一。在本单元“创造性复述故事”的语文要素要求下,教师以“五年级将举办民间故事会,作为参赛选手,你肯定不能单单复述故事内容,你该如何更好地把这则民间故事讲给大家听呢”为驱动性问题,引导学生阅读、创造性复述、搜集民间故事。在项目实施过程中，教师采取一系列策略，小组内进行明确分工，每位学生在小组内都有自己的角色定位。有搜集资料的搜集员、有整理资料的整理师、有归纳总结的归纳师、有小组代表的发言员。培养学生的合作学习能力。

（二）鼓励互帮互助的品质

在合作学习中，互帮互助的精神成为推动学生共同进步的重要动力，它体现了学生的协作精神、团队意识和良好品德，是合作学习得以有效开展的基础。为了培养学生的合作学习能力，教师需要精心创设合适的学习情境，通过明确的目标导向和具体的任务要求，引导学生之间形成积极的互助关系。在这一过程中，教师可以运用多种鼓励的方法、途径和手段，从而培养他们的合作精神和团队意识，学生能够更加积极地参与到合作学习中来，相互学习、共同进步，实现个人与团队的共同成长。

首先，教师应用积极的语言激励和正面的反馈。教师应当用恰当的语言赞赏学生的努力和成绩，让学生感受到自己的价值和进步。例如，当学生在小组讨论中积极发言或提出独特观点时，教师可以及时给予肯定和鼓励，如“你的想法很有创意，继续加油”这样的正面反馈就能够增强学生的自信心，激发他们进一步参与合作学习的积极性。

其次，教师可以通过多种形式的合作学习活动来为学生创造展示自我、获得认可的机会。比如，组织小组竞赛，让学生在竞争中展现团队精神和个人能力，体验成功的喜悦；或者通过项目式学习，让学生在合作中共同完成一个具有挑战性的任务，从而培养他们的合作能力和创新精神。这些途径能够让学生在实践中感受到合作的乐趣和价值，从而更加积极地参与到合作学习中来。

最后，教师可以运用多种具体的方式来激励学生。例如，设立奖励机制，对在合作学习中表现突出的学生或团队给予一定的奖励，如小奖品、荣誉证书等，以此来激发学生的学习动力；或者通过展示学生的优秀作品和成果，让学生感受到自己的进步和成长，从而激发他们的自信心和成就感，从而引导学生更好地参与合作学习。

以部编版语文六年级下册第六单元综合性学习项目化学习为例。该项目要求学生制作一本个人成长纪念册，记录自己在小学阶段的成长历程。在项目实施过程中，教师鼓励学生互帮互助，发扬协作精神。学生在回忆自己成长经历时，可以相互交流，分享彼此难忘的故事。在筛选、整理资料时，学生可以相互提供建议，帮助对方选出最具代表性的材料。在撰写卷首语或成长感言时，学生可以互相审阅，提出修改意见。通过互帮互助，学生不仅完成了任务，还增进了友谊，提升了团队意识。

（三）凸显不同特长的自信

每个学生都有自己独特的才能和优势，教师要为学生提供展示特长的平台，鼓励学生在项目完成过程中发挥所长，体验成功的喜悦。当学生的特长得到认可和赏识时，就能激发其学习热情，增强自信心，教师可以用以下方式来引导和鼓励学生投入到项目化合作学习中：

1. 正面反馈与鼓励

教师应密切关注学生的表现，及时给予正面反馈和鼓励。当学生提出新观点、解决方案或参与讨论时，用肯定的语言表达赞赏，如“你的观点很有见地”“你的参与让讨论更加深入”等，让学生感受到自己的价值。

2. 提供平等机会

确保每个学生都有机会在合作学习中发言、提问或展示成果。避免让某些学生主导讨论或任务，而是鼓励所有学生积极参与，让他们感受到自己在团队中的重要性。

3. 鼓励批判性思维

鼓励学生敢于质疑、挑战和评估不同的观点。在这种开放、包容的氛围中，学生将更加自信地表达自己的看法，因为他们知道即使观点不同，也会被尊重和接纳。

4. 设置合理目标

为每个学习任务都设定明确、可达成的目标，让学生感受到自己的进步和成长。当学生看到自己的努力有所回报时，他们的自信心将得到进一步增强。

5. 培养团队协作

强调团队协作的重要性，并鼓励学生相互支持、共同解决问题。在这种合作氛围中，学生将学会信任他人、分享资源，并从他人的成功中汲取力量，进而增强自己的自信心。

6. 提供安全环境

确保学习环境安全、无威胁，让学生感到舒适和放松。教师可以通过关注学生的情感需求、建立信任关系等方式来营造这样的环境，让学生更加自信地表达自己。

7. 引导自我反思

鼓励学生进行自我反思，思考自己在合作学习中的表现、取得的进步以及需要改进的地方。通过自我反思，学生将更加了解自己的优点和不足，从而更加自信地面对未来的挑战。

总之，在合作学习中凸显自信需要教师和学生共同努力。教师应通过正面反馈、提供平等机会、鼓励批判性思维、设置合理目标、培养团队协作、提供安全环境和引导自我反思等方式来帮助学生建立自信心。而学生则需要在教师的引导下积极参与合作学习活动，不断挑战自己、超越自己，从而更加自信地面对未来的学习和生活。

以“弘扬春节传统文化，争做推广小使者”跨学科项目化学习为例，该项目要求学生制作春节英文宣传册，向外国友人介绍中国春节文化。在项目实施过程中，教师充分考虑学生的个体差异，为不同特长的学生提供展示的机会。擅长英语写作的学生可以负责宣传册的文案创作，有绘画天赋的学生可以负责宣传册的插图设计，具有编程特长的学生可以负责宣传册的电子版制作。每个学生都能找到适合自己的任务，在发挥特长的同时，也能体验团队协作的快乐。

综上所述，项目化学习为培养学生合作学习能力提供了丰富的策略和路径，而这样的合作学习能力对于学生未来适应社会的发展以及自身的成长都会带来积极的意义。

案例分享

制作我的成长纪念册

项目类型	年级	课时数	学校	设计者	实施者
跨学科项目	六年级	8课时	海口市海燕小学	谭景珊	谭景珊

一、项目概述

小学毕业是学生们人生中值得纪念的重要时光，大部分学生都有了较为清晰的自我认识和社交圈，并对其能形成一定的看法，能够评价和选择值得纪念的人或事。本项目结合部编版语文六年级下册第六单元综合性学习单元开发。通过学习阅读材料，借助照片、作业、主题班会等材料唤起学生记忆，借助时间轴选择令人难忘的事件与同学分享。在此基础上，学生运用学过的方法筛选、分类、整理出能够全面反映成长过程的资料，并尝试撰写卷首语或成长感言，创编目录，制作一本内容丰富，具有纪念价值并且独一无二的属于自己的成长纪念册，并在毕业联欢会上进行发布和展评。学生在这个过程中感悟生命成长的过程，带着对同学、老师和父母的感激之情，带着美好的祝福和希望走向未来的新生活。

二、项目目标

(一) 核心知识与能力

(1) 语文：围绕“制作成长纪念册”创设任务情境，组建小组学习共同体，学习“编年体”与“栏目式”的资料整理方式，并运用已学的方法对资料进行筛选、分类。在收集和整理反映难忘小学生活资料的真实情境中开展语言实践、写作实践，培养记叙文的写作能力。

(2) 信息技术：学会通过信息技术手段收集整合相关资料，并能简单运用信息技术制作成长纪念册。

(3) 美术：审美感知和艺术表现。设计符合自己主题的纪念册版面，运用所学的美术知识让纪念册版面更加丰富。

(二) 学习素养目标

(1) 学习搜集、整合资料的方法，注意运用关键词法整合资料，进行信息的搜集与概括，让学生具备初步搜集和整理信息的能力。

(2) 通过系列活动,学会反思和总结等能力,提升逻辑思维能力。

(3) 科学探究:学会调查采访等活动,整合筛选资料,选择合适的表达方式,最终呈现作品。

(三) 核心价值目标

(1) 感悟生命成长的过程。

(2) 带着对同学、老师和父母的感激之情,带着美好的祝福和希望走向未来的新生活。

三、挑战性问题

(一) 本质问题

小学毕业,是学生成长路上一个特殊的里程碑。老师的一言一语,和同学的真挚友谊都是在母校发生的,这份珍贵的礼物中哪些人和事给你留下了深刻的印象呢?

(二) 驱动性问题

如何收集、整理、筛选、记录、撰写、设计关于自己难忘的小学生活的材料,制作一本内容丰富、具有纪念价值并且独一无二的属于自己的成长纪念册?

四、预期成果

(一) 产品形式

运用学过的方法整理资料,制作一份属于自己的成长纪念册,包含手工绘画的图文作品或电子短视频、多媒体影音等。

(二) 公开方式

学期结束时,举行"成长纪念册"校园展会,选取校园宣传栏、专题展示栏、班级展示角等公开展示,并邀请本班任课教师、家长及其他年级感兴趣的同学、教师参加。

五、项目评价

(一) 过程评价

对整理资料的过程进行指导评价,"运用学过的方法整理资料"是对之前学过的方法进行巩固运用。四年级时,学生有过收集并记录资料,以及合作整理资料的学习经历;五年级时,又进一步学习了根据需要收集资料,以及分类整理资料的方法。本单元的综合性学习在此基础上,引导学生综合运用已学过的这些方法,根据自己的需要收集、筛选和分类整理资料。每组展示成长纪念册,口头介绍,并向观众发放评价表,通过评价表推选作品参加学校展演。

(二) 结果评价

奖项可包含:优秀设计奖、优秀人生故事奖、“发现美的眼睛奖”(优秀摄影)、美术大师奖、最美表达奖等等。

六、项目资源与工具

(一) 项目资源

采访记录、计算机、平板电脑、网络或其他形式的资料信息、绘图工具、美术材料等。

(二) 项目工具

剪刀、卡纸、彩笔、照片、水性笔、胶水等。

(三) 计划时间表(见表6-1)

表6-1　计划时间表

时间	内　　容
第1课时	发布项目主题,调查数据分享,确定探究内容,开展入项活动
第2~3课时	明确活动任务,制订时间轴,填写时间轴,有序整理信息
第4~6课时	分享珍贵回忆,有效筛选资料,制作纪念册,合理分类资料
第7~8课时	提出修订建议,形成最终成果,成品展示报告,公开成果评价

七、项目过程

(一) 入项活动

(1) 创设情境:结合主题班会,播放由六年来学生校园生活照片合成的小视频和集体项目的奖状照片集,采访学生谈感受,激发学生兴趣。回顾总结班级“十大事件”,勾连回忆并提出:未来我们要回顾自己的小学生活,可以通过什么方式让回忆更加精彩?引出同学录,但经过讨论发现市面上的大多数同学录、纪念册缺乏个性化的表达,过于千篇一律,继而发布制作自己专属的“成长纪念册”项目。

(2) 以小组为单位,利用课余时间,随机对班级同学进行口头问卷调查,唤醒值得被纪念的校园有趣事件、有趣的人等。

(3) 每个小组根据采访调查的结果,统计出一至六年级每个学期的典型事件。分析出同学们觉得最值得被纪念的事和人。

(4) 公布统计结果,激发学生的驱动力。引导学生自主讨论如何制作成长纪念册，先将关于制作成长纪念册的制作步骤梳理出来，思考自己该从哪些方面去制作成长纪念册。

（二）项目实施

1. 明确活动任务，制订时间轴

(1) 以小组为单位进行讨论，商讨纪念册要展示哪些内容？将自己的一些想法记录下来。

(2) 学生自主讨论，同时进行记录。在学生交流过程中，教师可用实物投影仪展示学生的批注或笔记。

(3) 交流小组讨论结果，经过大家讨论后呈现制作的内容和重要的步骤。

(4) 全班交流后明确活动任务，确定以时间轴的形式可以快速地整理、筛选出重要信息。

(5) 完成评价量表（见表6－2）。

表6－2 小学生活时间轴制作评价量表

<table>
<tr><th rowspan="2">评价领域</th><th rowspan="2" colspan="4">评价标准</th><th colspan="3">画上你的个性表情吧！</th></tr>
<tr><th>自评</th><th>组评</th><th>师评</th></tr>
<tr><td rowspan="2">语言表达</td><td colspan="4">能否说出小学生涯中印象最深刻的事</td><td></td><td></td><td></td></tr>
<tr><td colspan="4">能否准确描述当时的心情</td><td></td><td></td><td></td></tr>
<tr><td rowspan="2">艺术表现</td><td colspan="4">能否用绘画的形式绘出时间轴的基本样式</td><td></td><td></td><td></td></tr>
<tr><td colspan="4">自由选择形式，设计自己喜欢的“时间线索图”</td><td></td><td></td><td></td></tr>
<tr><td rowspan="2">创意实践</td><td colspan="4">作品是否有突出时间轴整理信息的便捷之处</td><td></td><td></td><td></td></tr>
<tr><td colspan="4">作品是否有展示了具有代表性的人物与事件</td><td></td><td></td><td></td></tr>
<tr><td>表情评价</td><td>😄</td><td>非常满意</td><td>🙂</td><td>比较满意</td><td>😐</td><td colspan="2">不满意</td></tr>
<tr><td>综合评语</td><td colspan="7"></td></tr>
</table>

2. 填写时间轴，有序整理信息

小学生活丰富多彩，如何让回忆脉络更加清晰、更有序地呈现我们的成长轨迹呢？同学们在查找小学六年来的各种照片、奖状等资料，通过图片、视频回忆起酸甜苦辣。然而资料多且杂乱，同学们通过树状图、鱼骨图、小火车图等，梳理成长资料，在整理中学会有序选择。

(1) 继续回忆往事，可以翻看自己的日记、照片，或者别人送的纪念品等，还可以跟亲友一起回忆。

(2) 把印象最深的人或事写在时间轴相应的时间点上，也可以把照片贴在旁边。

制作成长纪念册其实就是对学生搜集、整理、筛选信息能力的综合运用，通过自己制作的过程，可以进一步学会如何去根据需要搜集整理筛选有价值的信息，这种语文能力是可以迁移运用到生活其他方面的，在这样的交流借鉴学习过程之后，学生的活动会更有的放矢，更有利于激发学生的学习兴趣。统计表见表6-3。

表6-3　成长纪念册内容相关信息统计表

类型	年级	典型事件	获取方式	是否选用
照片				
日记				
视频				
奖状				
口述				

3. 分享珍贵回忆，有效筛选资料

一转眼，我们在小学校园里度过了六年的时间，六年来我们聆听着老师的教诲，与同学一起学习、劳动、游戏。今天就让我们的思绪尽情驰骋，从记忆中搜寻最心动的情景，让我们一起回忆留下印象最深的老师、同学和一件件难以忘怀的事吧。

大家根据自己整理的时间轴，选取有代表性的内容与小组内同学分享，如令人难忘的集体活动、有特殊意义的纪念品、舍不得的人等。先小组内分享，再推选代表。这次分享结束后，同学们可以再对自己画的时间轴进行修改。

4. 制作纪念册——合理分类资料

筛选有用信息是我们在小学阶段建立的一项阅读能力，在繁杂的材料之间尤其要注意取舍，要筛选出最能反映自己小学生活的、有代表性的资料。

(1) 全班讨论怎样给收集的资料分类，才能更好地呈现在成长纪念册中。

教材中提供了“编年体”和“栏目式”两种整理资料的方式，小组讨论“编年体”和“栏目式”分别是从什么角度给资料分类的。(教材中提供的“编年体”与“栏目式”资料整理方案其实各有利弊，通过同学之间的交流，可以更加了解这两种资料整理方式的方式和特点，便于学生选择自己适用的方式来整理资料)

(2) 小组讨论，该如何编排自己的成长纪念册呢？学生需要决定哪个设计方案是最成功的并且思考为什么。

小组讨论后，组织全班交流(见表6-4)。

表6-4　成果评价

评价维度	评价内容		优秀	良好	一般
制作	封面	封面设计美观大方	10分	分8	6分
		给纪念册取一个贴切的名字	10分	8分	6分
	扉页	“卷首语”语言优美，感情真挚	10分	8分	6分
	正文	选材经典，内容丰富	10分	8分	6分
		按一定的顺序编排，分类整理	10分	8分	6分

续 表

评价维度	评 价 内 容		优秀	良好	一般
		各部分有合适的小标题,图片配文语言简单有趣	10分	8分	6分
表达	方案介绍详细、清晰、有条理		10分	8分	6分
	表达流畅,声音洪亮,落落大方		10分	8分	6分
创意	设计有创意(封面、目录、呈现方式等)		20分	16分	12分

5. 制作纪念册——设计封面,给“成长纪念册”取名

给成长纪念册取的名字要贴切、新颖、有趣,设计的封面要有个性,能反映成长纪念册的内容,引起人们的兴趣,给人留下深刻的印象。

(1) 小组交流。如果让你给你的“成长纪念册”取个名字,你会取什么名字呢?为什么?

(2) 学生交流。

(3) 展示有意思的成长纪念册的名字,请学生猜猜这些名字的含义。童年、成长的故事、那一年,那日时光匆匆……

(4) 根据自己的成长纪念册的名字说说自己对封面设计的构想,并完成扉页内容。

扉页的内容要图文结合,创作的文字可以自己写,也可以请老师或家长写。要与正文内容联系紧密,文字不在多,而要精要、生动,最好能创作诗歌,图片与文字相关,与正文风格一致。

6. 制作纪念册——编排正文内容

正文内容是纪念册的重中之重。首先,要编排有序、体例鲜明,即要按一定的顺序编排,给每个部分取一个合适的栏目名。内容要精当,准确无误、语言简洁;再次,形式要多样,力求生动形象,根据具体内容采用不同的编排形式,可以采用不同的字体、不同的图案等。总之,制作成长纪念册最好能表现出个性和创意。

(1) 正文内容按一定顺序编排,呈现的形式多种多样。如每张照片配以简短、有趣的文字介绍,每个部分加一个合适的小标题。

(2) 遴选加工部分资料。有的文章太长,就从中节选一段最有价值的;照片太多,就选最有代表性的。

教师引导学生设计有个性的封面,为成长纪念册取贴切、新颖、有趣的名字,创作扉页内容,有序编排正文内容。激发学生的思维,让学生大胆地构想,积极地创造。最后完成记录表(见表6-5)。

表6-5 学生探究制作成长纪念册记录表

学生探究制作成长纪念册记录表
我的任务:
我的发现:

续　表

学生探究制作成长纪念册记录表
我猜这可能是因为:
我解决该问题的方法:
小组探讨解决该问题的方法:

(三) 出项

1. 精心加工,不断完善

小组之间交流值得学习的地方。组内再加工完善,对成长纪念册进行修饰。

2. 学生设计并制作成长纪念册

可以利用美术课、信息技术课进行资料整理以及制作。

3. 拓展活动

学生学习了如何制作纸质的成长纪念册,还可以试着借助网络平台,学习制作一些动态的电子纪念相册、视频等,并在校园网、班级群中展示。

制作成长纪念册是“回忆往事”这一板块的核心任务。制作成长纪念册是整理成长资料、留住珍贵记忆的关键一步。在这一过程中,学生可以进一步学习、运用整理资料的方法,发挥个性和自主创造性,鼓励学生制作具有个人烙印的成长纪念册,实现图文并茂,有意思且有意义。

以下是“制作我的成长纪念册”实践评价表(见表 6-6)。

表 6-6　“制作我的成长纪念册”实践评价表

评价要素	主要指标	评价结果 ABC		
		自评	组评	师评
纪念册内容调研	积极参与小组分工,采访人数达到 10 个以上,善于解决过程中遇到的问题			
调查结果分析	能从调查内容中进行综合分析,筛选出适用的材料			
自制纪念册	与小组成员积极配合,动手能力强,确定纪念册的排版内容			
展示汇报	声音响亮,吐字清晰,表达流利,能较好地呈现出探究结果			
我收获的评语				

4. 公开展示阶段——成长纪念册评选活动

最后展示阶段,同学们都认真地看了别人的作品,也了解了大家各自制作成长纪念册的过程,教师请每个小组选择一名同学,介绍自己小组制作成长纪念册的过程,展示小组内有代表性的成长纪念册。以小组为单位展示作品,班级学生对各组代表展示的纪念册进行评价打分。接着全班推选具有代表性的作品参加学校展演。

进行评估陈述。在陈述中,项目小组共同介绍陈述报告,并介绍自己在项目中承担的责任。在公开成果展中记录他人意见和观点(见表 6-7)。

表 6-7 成长纪念册产品评估量表

封面	目录	扉页	内容	配色	表达	优点	缺点
意见或建议：							

八、反思与展望

在“制作我的成长纪念册”这一项目化学习活动中，作为教师，我深感收获颇丰，同时也对其中存在的问题和不足有了更深刻的认识。

首先，这次活动充分展现了学生们的创造力和团队合作能力。他们通过小组讨论、分工合作，共同完成了成长纪念册的制作。在这个过程中，学生们不仅学会了如何收集、整理资料，还掌握了编辑和设计的基本技能。更重要的是，他们通过回顾自己的成长历程，更加珍惜现在的生活，对未来充满了期待。

然而，我也意识到在活动组织和指导方面还存在一些不足。首先，在时间安排上，我未能充分考虑到学生可能遇到的困难和挑战，导致部分小组进度滞后。在今后的活动中，我将更加注重时间管理，提前预设可能出现的问题，并制订相应的解决方案。

其次，在内容指导上，我发现部分学生对于如何深入挖掘自己的成长故事和经历感到困惑。因此，我需要在未来的活动中加强对学生的引导和启发，帮助他们从更多角度思考自己的成长历程，挖掘出更多有意义的故事和感悟。

展望未来，我希望能够继续完善项目化学习活动的设计和实施，使其更加符合学生的实际需求和兴趣。同时，我也将注重培养学生的创新思维和实践能力，让他们在参与活动的过程中不仅能够学到知识，还能够提升自己的综合素养。

此外，我还将加强与其他教师的交流和合作，共同探索项目化学习的最佳实践方式，为学生提供更加优质的教育资源和学习体验。

总之，通过“制作我的成长纪念册”这一项目化学习活动，我深刻认识到了自己在教学中的不足和需要改进的地方。在未来的工作中，我将不断努力提升自己的教学水平和能力，为学生的成长和发展贡献更多的力量。

案例分享

寻、读、讲民间故事

项目类型	年级	课时数	学校	设计者	实施者
学科项目	五年级	8课时	海口市海燕小学	孔令琴	孔令琴

一、项目概述

本项目基于部编本小学语文教材五年级上册第三单元——民间故事，民间故事是古代劳动人民创造并传播的口头文学作品，了解和学习民间故事，是继承和弘扬优秀传统文化的重要内容之一。因此，在本单元“创造性复述故事”的语文要素要求下，以“五年级将举办民间故事会，作为参赛选手，你肯定不能单单复述故事内容，你该如何更好地把这则民间故事讲给大家听呢”为驱动性问题，引导学生如何阅读、创造性复述、搜集民间故事，让学生在过程中充分感受中华优秀传统文化的同时，又能提升核心素养。

二、项目目标

（一）知识与能力目标

1. 语文学科

（1）通过学习中华优秀传统民间故事，学会概括、创造性编写并复述。

（2）能用不同方法搜集民间故事进行甄别、选择有价值的民间故事整理并分享。

2. 信息技术学科

能自主查找资料，通过电脑制作简单的汇报课件，提高审美意识和创新意识。

（二）学习素养目标

（1）掌握搜集、筛选、整合资料的方法，具备初步搜集和整理信息的能力。

（2）有小组合作意识，在小组合作中积极发言，大胆展示自己，具备合作交流学习与沟通的能力。

（3）能对搜集到的材料进行创编并展示，提升思维能力和创新能力。

（三）核心价值目标

（1）对中华民间故事产生兴趣，能欣赏并热爱中华传统文化。

（2）学习民间故事中蕴含的优秀人物品质。

三、挑战性问题

（一）本质问题

如何通过学习中华优秀民间故事，提升概括、创编、复述故事的能力？

（二）驱动性问题

五年级将举办民间故事会，你觉得哪些民间故事适合讲给大家听呢？作为参赛选手,你肯定不能单单复述故事内容,你该如何更好地把这则民间故事讲给大家听呢?

四、预期成果

(一)产品形式

民间故事创编绘本、情景剧等。

(二)公开方式

年级组织"民间故事会",邀请本班教师、家长、其他年级感兴趣的同学参加。

五、项目评价

(一)过程评价

(1)在收集资料与合作创编过程中,能够与同学团结合作,在小组内积极发言,大胆展示自己。

(2)能对所搜集筛选的民间故事进行概括、合理创编并复述,不偏离主旨,能以更让大家喜爱的方式呈现。

(3)能根据创编的故事内容设计绘本。

(4)能自信、大胆地在同学面前展示交流本组成果。

(二)结果评价

课件汇报、情景剧、绘本。

六、项目资源及工具

(一)项目资源

计算机、手机、网络、民间故事文本、绘图工具、美术材料、记录表、评价表等。

(二)制作工具

8K纸。

(三)计划时间表(见表6-8)

表6-8 计划时间表

时间	内容
第1课时	发布项目,小组合作,入项活动
第2～3课时	课内合作,掌握技能,组内汇报
第4～8课时	课外合作,形成成果,公开汇报

七、项目实施设计

（一）入项活动

1. 学习准备

为了让学生通过学习民间故事充分感受中华优秀传统文化魅力的同时，又能提升学生核心素养。

（1）设置学生感兴趣的情景活动。五年级语文组教师，负责组织年级的"民间故事会"活动，研讨出活动方案，再由各班教师向学生传达。

（2）提出驱动型问题"五年级将举办民间故事会，作为参赛选手，你肯定不能单单复述故事内容，你觉得哪些民间故事适合讲给大家听呢？如何更好地把这则民间故事讲给大家听呢"？

（3）学生讨论，根据发言作分类板书。

（4）教师说明整个活动规划的流程，明确预期成果。

2. 成立小组

（1）学生自由选择分组。分组可以有不同的形式，例如可以先确定主题方向，再选择组队；也可以先确定组长组员，再集中讨论确定主题。

（2）明确小组讨论要求。教师要强调小组的每一次集体讨论都要有研讨的记录说明，并且各小组要按照统一的评价表对他人进行评价和自评。小组首次研讨就应围绕驱动性问题形成一个初步的方案计划文稿，后续再不断地补充完善。讨论过程中，请组长使用小组合作讨论记录表（见表6－9）进行记录，讨论结束后，各小组成员使用小组各成员自评、互评表（见表6－10）进行自我评价和对他人的评价打分。

表6－9　小组合作讨论记录表

本次为小组第（　　）次讨论，讨论时间（　　）	本次讨论主题：
讨论记录： 记录人：	

表6－10　小组各成员自评、互评表

被评价人：		自评	组员	组员	组员	组员
评价内容	1. 遵守研讨纪律。（☆）					
	2. 理性讨论，积极发言。（☆）					
	3. 按时完成分内任务。（☆）					
	4. 积极参与讨论，敢于发言，献计献策。（☆）					
	5. 服从安排，不打断他人发言，能控制音量。（☆）					

续　表

<table>
<tr><td colspan="2">被评价人:</td><td>自评</td><td>组员</td><td>组员</td><td>组员</td><td>组员</td></tr>
<tr><td>评价内容</td><td>6. 组内展示:讲得完整。(☆);讲得精彩(☆);有创意。(☆)</td><td></td><td></td><td></td><td></td><td></td></tr>
<tr><td>评价等级</td><td>若自评与互评星星相加达到25颗及以上,则可荣获“合作小能手”的称号;达到30颗及以上则可获得“合作小高手”的称号;达到35颗及以上则可获得“合作小专家”的称号。</td><td colspan="5">我共获得(　　)颗星,获得了合作小(　　)的称号。</td></tr>
</table>

小组合作不仅可以提高学生合作研讨能力,也能培养学生发现问题和解决问题的能力。

(二) 项目实施

1. 课内合作

(1) 掌握讲述方法。①教师按教材内容正常授课,《猎人海力布》《牛郎织女(一)》《牛郎织女(二)》共需5个课时完成教学。学生在课堂上要掌握每课所教的创造性复述的方法,即转换口吻、变换顺序、增设情节、把简略的情节说具体等。②小组内练习和展示。

(2) 实践合作,绘制绘本。(①学生根据表格将故事内容提炼,捕捉关键信息,小组再据此合作制作情节绘本,教师为学生提供表格示例支架(见表6-11),以供参考并完成关键信息提炼。②小组选择教材中的民间故事概括主要情节,小组分工,每人负责一个情节的制作,也可以细化到画图、配文的分配。③小组提交作品后在班里进行展示,生生互评。

表6-11　《猎人海力布》情节概括示例表

<table>
<tr><td colspan="3">1. 海力布热心助人</td><td colspan="3">2. 救白蛇得宝石</td></tr>
<tr><td colspan="2">3. 得知灾难消息</td><td colspan="2">4. 劝乡亲们搬家</td><td colspan="2">5. 救乡亲变石头</td></tr>
<tr><td colspan="6">注意关键信息:宝石使用禁忌</td></tr>
</table>

(3) 课后阅读交流。①在搜集和阅读课外民间故事方面,教师引导学生搜集以“真善美”为主题思想的民间故事。②小组分工从网络或书籍搜集中国民间故事进行书目整理,集体阅读并交流阅读感受,组长使用表6-12作研讨记录,形成文字说明。该环节不仅可以让学生在阅读中感受民间故事的魅力,也为后续的合作学习做好铺垫。

表6-12　(　　)小组民间故事阅读交流记录表

书目名称	主要内容	主题思想	(讨论)最喜欢哪个人物?为什么?	(讨论)你想对哪个人物说什么?	(讨论)……

2. 课外合作

(1) 小组讨论,明确要进行创造性复述的教材外的民间故事,围绕故事的中心思想,明确选择这则民间故事的原因,确定创造性复述的方法。

(2) 学生自主合作,明确讲述的方式并练习、完成绘本制作,并制作课件,准备交流分享。成果主要以 PPT 展示图文结合口头汇报为主,可以是单人进行汇报,也可以是组员轮流汇报,也可以通过演绎的方式,形式不限。

为了帮助学生完成以上任务,我们为其提供了三种类型的知识技能:一是解决该问题所需的学科知识技能(创造性复述、制作绘本、概括故事情节);二是项目化学习过程中所需的技术工具(百度、中华民间故事书籍、电脑 PPT 制作);三是合作技能。

(三) 出项活动

1. 班级内展示

(1) 班级内以小组为单位轮流展示课外合作的成果,配合绘本进行创造性讲述。

(2) 生生互评。学生根据统一标准进行点评,发表自己的意见和看法。

(3) 教师总结。教师要从多个角度,如组织管理、内容呈现、认真聆听等多个角度进行表扬鼓励,评选出班级最优。

总结:学生小组合作完成民间故事的讲述,有小组能通过情景剧的形式汇报。课件制作上,小组结合绘本对人物形象上的一些细节进行补充说明,让听众更好地了解人物形象和故事内容。

2. 年级展示

(1) 组织“民间故事会”,选取学校门厅,邀请本班教师、家长、本年级全体同学及其他年级感兴趣的同学参加,班级最优参加评选。

(2) 评价方式:随机选取十位观众使用“‘民间故事会’评价量化表”(见表 6-13)进行点评,总分平均分最高者则获得一等奖,同时设立二等奖两名、三等奖四名,均可获得奖状。

表 6-13 “民间故事会”评价量化表

评价人: 评价选手号码:		
	评价内容	分值
绘本设计评价	1. 能概括出故事的中心,提炼关键的情节信息,概括成短语,并配以内容相关的精美插图。(10 分) 2. 做到不遗漏关键信息,不偏离中心思想。(5 分) 3. 图案精美,整洁美观。(5 分)	
汇报展示评价	1. 具有创新性,运用了创造性复述方法。(20 分) 2. 脱稿完成,声音洪亮,口齿清晰,声情并茂。(20 分) 3. 故事完整,符合原意,情节丰富,添加适当的表情和动作。(20 分)	

续 表

	评价内容	分值
汇报展示评价	4. 传达了故事的核心价值。(20分)	
你对该选手的展示有什么建议吗?请写下来。		总分:

八、反思与展望

此次项目化学习选取的内容来自五年级上册第三单元——民间故事,在学习课文之后,学生不仅习得了创造性复述和提炼故事情节的方法,也充分感受到了中华优秀传统文化的魅力。

(一) 合作学习能促进学生创造力、协作共处能力和沟通表达能力的发展

项目伊始,学生自由分组,共同查找资料、共同讨论复述方法、共同制作PPT、绘本,在评价量化表中,要求学生做到遵守规则、服从安排、积极发言、认真聆听,让学生在小组合作中激发创造力和与组员的相处中提升协作共处能力。合作学习不仅可以培养学生的多种能力,且效果显著。其次,这些能力的培养契合了国家创新型人才的培养要求,因此,合作学习被广泛应用与实践于各级、各类教育中。课内合作是在课堂上,在教师的引导下进行的有目的的交流学习,课外合作,学生自主性得到提高。

学生能通过合作,概括出故事的中心,提炼关键的情节信息,概括成短语,并配以内容相关的精美插图,做到不遗漏关键信息,不偏离中心思想。

(二) 学生多元评价贯穿始终,能帮助学生认识自我、及时调整

通过评价,使学生在课程的学习过程中不断体验进步与成功,认识自我,建立自信,促进学生综合运用语言能力的全面发展,让学生成为学习的主人;学生互评是站在同一个高度看待问题,会更容易让学生接受,学生根据反馈信息,对自己的思考成果进行反思和调整,促进其不断提高。

(三) 以学科所习得的技能为辅助,解决实际问题,培养创造能力

传统的教学很容易武断地将学生的学习和生活实际割裂,分割为互不相联系的片段,使学生无法将所学知识联系运用,无法为学生提供真实的情境。在实施过程中也缺乏对学生个体的情感、态度和价值观的关注。本次项目化学习,学生可运用所学去解决实际情景中的问题,培养学生应用学科知识解决问题的基本意识与能力,同时,学生自我控制进程,能最大限度地发挥学生的主观性、积极性和创造力。

案例分享

健康达人养成记

项目类型	年级	课时数	学校	设计者	实施者
跨学科项目	五年级	8课时	海口市海燕小学	李丽敏	李丽敏

一、项目概述

伴随着我国社会经济的快速发展，人民生活水平的提高和健康意识的增强，小学生体质健康已经成为一个热门话题。儿童肥胖是一个社会关注的热点问题，严重影响着儿童、青少年的健康。在校园里，也经常会看到一些小胖墩儿的身影，儿童单纯性肥胖症已经成为当前影响儿童健康的主要因素之一，肥胖不仅影响儿童的身心发育，还会导致成年期疾病的发生。不良的饮食习惯和运动量的减少是造成肥胖的重要原因，人们都不愿意为“肉”所累，特别是即将进入青春期的学生，更会注重自身形象和健康。因此，开展“健康达人养成记”为主题的项目化学习活动，找准学生真实需要，对课堂知识进行拓展，让学生亲历研究过程，并对现实问题做出合理决策，既有实际价值，又有趣味性。

二、项目目标

(一) 知识与能力目标

(1) 语文：通过项目研究，学会用语言文字表达对健康管理的想法、学会撰写调查问卷、小组讨论交流解决方案、撰写健康倡议书。

(2) 科学：营养学的原理和方法。让学生在了解营养学的同时，感受合理膳食和合理运动的重要性。

(3) 数学：BMI值的计算。

(4) 体育：合理运动及运动相关知识。

(二) 学习素养目标

(1) 学习搜集、整合资料的方法，注意运用关键词法整合资料，进行信息的搜集与概括，让学生具备初步搜集和整理信息的能力。

(2) 科学探究：应学会经过调查发现问题、用各种学习工具确定要解决的问题、提出解决假设和验证，最终给出解决方案。

(三) 核心价值目标

(1) 养成适当运动、合理饮食的良好习惯。

(2) 形成良好的健康价值观念。

三、挑战性问题

（一）本质问题

通过合理运动、合理饮食来有效地管理我们的体重，养成良好的生活习惯，保持健康的生活方式。

（二）驱动性问题

通过国家有关数据了解到，我国青少年肥胖率接近20%，从多年的数据分析来看，肥胖率逐年增加，而肥胖一旦发生，要减轻体重是很困难的，因此要及早、从小控制体重。那我们的身材、体重怎么样？是属于营养不良，还是过度肥胖？平时的饮食是否合理？有哪些运动方式？我们的生活方式是否健康？

四、预期成果

（一）产品形式

设计一份营养均衡的营养餐谱、制订合理的健身计划，撰写健康倡议书。

（二）公开方式

学生以小组为单位，将健康倡议书、营养三餐手抄报等向参会的师生展示并介绍项目经历。

五、项目评价

（一）过程评价

（1）在开展资料查找的过程中，能否与组员之间协调合作将问题进行汇总并总结出活动任务单？

（2）在讨论交流的过程中，学生能否明确地表达自己的想法，与小组分析疑虑、洞察并提出问题？

（3）在制订营养餐谱和健康倡议书中，能否有效地将小组的观点转述出来？

（二）结果评价

项目分享会、产品展示会。

六、项目资源及工具

（一）项目资源

计算机、平板电脑、网络、与健康相关的资料信息与图书、相关表格、运动器材等。

(二) 制作工具

体重秤、卷尺等。

(三) 计划时间表(表 6－14)

表 6－14　计划时间表

时间	内　　容
第 1 课时	发布项目主题,调查数据分享,确定探究内容,开展入项活动
第 2～3 课时	了解健康管理概念,掌握健康管理知识,认识健康管理的重要性
第 4～7 课时	提供知识技能,制订健康管理倡议书,设计合理膳食手抄报
第 8 课时	提出修订建议,形成最终成果,演示文稿报告,公开成果展示

七、项目实施设计

(一) 入项活动

儿童青少年健康是全生命周期健康的基础,提升健康素养,培养健康观念和健康的生活方式,离不开学生、家长、学校、社会的共同努力。让学生从小了解健康知识,养成健康习惯,为他们一生打下良好基础,是教育工作者义不容辞的责任,同时也是学校健康教育工作的重要内容。当前,小学生营养不良、肥胖等问题十分突出,造成这些问题的原因是多方面的。为深入了解儿童青少年的健康问题,提高学生健康素养、帮助学生养成健康的生活方式。特开展本项目深入探讨。

(1) 以小组为单位调查研究本班学生的肥胖情况(见表 6－15、表 6－16)。

(2) 以问卷调查的形式从饮食和运动上调查学生的生活习惯(见表 6－17)。

(3) 全班分成 4 个小组,以小组为单位展开活动。以小组讨论的形式拟定问卷调查方案,进行组间对话,提出建设性意见和建议,各小组提出整合建议,弥补不足(见表 6－18)。

(4) 公布统计结果,激发学生的驱动力。

表 6－15　小组合作学习分工表

小组	调查内容:学生肥胖情况
组长	1. 组织小组成员分工,明确成员调查任务。 2. 组织设计调查问卷。 3. 设计表格,统计数据,分析调查数据。
组员	根据组长分配的任务开展活动。

表6-16 小组问卷调查方案

确定调查目的	研究问题:内容适当
确定调查要素	调查对象:样本类型
确定问卷介质	在线调查——问卷星
组内分工要求:小组成员人人有任务	
设计调查问卷	负责设计问题,问题试测
实施问卷调查	负责发放问卷,回收问卷
得出调查结论	负责统计数据,分析数据

表6-17 调查问卷内容

小组:	调查对象:
1. 你吃早餐吗? 2. 你每天早餐吃的有哪些? 3. 你经常吃零食或喝冷饮吗? 4. 你一般做哪些体育运动? 5. 你一周运动几次? ……	

表6-18 调查活动组员互评表

评价内容	评价量化			
	组员1	组员2	组员3	平均分
积极参与,有效沟通				
认真记录,提出问题				
讨论交流,善于总结				
注:极好为10分,较好为9分,一般为8分,较差为7分。				

(二)项目实施

1. 学习健康管理的基础知识

通过网络搜索、资料查找等方式了解"健康管理",并提出问题,教师将学生们提出的问题进行汇总(见表6-19)。

表6-19 "我"的问题

1. 健康管理有哪些?	
2. 什么是肥胖?	
3. 肥胖有什么危害?	
4. 营养不良有什么危害?	
……	

学生分组搜集并做好记录,收集完资料后展开小组讨论,通过组与组之间的交

流，在完成任务单的同时解决心中的疑惑。

2. 学习营养学知识，设计一日营养餐谱

（1）营养知识知多少：以小组为单位，搜集营养学资料并记录下来，派小组代表进行汇报并总结（见表 6－20）。

表 6－20　健康营养知识收集表

1. 人体的微量元素。	
2. 蛋白质等营养素摄入过多或不足会怎样？	
3. 膳食宝塔有几层？每层各代表什么？	
……	

（2）机体健康所需要的主要营养物质有蛋白质、糖类、脂类、维生素、无机盐和水，每种物质都有自己的作用，但要讲究适量，过少过多都会对人体健康造成威胁，因此学生需要学习膳食宝塔解决这些问题，蛋白质、糖类、脂类、维生素主要来源于哪些食物？能为人体提高哪些能量？以小组为单位，搜集数据并完成表格（见表 6－21）。

表 6－21　食物营养成分表

营养成分	猪肉	牛肉	蔬菜	……	……
蛋白质					
糖类					
脂肪					
维生素					
水					
无机盐					
其他					

（3）根据以上营养学的知识，以小组为单位设计出一份科学、合理的一日餐谱（见表 6－22）。

表 6－22　一日三餐营养餐谱评价标准

评价项目	评价内容	分值	得分
主题内容	合理准确，符合膳食宝塔营养搭配	40 分	
语言方式	字迹工整美观，语言规范	30 分	
美观程度	1. 版面设计合理，图文并茂。	30 分	
	2. 色彩美丽，符合主题和内容，使用适当的色彩能够提升整体美观度。		

3. 合理运动能有效地管理我们的身体健康

体育运动对人身体健康能够产生一系列的积极影响，但不恰当的运动也会给人们的健康带来危害。如何合理地运动，才能有效地管理我们的身体健康？学生需要

了解以下问题:

(1) 哪些运动有利于减肥?

(2) 什么时间段运动最佳?

(3) 运动多长时间合适?运动完需要注意哪些事项?

我鼓励学生们通过个人、小组合作等不同方式,围绕教师的支架解决、设计出一份适合自己的健身计划。

4. 撰写健康倡议书

基于以上任务的学习,学生综合利用已有的知识,以小组为单位撰写一份健康倡议书(见表6-23)。

表6-23 健康倡议书评价标准

评价项目	评价内容	分值	得分
主题内容	内容恰当,语言准确,构思合理	50分	
语言方式	表达清晰,语言流畅连贯,简洁明了	30分	
应用方式	有针对性、可行性、可操作性	20分	

(三) 出项活动

项目组师生为全校师生带来了一场"健康倡议书""营养一日餐谱"展示活动,参加出项的人员不仅有学校的师生,还有学生家长、社区卫生院工作人员。

1. 如何向观众们"再现"项目的精彩过程

展示活动一开始,先是由本项目的负责教师为大家迅速介绍整个项目的由来,然后就是学生们的汇报展示,此次出项共有四个小组,每个小组分别展示"为什么要用这种形式""想让观众看到什么?怎样才能呈现出项目实施的核心内容",以倒推的方式设计每一个子项目并建立各个子项目之间的联系。通过微课堂、学生汇报和微论坛三种形式来展现活动。

2. 微课堂——"再现"项目瓶颈的突破点

师生通过十分钟的微课堂再现了项目实施过程所遇到的问题,学生在教师的引导下,通过头脑风暴形式共同梳理了难点,对整个项目的成功起了推动作用。

3. 汇报展示——"再现"项目的智慧结晶

学生根据小组探究报告,结合自己的倡议书分别进行小组汇报,汇报中大家阐述自己独到的见解(见表6-24)。

表6-24 "健康达人倡议书"展示会评价表

组别	营养餐谱设计科学	健康倡议书内容全面	健身计划合理、科学、有效	调查表格工整、内容合理规范	专家提问	总分
1						
2						

续　表

组别	营养餐谱设计科学	健康倡议书内容全面	健身计划合理、科学、有效	调查表格工整、内容合理规范	专家提问	总分
3						
4						

八、反思与展望

本次活动，学生通过搜索资料，计算自身的体重指数，自发地提出问题激起好奇心来推动项目的启动，如何通过合理的饮食和合理运动预防肥胖，推动学生一步步去探索，正是这样的内驱力使得整个项目得以顺利进行。

在项目探究过程中，学生需要联系自身情况综合考量来合理设计营养餐谱和运动计划，在项目实施期间，定期进行体重监测了解自身的身体状态，通过指数来调控行为。同时不断用问题来提供学习支架，分析问题、解决问题，提供积极的情绪情感，以提高学生学习上的主动性。通过这个项目，学生的探究、合作精神得到了提升，这样的能力迁移到学习上，能激发学生在学习上的主动性，让学习变得更有意义，也更有质量。但在活动的过程中也有些不足，比如：学生在预防肥胖及营养不良的观点上有些偏颇；制订健康管理倡议书时，观点不够全面；在小组合作中，成员分工不够明确，这些没有达到预设的效果。

案例分享

我为母校设计有纪念意义的文创产品

项目类型	年级	课时数	学校	设计者	实施者
跨学科项目	五年级	12 课时	海口市海燕小学	郭璐	郭璐

一、项目概述

项目灵感源自高考录取通知书的创意与个性化，这些通知书不仅是入学的正式邀请，更成为各大高校展示文化底蕴、创新精神的载体，往往融入独特的设计元素和纪念价值，成为学子珍藏的记忆。受此启发，本项目为海口市海燕小学打造一系列富含情感与意义的文创产品，不仅限于新生的欢迎礼，也涵盖校庆及毕业纪念品，以此作为学子与母校情感联结的实体象征。

海口市海燕小学自 1960 年创立以来，承载着六十三载的风雨历程与辉煌成就，其历史可追溯至南航部队子弟学校,自1972年转由龙华区政府接管后,已逾半个世纪。学校的历史深度和文化积淀为文创产品的设计提供了丰富的素材与灵感来源。本项目旨在通过这些文创,让海燕小学的毕业生即使离校多年,也能拥有一份触手可及的校园记忆,将抽象的怀念转化为具象的物品,延续并传承海燕精神。

本项目规划借助人教版五年级美术课程的框架,具体包括“色彩的对比”“色彩的和谐”“美丽的纹样”“趣味文字”以及“画龙点睛”等五个章节,作为引导学生探索文创设计的路径。在项目实施的过程中引导学生一步步深入理解文创设计的核心理念,从基础美学原则出发,到挖掘学校独有的文化特色,设计出既美观又富有深意的图案,让学生在实践中体会设计的奥妙,同时加深学生对色彩搭配、造型结构等美术知识的理解与应用。

项目的实施过程不仅是一次艺术创作之旅,更是理论与实践结合能力培养的机会。在当前这个强调创新能力与实践操作的社会,通过这样的项目,激发学生的创造力,提升动手能力和问题解决技能,最终创造出能够体现海燕小学精神风貌、富有教育意义且具有市场潜力的文创产品。这不仅是一种对校园文化的致敬,也是对学生综合素质的一次全面锻炼。

二、项目目标

(一)知识与能力目标

(1)语文:通过项目研究,学会表达自己的思维和行为、学会言语交流沟通、学会撰写设计意图及展示活动计划书。

(2)信息技术:能在项目过程中,通过网络媒介查找资料,梳理资料信息,并能制作线上调查问卷及展示课件,利用设计、绘图软件设计图稿并进行修改完善。

(3)美术:了解并掌握设计要素,能从实用、美观和环保的角度,用美术与其他学科相结合的方式解决创作和制作中出现的问题,设计与制作不同形式的作品。

(二)学习素养目标

(1)学习搜集、整合资料的方法,注意运用关键词法整合资料,进行信息的搜集与概括,让学生具备初步搜集和整理信息的能力。

(2)学习利用多种手工、绘画相结合的方式,根据设计图选择适合的材料进行设计制作并撰写设计意图。

(3)科学探究:应学会经过调查发现问题、用各种学习工具确定要解决的问题、提出解决假设和验证,最终给出各种解决方案。

(三)价值观念目标

(1)形成设计意识。

(2)利用材料再造、废旧物再利用等方式形成环保价值观念。

三、挑战性问题

(一) 本质问题

如何通过创意的产品设计呈现学校特色文化?

(二) 驱动性问题

毕业时想收到学校赠送的毕业礼物吗? 想收到怎样的毕业礼物? 如果你是设计师,你会设计出怎样有创意的产品? 能否利用身边的废旧物进行改造?

四、预期成果

(一) 产品形式

设计完成一套文创产品,包括设计稿、宣传海报及产品。

(二) 公开方式

学生以小组为单位,进行产品展示,向师生介绍项目经历,展示文创产品。

五、预期评价

(一) 过程评价

(1) 能否主动收集学校特色校园文化并分类。
(2) 能否认识和了解文创产品设计及制作的方法。
(3) 能否利用身边的材料设计和制作有创意的文创产品。
(4) 能否绘制出与主题相关的宣传海报或制作小视频。

(二) 结果评价

项目介绍、产品展示评价。

六、项目资源及工具

(一) 项目资源

计算机、平板电脑、网络、与文创设计相关的书籍或其他形式的资料信息、绘图工具、美术材料、废弃物品等。

(二) 项目工具

剪刀、胶水、彩色纸、颜料、书签、卡纸、马克笔、T 恤衫等。

(三) 计划时间表(见表6-25)

表6-25　计划时间表

时间	内　容
第1课时	调查研究确定主题
第2课时	确定探究内容,开展入项活动
第3课时	确定主题形式,认识文创意义
第4课时	了解文创形式,设计文创初稿
第5课时	甄选设计材料,修改设计画稿
第6课时	讨论设计理念,进一步完善设计稿
第7课时	优化设计稿,制作文创产品
第8课时	文创产品调查,完善产品细节
第9课时	多种产品制作,美观与实用结合
第10课时	提出修订建议,形成最终成果
第11课时	展示评选,阐述设计理念
第12课时	公开成果展示,撰写反思体会

七、项目学习活动

(一) 入项活动

观看完激发思考的问题视频后,学习项目正式启动,明确规定每支队伍的人数在4至8人之间。部分学生对自己在绘画与手工技艺方面的能力有所担忧,害怕拖团队后腿。对此,教师及时给予正面鼓励,强调每位同学都能以多样化的形式贡献力量,无论是搜集材料、构思创意还是调研资料,都是团队不可或缺的部分。在这样的积极氛围下,学生们满怀信心地自由组队,教师保持了旁观者的角色,未加干预,同时提议各小组为自己命名,以增强归属感和团队精神。

鉴于学生首次涉足项目式学习,面对素材搜寻与设计创作显得有些手足无措,教师巧妙地引导他们在课堂上探讨校园文化的独特韵味作为切入点。通过深度挖掘已知的校园文化特色,比如"海燕与三角梅"的诗意联想、军事文化视角下的武器装备展示、"大榕树故事"中蕴含的海燕与自然的和谐共处等,教师进一步激励学生们主动寻求校内其他资源与师资的帮助。这一策略不仅拓宽了学生的探索路径,还促进了跨学科知识的融合,为项目的开展铺设了坚实的基础。

(1) 全班学生以小组为单位,利用课间时间,随机对全校师生进行口头问卷调查。

(2) 以小组为单位,统计出提及最多的校园文化及最受喜欢的文创产品。

(3) 公布统计结果,激发学生的驱动力。提出寻找相关的制作材料。

(二) 项目实施

1. 观看视频,认识文创

(1) 组织学生观看视频,认识并了解文创的形式及意义。

(2) 确定文创产品主题,完成文创产品设计初稿(见表6-26)。

表6-26 "我为母校设计有纪念意义的文创产品"项目化学习设计稿

<table>
<tr><td>小组名称</td><td></td><td>组　长</td><td></td></tr>
<tr><td>组　员</td><td colspan="3"></td></tr>
<tr><td>设计主题</td><td colspan="3"></td></tr>
<tr><td>设计项目</td><td colspan="3"></td></tr>
<tr><td>项目分工</td><td colspan="3"></td></tr>
<tr><td>选择材料</td><td colspan="3"></td></tr>
<tr><td colspan="4">设计草图</td></tr>
<tr><td colspan="4"></td></tr>
</table>

2. 运用问题链,促进深研文创

(1) 教师运用如下问题链促进学生去思考和探索:①学校有哪些特色文化?②文创产品的设计意义是什么?③文创产品的形式有哪些?

(2) 小组讨论文创产品的设计意义、形式以及设计步骤:①你见过哪些文创产品?②怎样才能设计出大家喜欢且具有纪念意义的文创产品?

3. 开展讨论,提升认知与表达能力

鼓励学生在小组活动中扮演主动角色,并采纳个性化的评价体系,鼓励成员间进行建设性的相互评价。在项目截止前,给予组长灵活调整团队构成的权限,同时设立民主机制,允许组员在组长未能充分履行职责时,提议更换更合适的领导人选。小组内部成员可以依据个人兴趣与专长自选任务,涵盖资料搜集、问卷设计、物资筹备、初步设计、实体制作、宣传海报设计乃至影像记录等多个环节,确保每个人都能在活动中找到发光发热的舞台。

着重强调,在探索旅程中,并不存在绝对的"标准答案"或单一的成功路径。学生们应当勇于尝试、敢于犯错,并在这一过程中汲取宝贵的经验。在模拟真实工作场景构建的高效团队里,学生们携手并进,而教师则扮演着指导者和支持者的角色,在关键时刻提供必要的指导与建议。

例如,关于如何利用工具探究校园文化特色及文创设计理念,学生们被鼓励探索多元化的信息渠道,如在线数据库、专业设计论坛、图书资源及行业报告等。同时,鼓励学生用自身的理解来分析设计过程中可能出现的挑战,比如创意瓶颈、团队沟通障碍或是技术实现难题,并主动分享遇到这些问题时采取的解决策略与反思,从而促进

集体智慧的成长。(见表6-27)

表6-27　前期准备评价

家长评	运用工具查找资料	□熟练　□一般　□不太会
	文字组织能力	□流畅　□一般　□有点困难
	设计中遇到的困难如何解决？(可多选)	□查工具书　□利用网络　□请教大人　□其他
	备注说明：选择“熟练”和“流畅”得2分，“一般”得1分，其余不得分，个人分数累积到小组分数内。	

4. 组间设计作品进行比较，探索文创设计的实用性

(1) 学生广泛收集平时常见的文创设计产品。

(2) 教师运用如下问题链驱动学生探索，统计出各式文创产品的优缺点。

①哪些文创产品会在你的生活中经常出现？②各式文创产品都有哪些优点和不足？③文创产品是用来收藏还是日常使用的？④你更喜欢用哪一种产品？说一说原因。

(3) 以小组为单位，进行头脑风暴，组织学生展开讨论，提出便于制作且实用的文创产品形式，形成小组创见。

(4) 发表意见，形成决策。全班学生对各小组提出的驱蚊方式的利弊进行分析，教师运用如下问题链驱动学生思考：①是否含有化学成分？②是否适合生活中使用？③是否可以利用废物利用的方式制作？④是否具有美感？⑤是否可以节约经费支出？

(5) 合作与学习评价表(表6-28)如下：

表6-28　合作与学习评价表

评价方式	评价内容	评价维度	设计意图
自评	根据项目学习要求，小组内分享收集到学校特色文化		学校特色找的是否准确和全面，缺一项扣1☆；小组成员参与小组活动情况，不积极扣1☆；不参与扣2☆；不完成任务扣1☆、拒绝任务扣2☆；主动分享收集成果得4☆；不分享扣2分；小组认真有效地讨论得4☆；讨论后无法得出结论扣1☆；与讨论内容无关扣2☆；小组分工时有人无事可做扣2☆；小组成员都有任务得4☆。
	能积极主动参与小组讨论并发表言之有理的观点		
	能听从组长安排，完成组内工作		
组员评	收集分享学校特色文化		
	主动参与小组的讨论并能发表合理的观点		
	配合小组整体活动，不擅自做主或拒绝完成任务		
教师评	小组整体研讨氛围好，纪律好		
	小组分享内容观点准确，有说服力		
	小组分工明确，各司其职		
备注说明：四颗星得4分，三颗星得3分，以此类推。			

学生在项目进行的过程中如遇到困难可以根据教师提供的工具或者请教家长进行辅助学习(如网络工具:小红书APP、百度等,书籍类:艺术字体、图案设计、产品设计;设计类软件:PS、美图秀秀、AI绘画等)。

5. 优化设计,初步完成产品制作

(1) 小组根据设计图进行产品制作。

各小组通过小红书学习、网络查询或自媒体视频学习,了解"文创产品制作""废旧物品改造"的方法和步骤,使用不同的设计思维,制作有创意且有纪念意义的文创产品。学生需要思考以下的问题哪款产品更实用美观?哪款产品便于制作、花费不大且具有环保意义?

教师从以下几个方面驱动学生思考:安全生产、批量生产、宜保存。

(2) 各小组分工合作,使用自带的材料,制作文创产品。通过尝试,熟练掌握切割、绘画、书写、粘贴等技巧。

教师运用如下问题链驱动学生合作探讨:①你们组选择了哪些材料?②制作文创产品时需要注意的事项有哪些?③怎样才能让文创产品具有耐脏、耐用的特性?④合作过程中如有意见分歧你是怎么处理的?

学生需要记录探究制作心得,并交流分享经验。

(3) 自制文创产品。

为了帮助学生完成以上任务,我们为其提供了部分工具:纸袋子、丙烯马克笔、剪刀、书签、胶水等。

(4) 评价维度表(表6-29)如下:

表6-29　评价维度(按☆☆☆☆等级评)

组别	组间评价				教师评价		
	内容丰富度	形象美观度	形象创意性	主题一致性	搜集内容丰富	设计创意美观	整理有序清晰
	☆☆☆☆	☆☆☆☆	☆☆☆☆	☆☆☆☆	☆☆☆☆	☆☆☆☆	☆☆☆☆
第(　)组							
第(　)组							
第(　)组							
第(　)组							
第(　)组							
第(　)组							
第(　)组							
第(　)组							
评价标准	☆☆☆☆为满分,按照完成情况酌情打分。						

6. 展示、探讨与矫正

(1) 展示小组设计制作的所有文创产品,如书签:图案是否与学校特色文化相符合?平时是否便于使用?材料支出的费用是否昂贵?是否结实?其他小组同学根据展示情况提出修订建议。

(2) 个体和项目小组根据意见修订自己的成果。

(3) 收集项目材料,包括项目计划、调查问卷、过程日志、修改记录、评价量规以及文创产品最终展示结果,形成最终可以参加成果展的成果。

(三) 出项活动

1. 公开展示阶段——创意文创产品展示售卖活动

在学校操场布置展位,展示创意文创产品并营销推广,学生需要现场展示产品的观赏性和日常生活的实用性。

进行评估陈述。在陈述中,项目小组共同介绍陈述报告,并介绍自己在项目中承担的责任。

在公开成果展中记录他人意见和观点。

2. 项目评价(见表6-30)

表6-30 “我为母校设计有纪念意义的文创产品”创作与展示评价表

创作与展示评价		
自评	自我文创设计	□有创意 □有意义 □有实用性 □作品编排有序
	宣传海报设计	□主动参与设计 □主动解决问题 □学习新技能
	文创作品展示	□积极参与,主动合作 □积极配合
小组评价	文创设计	□设计合理,实用性强 □便于制作,展示
结果评价	海报设计	□有一定的艺术性 □有创意 □有吸引力
	文创作品展示	□展示形式新颖 □小组全员参与 □实物精致
	组内互评、教师评价、小组互评、自评	

八、反思与展望

经过本次项目的实践,学生们深刻领悟到文创设计不仅仅是绘画技能的运用,更是信息整合能力和团队协作精神的体现。在探索校园之美的过程中,学生们在教师的悉心指导下,学会了如何敏锐地捕捉校园的独特魅力,并巧妙地将这些元素融入自己的设计作品中。这不仅让他们对自己的学校有了更加深入地了解,也激发了他们的创造力和想象力。

在项目的研究阶段,注重培养学生的量化评价能力,通过制订明确的评价标准,确保对学生作品的公正性和客观性。同时,鼓励学生进行深入的个人感悟和反思,在评价过程中学会如何更有效地管理时间和资源,以及如何在团队中发挥自己的优势。

这种全面的评价方法不仅有助于学生认识到自己的优点和不足，还提供了宝贵的成长机会。

本次项目的研究，为了让学生有更多的创作空间和选择，尝试了多种文创作品形式，如环保材料制作和绘画作品等。学生们在创作过程中，逐渐认识到，使用环保材料进行创作不仅是一种艺术表达方式，更是对环境保护的一种积极贡献。

在校内推广项目化学习的过程中，面临了诸多挑战。要实现教育教学质量的提升，就必须跳出传统教学模式的框架，积极拥抱教育观念的转变。通过项目化学习，学生不仅能够将所学知识应用于实际情境中，还能培养他们的团队合作精神和解决问题的能力。

对于"让海燕小学的文创作品走向市场，成为真正的产品"的目标，学生们充满了激情和期待。渴望看到自己的作品得到更多人的认可和欣赏，同时也明白这需要持续地努力和不断地改进。通过这次项目，学生们不仅学会了如何创作出优秀的文创作品，还学会了如何将艺术与商业相结合，为他们未来的职业发展奠定了坚实的基础。

案例分享

制作英文版校园平面图

项目类型	年级	课时数	学校	设计者	实施者
跨学科项目	五年级	8 课时	海口市海燕小学	孙雪	孙雪

一、项目概述

随着海南国际旅游岛和自由贸易港建设，将会有越来越多的外国友人来海南旅游参观，也会有一些外籍学生来当地的学校交流学习。为了让外国友人更好地了解我们的学校，同时为了让我们的学生能够更好地与外国友人沟通与交流，自如地向他们介绍我们的学校，所以我组织五年级一个班的学生绘制英文版的校园平面图。

校园平面图是学校的基础设施之一，它可以帮助学生和教职工更好地了解校园的布局和建筑位置，提高他们在校园内的行动效率。同时，校园平面图也可以作为学校形象的重要组成部分，展示学校的建筑风格和景观特色。

项目化学习是一种以项目为基础，以学生为中心的教学方法。通过将学习内容融入实际项目中，可以激发学生的学习兴趣和主动性，提高他们的学习效果和创造力。

二、项目目标

(一) 核心知识与能力

(1) 语文:通过制作校园平面图,学生可以更好地了解学校建筑和重要景点的位置,以及校园的文化元素。而英文版平面图可以作为向国际友人介绍学校的重要工具,让更多的外国友人了解学校的历史及文化。

(2) 英语:通过用英文描述学校各个建筑物的名称,复习巩固有关建筑的词汇。

(3) 数学、地理:了解学习比例尺的应用,能够掌握一些基本的地图绘制的方法,根据上北下南的原则,确定校园各个建筑物的方位便于绘制平面图。

(4) 信息技术:能在项目过程中,通过网络媒介查找资料,梳理资料信息,尤其是相关的英文,运用到设计图中去。

(5) 美术:绘制校园平面图。

(二) 学习素养

此项目需要小组成员之间的密切合作与沟通。从资料收集、实地勘察到确定方案,每个环节都需要小组成员之间的分工合作和有效沟通。这有助于培养学生的团队协作精神和沟通能力,提升他们的执行力和问题解决能力。

(三) 价值观念

通过参与此项目,学生可以更加了解学校,尤其是学校的文化元素,进而更加热爱自己的学校。同时学生可以意识到自己在海南省自贸港建设中的责任和担当。他们不仅为学校的发展提供帮助,更是为了推动海南省乃至整个国家的对外开放和经济发展贡献自己的力量。这将培养学生的社会责任感和使命感,让他们更加关注国家和民族的命运。

三、挑战性问题

(一) 本质问题

如何在制作英文版校园平面图的过程中融入学校的特色文化元素。

(二) 驱动型问题

学校的基本建筑和景点以及学校的特色文化大部分学生几乎都了解,但是如何绘制出学校的平面图让部分学生无从下手,更别说是将特色文化元素绘制到学校平面图中。但是我们作为学校的小主人,有义务将我们的学校介绍给更多的外国友人,让更多的外国友人来我们学校参观学习交流。

四、预期成果

(一) 产品形式

设计一份精美的校园平面图。

(二) 公开方式

将平面设计图张贴在学校公开栏等地。

五、项目评价

项目化学习中的评价是多元丰富的，它指向学习目标，具有“目标—实践—成果—评价”的一致性。所以在过程性评价中，每个环节在涉及核心知识、主要的高阶认知策略和重要的学习实践等方面都会相应涉及评价量规考查学生。活动评价见表6-31：

表6-31　项目评价表

评价类型	评价内容	评价等级		
过程性评价	1. 能自主探索校园主要建筑物及景点。	☆	☆☆	☆☆☆
	2. 能关注到学校特色文化并做记录。	☆	☆☆	☆☆☆
	3. 保证各种活动中，在校学生参与率累计不低于90%。	☆	☆☆	☆☆☆
	4. 能完成组内分配的任务。	☆	☆☆	☆☆☆
	5. 能支持小组贡献的想法和意见，与小组分享疑虑。	☆	☆☆	☆☆☆
成果性评价	1. 能有效地绘制平面图并形成探究报告。	☆	☆☆	☆☆☆
	2. 能从同学、教师那里寻求反馈并晚上报告。	☆	☆☆	☆☆☆
	3. 能关注到学校特色文化并将它体现到平面图中。	☆	☆☆	☆☆☆
	4. 能结合自己所画平面图向别人介绍学校。	☆	☆☆	☆☆☆
	5. 能通过此次活动，更加明确自己校园小主人的身份，更加热爱自己的学校。	☆	☆☆	☆☆☆

六、项目资源与工具

(一) 项目资源

计算机、平板电脑、网络、与地图设计相关的资料信息、绘图工具、美术材料等。

(二) 项目工具

8K纸。

(三) 计划时间表(表6-32)

表6-32　计划时间表

时间	内　容
第1课时	发布项目主题,调查数据分享,确定探究内容,开展入项活动
第2～3课时	组织参观学校,记录主要特征,学习地图制作,讨论合作制作
第4～6课时	提供知识技能,掌握技术工具,设计思维导图,完善校园平面图
第7～8课时	提出修订建议,形成最终成果,演示文稿报告,公开成果展示

七、项目实施设计

(一) 入项与问题研究——讨论如何制作地图

活动项目成立以后,把全班同学分为4大组。在组长的带领下,全体同学先互相讨论如何制作地图,制作地图的过程中需要注意哪些事项。然后再次参观学校,并标记了建筑区域,包括三栋教学楼、教师宿舍、三角梅广场、运动场所等。同时对校园特色文化也做了适当的记录。如果对部分校园文化有不清楚的地方,可以观察校园里的特色展示牌,或者是楼道里的讲解公告栏。

要绘制出英文版的平面图,还需要学生课后查阅资料,翻译成英文,所以当教师抛出驱动型问题后,学生需要再次熟悉校园并做好记录,等课后再查阅相关资料。

(二) 知识能力与建构

要想如期达成最终任务,首先要将其拆解为若干子任务。

子任务1:收集数据

全班同学分组收集校园内所有的建筑物和区域的数据,包括名称、位置、功能等。学生在收集资料的过程中常会顾此失彼,收集得并不全面,因此需要教师制作表格帮助学生记录。

子任务2:设计地图

学生将根据收集到的数据,设计出符合要求的地图。首先学生要准备好制作地图的基本工具,如A4纸、铅笔、尺子、橡皮擦等。但是在设计的第一步,学生面临的是不知如何确定方位的问题。于是我引导他们回顾科学课中方位确定的方法,首先确定好主要建筑物,三栋教学楼和一栋教师宿舍楼的位置。其次,再补充三角梅广场、运动场的方位。教师提供方位坐标图帮助学生确定位置。

子任务3:翻译和校对

由于学生目前学习的内容有限,所以教师推荐使用有道词典、谷歌翻译等软件,学生可以通过这些软件将学校主要建筑物翻译成英文,一些有疑惑的地方可以向家长或老师求助。

子任务4:英文版描述

在地图绘制好之后,各小组同学根据自己绘制的地图,用英文简单地写一段关于本组所画的平面图的描述。可用下面的句型:There is ... /There are ... /on、in 等。

子任务5:张贴展示

平面图制作好后,分组张贴在教室里。

各小组经过收集材料,整理资料,设计绘制地图,翻译校对,总结描述,以及最后成果张贴展示,学生经过这一系列的活动,如何制作英文版校园平面图在心中已经了如指掌,但是学生们对如何撰写探究报告一无所知,为了让他们能更好地完成探究报告,教师们事前搜集了很多探究报告。

通过范本,学生明白了撰写探究报告要注意的核心内容:

(1) 题目就是探究报告的标题,要反映探究报告的问题,副标题是对题目的补充,可用来说明课题研究主要做的研究工作。

(2) 探究报告的提出一般要从理论依据和实践依据的角度进行说明。

(3) 探究报告的设计主要包括对其报告研究的内涵进行阐述;探究报告的目标和内容、对象的选择、探究报告采用的方法;探究报告的原则、探究报告步骤的具体安排。

(4) 探究报告要让别人了解研究成果是在什么情况下通过什么方法,根据什么事实得来的,便于别人借鉴。

(5) 反映探究报告成果的资料要翔实、层次清楚、前后连贯、文字精准简明,内容必须严谨、科学、合乎逻辑的论证,切忌夸夸其谈,任意引申夸大。

(三) 出项:以小组汇报形式揭秘成功绘制英文版校园平面图秘诀

在校园平面图成功绘制并张贴展示后,在班级里组织了就如何成功高效绘制校园平面图的心得分享。

1. 如何向观众们“再现”项目的精彩过程

项目活动一开始,先由各小组长向大家介绍整个项目的由来,然后是各小组的汇报展示。学生们从设计该项目开始,就预设了出项时会进行汇报展示活动。他们先问自己“为什么要用这种形式,想让观众看到什么?怎样才能呈现出实施的核心内容”。

2. 微课堂——“再现”项目瓶颈的突破点

在绘制平面图中,如何将学校的文化园巧妙地融合进地图中,对大多数学生来说是一大难题。各个小组就此问题分享了他们的心得。部分学生抓住三角梅的特色、一些学生抓住三栋教学楼的命名及寄语等。

3. 汇报展示——“再现”项目的智慧结晶

学生根据小组探究报告,结合自己的概念图分别进行小组汇报,汇报中大家阐述自己独到的见解。

4. 成效与不足

通过本次活动,学生在绘制平面图中加入了一些自己的想法,使得自己的平面图更加精美。但是也出现一些问题:

(1) 在收集整理资料的过程中,部分学生整理的信息不全面,存在顾此失彼的现象。

(2) 由于所学知识的局限,在将学校建筑物翻译成英文的过程中,有一些错误。

(3) 大多数同学没有将校园特色文化很好地融入平面图中。

八、反思与展望

(一) 活动任务的设计

随着全球经济一体化的深入推进,中国对外开放的战略布局逐渐加强。海南省作为中国对外开放的重要门户,其自贸港建设被赋予了重要的历史使命。在这样的背景下,校园作为培养未来国际化人才的重要基地,其英文版平面图的设计与制作具有深远的意义。

(二) 活动成效的思考

当学生接收到老师发出的任务后,往往会觉得任务困难无从下手,此时需要教师帮助学生排除畏难情绪,快速找准任务的核心,同时小组成员之间互相沟通,分工合作,确定每个人的小任务,完成的标准及时间,以此保证大任务如期进行。

教师如何引导学生在绘制学校平面图时,关注到学校校园特色文化,并将其体现到自己的平面图中去。

案例分享

弘扬春节传统文化,争做推广小使者

项目类型	年级	课时数	学校	设计者	实施者
跨学科项目	四年级	10课时	海口市海燕小学	吴文雅、邢有海、张东琳	吴文雅、邢有海、张东琳

一、项目概述

传统节日是民族文化最杰出的符号和象征,涵盖了民族习惯、服饰、语言和饮食文化等。然而目前的小学英语教材中介绍中国传统文化的内容仍有所欠缺,语言输入上的匮乏自然导致学生在语言输出中不会用英语表达中国传统文化的内容。大部分学生对中国传统节日风俗比较了解,但不会用英文表达、介绍。因此我们尝试以项目化学习方式,结合外研社四上教材有关传统文化这一内容,通过制作春节英文宣传册,深化学生对所学有关传统文化内容的学习,提高学生信息收集和整理能力,发展他们的主动探究能力、勇于创新能力和设计思维,培养英语语言表达的准确性、生动性等。最终确定了"弘扬春节传统文化,争做推广小使者"为主题的跨学科项目化学习。

二、项目目标

(一) 知识与能力目标

(1) 英语:通过文本朗读、阅读、问答交流等形式读懂语篇,理解并运用 the Spring Festival 等词汇及已学句型,尝试用英语介绍中国传统节日,培养学生的英语运用能力。

(2) 品德:弘扬春节传统文化,增强民族自豪感。

(3) 美术:了解宣传册制作的方法,能够使用合理的材料制作春节宣传册,增强学生手工制作与绘画能力,提升学生的鉴赏能力。

(4) 综合实践:信息收集、设计制作英文宣传册的过程不仅能帮助学生体会到英语、美术与生活之间的联系,还能培养学生的小组合作与创新能力。

(二) 学习素养目标

(1) 学习搜集、整合资料的方法,进行信息的整理和筛选,让学生具备初步整理和筛选信息的能力。

(2) 通过任务分组,增强学生的小组合作能力及协调能力。

(3) 在制作、分享、交流宣传册等实践活动中,提升学生的动手能力以及英语口语表达能力。

(三) 价值观念目标

通过深入挖掘春节传统文化中的精髓和智慧,学生能够更好地理解有关春节的历史、价值观和春节习俗变迁的根源,从而丰富他们的世界观和人生观,增强学生的民族自豪感。

三、挑战性问题

(一) 本质问题

为了增强学生对春节传统文化的理解,培养学生的英语能力素养,扩大春节传统文化的影响力,让学生通过制作春节英文宣传册,来推广春节传统文化。

(二) 驱动性问题

对于不了解春节的外国友人,如何让他们快速了解春节呢? 我们如何制作一份图文并茂、实用有趣的小册子呢?

四、预期成果

(一) 产品形式

(1) 学生汇总各自收集的春节起源和习俗的中英文资料。

(2) 学生春节起源和习俗作品展。

(3) 设计春节英文宣传册的排版。

(4) 自制春节英文宣传册。

(二) 公开方式

学生以小组为单位,带着自己制作的宣传册及相关作品等布置春节宣传会,举办英语角活动,向参加的师生及外国友人展示并分发春节宣传册。

五、项目评价

(一) 过程评价

(1) 对中国新年和公历新年的了解有多少,两者有何区别,可否用英语表达。

(2) 学生能否高效搜集、整合资料,对信息进行整理和筛选。

(3) 学生是否能规范且具有创造性地制作春节英文宣传册。

(二) 结果评价

项目介绍、产品展示评价。

六、项目资源与工具

(一) 项目资源

计算机、平板电脑、网络、与春节相关的书籍或其他形式的资料信息、绘图工具、美术材料等。

(二) 制作工具

彩色卡纸、胶水、剪刀、彩色笔等。

(三) 计划时间表(见表 6-33)

表 6-33　计划时间表

时间	内　　容
第 1 课时	发布项目主题,确定探究内容,开展入项活动
第 2~3 课时	搜集春节资料,了解起源习俗
第 4~8 课时	整合中英文资料,设计思维导图,手工制作宣传册
第 9~10 课时	提出修订建议,形成最终成果,演示文稿报告,公开成果展示

七、项目实施设计

(一) 入项活动

(1) 本项目学习伊始,借助新年歌曲和视频,引发学生关于春节话题的头脑风暴,激活已有旧知。

(2) 学生自行分组查阅相关资料,根据不同的调查方向(如春节由来、服饰习俗、饮食习俗、活动习俗等),学生可选择加入不同的小组(见表 6-34、表 6-35)。

表 6-34　“弘扬春节传统文化”项目化学习单

<table>
<tr><td colspan="3">弘扬春节传统文化,争做推广小使者</td></tr>
<tr><td colspan="2">组长:</td><td>组员:</td></tr>
<tr><td>调查的方向</td><td colspan="2">收集的资料</td></tr>
<tr><td>服饰</td><td colspan="2"></td></tr>
<tr><td>食物</td><td colspan="2"></td></tr>
<tr><td>装饰</td><td colspan="2"></td></tr>
<tr><td>习俗</td><td colspan="2"></td></tr>
</table>

表 6-35　探究活动计划表

<table>
<tr><td>调查方向:</td><td>活动时间:</td><td>组名:
组长:</td></tr>
<tr><td>成员:</td><td colspan="2">分工:</td></tr>
<tr><td></td><td colspan="2">资料收集:</td></tr>
<tr><td></td><td colspan="2">资料整理:</td></tr>
</table>

续　表

	作品制作:
	展示交流:
知识问题记录:	如: 1. 每年的春节服饰有什么变化?(参考十二生肖) 2. 春节服饰与日常服饰有什么区别? 3. 少数民族的春节服饰有什么特别之处? ……

(3) 公布调查活动组员互评表(见表6-36),激发学生积极参与调查活动。

表6-36　调查活动组员互评表

学生姓名:

评价内容	量分标准			
	组员1评价	组员2评价	组员3评价	平均值
调查时,积极参与				
调查时,认真倾听				
调查时,认真记录				
调查完后,与组员讨论,分析调查结果				

注　量化分析:"极好"为5分,"较好"为4分,"一般"为3分,"较差"为2分,"极差"为1分。

(二) 项目实施

1. 小组分工,收集资料

教师提出驱动性问题:"春节将近,我们如果要让外国友人感受春节的氛围与魅力,在我们制作的英文宣传册上需要添加什么信息呢?"教师提出的驱动性问题会激发学生的学习兴趣,学生从"关于春节你的了解有多少"转向"关于春节你还想了解什么呢",比如说春节的来历、春节还有什么习俗,进而引发进一步的思考——我们如何查找春节的习俗?找到了春节的习俗,我们又如何度过这个传统佳节?在这些操作要点下,学生在学习的过程中,能够持续探索驱动性问题。教师们从英语的词汇表达、句型使用和版面设计等方面予以指导和答疑,学生们借助工具书、网络资源等方式自主探究。

(1) 活动一:小组内分工,讨论收集资料的方式,如利用互联网、走访调查、阅读书籍等。

(2) 活动二:小组成员查阅相关资料,搜集材料,整合信息完成任务单。

(3) 活动三:组员将自己获取的资料进行分享,学生组内共同讨论,整理筛选,学习分享材料,进一步修改学习单,深入了解春节起源和习俗等。

(4) 活动四:小组成员引导全班学习该组成果。

2. 整理素材,转化语言

(1) 组员们通过向身边人进行访谈,为自己制作春节宣传册打好基础。通过书籍、互联网等渠道获得的资料为绘制春节宣传册提供素材。小组讨论,结合课内外资料,尝试用英语介绍春节的起源和习俗。

(2) 整合简化收集的资料,引导全班学习该组整理的素材。

教师指导学生通过上网查阅资料、共同观看视频以及交流分享等方式,了解春节的由来、习俗和庆祝方式等英文表达,从而感受节日丰富的文化内涵。课后,学生们通过绘制思维导图和小报的方式,把他们收集的有关春节习俗和庆祝方式的信息汇总,并用英语有条理的介绍。在老师和同伴的帮助下,不断修正和优化学习成果。一是对词汇拼写及语法知识错误的纠正、对核心词汇与已学句型的运用,对英语语言应用能力的指导等。二是对形成学习单的成果进行交流,后续根据学生能力不同,通过各种形式介绍,检测学生对词汇与句型的综合表达能力。

3. 头脑风暴,绘制流程图

(1) 活动一:小组讨论如何绘制春节英文宣传册的流程图。

(2) 活动二:各组分享绘制春节英文宣传册的流程图。

交流分享流程图之后,教师教学生们如何用彩笔和美术纸等制作他们心目中的春节宣传册。在设计时,学生将自己对春节的理解和创意融入手工作品中。学生一边制作小册子,一边学习制作小册子步骤的英文表达,为下一课时学做真正的宣传册作准备。

4. 美工制作,完成作品

在制作过程中,学生们遇到了一些关于宣传册的排版,以及一些手工的问题。遇到问题后,他们立即向美术老师进行询问。美术老师事无巨细地给予了指导,如在宣传册上制作立体图案的方法,以及一些可以手动抽取的立体卡贴,让整个小册子充满趣味性和互动性。同时,也有一部分学生选择通过上网看视频和图片的方式学习如何制作宣传册,提高了自我学习的能力。

(1) 活动一:小组根据自己的兴趣、已有知识储备以及进一步检索研究和探讨学习设计宣传册的目录、封面及排版。

(2) 活动二:小组内确定英文版春节宣传册的制作分工。

(3) 活动三:学生自己动手,分工合作,制作宣传册,完成作品,提高生活实践能力和合作学习能力。并与全班分享学习成果。

教师可以通过视频展示向学生示范如何制作英文手工宣传册,鼓励他们能增加目录、封面和装饰等细节,还教授了制作小册子所需原材料和制作步骤的英文表达,增加了学生对春节的了解和喜爱。课后,学生们以录视频的方式,记录他们和小组成员一起亲自体验制作宣传册的全过程。通过学生上网收集资料、小组讨论和教师指导相结合的方式,学生们以小组为单位,融合前几个课时所学的知识,设计了一些别具特色的春节宣传册。最终由学生们根据评价量表(见表6-37、表6-38)进行投票、计票后，评选出最佳宣传册。

表6-37 “弘扬春节传统文化，争做推广小使者”宣传手册评价标准

评价项目	评价内容	分值	得分
主题内容	准确性：内容要准确无误，没有错误的语法表达或虚假信息	20分	
	完整性：内容要全面，涵盖了所要表达的主题或信息	20分	
语言方式	语言表达：文字要准确、流畅，语法正确，表达能力强	15分	
	图片与图表：插图和图表要清晰、美观，与内容相符合，能够有效地传达信息	15分	
美观程度	版面设计：版面设计要合理，文字和图片的排版要整齐、美观	15分	
	色彩搭配：色彩搭配要协调，符合主题和内容，使用适当的色彩能够提升整体美观度	15分	

表6-38 项目化学习评价总表

学习主题		组别	姓名		
评价指标	评价内容	评价要点(每一项满分10分)	自评	互评	师评
实践探究	查找资料	能围绕小组商定的传统节日查找相关资料			
		能通过上网、查课外书、询问家长等各种途径来查找需要的资料			
	整理资料	能用自己喜欢的记录方式记录找到的资料			
		能根据记录的要点联系介绍查找的内容			
	小组合作	成员分工合理，人人都能发挥特长			
	口语表达	展示过程中声音响亮、条理清楚、仪态大方			
	展示形式	1. 宣传册版面美观、布局合理、主题突出。 2. 推广宣传册时能否大方、自信、主动地与人交流，并有条理地介绍宣传册。			

(三) 出项活动

在这次“弘扬春节传统文化，争做推广小使者”项目化学习中，同学们主动提出问题、参与讨论、搜集整理资料、汇报展示，他们主动探究、勇于创新的能力得到了很好的锻炼和提升。同时，他们用自己的方式感受传统节日的文化魅力，接受传统节日文化的熏陶和洗礼，自觉成为优秀传统文化的继承者。

八、反思与展望

学生们体验了整个探究过程，体会到了自主探究的乐趣，加深了对传统节日文化的体验与感受。通过此次项目化学习，学生们掌握了流程图、思维导图和宣传册的绘制方法，更提升了独立思考、合作探究和语言表达的能力。该项目结合四年级课文以及相关单元的习作要求开展，进一步锻炼了学生初步筛选信息、整理资料的能力，发展他们听说读写能力的同时也提升了自信心。通过系列化的活动，让学生了解传统文化，感受传统节日的魅力，对中华文明有了更深的认识。

在本次项目化学习的过程中，我们也遇到了一些问题和困难，总结如下：

(1) 时间安排不够合理：部分学生在项目实施过程中未能合理安排时间，导致进度滞后。

(2) 团队协作不够默契：部分团队成员之间沟通不畅，影响了团队协作的效果。

(3) 获取资料方式受限：由于资源有限，部分学生在收集资料时受到了一定的限制。

(4) 宣传渠道受限。

针对以上不足，同学们通过不同方式寻找资料时，应根据资料进行有批判性的讨论。在找资料过程中，学生应该学会如何寻找有用的资料，在哪寻找资料，同时了解什么是有效的资源，什么资源可以在讨论中进行深度讨论，让学生能自主地寻找自己想要的信息，从而解决自己在项目中的问题。针对资料获取方式受限方面，教师可以鼓励学生通过不同的方式去寻找信息。比如说，通过不同的网站，寻找相应的专家，写正式的邮件，组织采访来丰富自己对于节日了解的信息。针对宣传渠道受限的问题，提倡学生动员身边力量，将宣传册发放至更多的外国友人手里。

参考文献

[1] 夏雪梅,崔春华,刘潇,等.学习素养视角下的项目化学习:问题、设计与呈现[J].教育视界,2020(10):22-26.

[2] 夏雪梅.项目化学习的实施策略[J].湖北教育(教育教学),2019(10):8-9.

[3] 夏雪梅.素养时代的项目化学习如何设计[J].江苏教育,2019(22):7-11.

[4] 夏雪梅.跨学科素养与儿童学习:真实情境中的建构[J].上海教育科研,2017(01):5-9+13.

[5] 刘东方,王磊.科学探究能力的构成要素:基于国外科学课程文件的分析[J].化学教育,2012,33(09):44-49.

[6] 朱行建.国际教育评价中的科学探究能力测评简介及启示[J].课程.教材.教法,2007(02):89-91.

[7] 郭玉英.学生的科学探究能力:国外的研究及启示[J].课程.教材.教法,2005(07):93-96.

[8] 高飞,数学课堂上如何培养学生的思维能力[J].世纪之星(交流版),2021(23):17-18.

[9] 朱映晖,许燕.基于项目化学习提高学生批判性思维能力[J].新课程研究,2021(28):28-30.

[10] 施歌.中小学生数字素养的内涵构成与培养途径[J].课程.教材.教法,2016,36(07):69-75.

[11] 夏雪梅.指向核心素养的项目化学习评价[J].中国教育学刊,2022(09):50-57.

后记

在春风化雨的2022年，教育领域迎来了一场深刻的变革，教育部正式颁布了《义务教育课程方案和课程标准（2022年版）》，这一里程碑式的文件不仅为义务教育的未来指明了方向，更深刻地触及了教育的本质——育人。新课标如同一股清新的风，吹散了传统教育模式的尘埃，它强调知识的整合与跨界融合，倡导课程内容与学生生活经验的紧密相连，致力于培养学生在真实情境中，能够灵活运用所学知识解决问题的能力。尤为引人注目的是，新课标还明确要求，各门课程原则上要用不少于10%的课时设计跨学科主题学习。这一举措无疑为教育舞台搭建起了一座桥梁，连接起知识的孤岛，让教育的视野更加宽广，育人的目标更加高远。

在此背景下，海南省海口市海燕小学——这所承载着梦想与希望的学府，以其独特的校本课程改革实践，在教育的田野上绽放出了璀璨的光芒。2022年8月，《让每一个学生快乐飞翔——小海燕校本课程的创意设计》一书应运而生，它不仅是对我校课程改革成果的一次全面总结，更是对未来教育蓝图的一次深情描绘。同年9月，我校更是荣幸地被海口市教育局授予海口市十大教育集团总校的重任，携手海口市苍西小学、海口市高坡小学，共同肩负起办好人民满意教育的使命。面对这一份沉甸甸的责任与荣誉，我们深知，唯有不断创新，方能不负众望。

于是，我们的目光再次聚焦于新课标的“育人”目标，那是对教育质量的全面升级，是对学生核心素养的深度培育。在此背景下，项目化学习以其独特的魅力进入了我们的视野。它如同一把钥匙，精准地打开了通往核心素养培养的大门。项目化学习，以其问题导向、跨学科整合、真实情境模拟等特点，与新课标的育人理念不谋而合，成为我们探索教育新路径的重要抓手。

回望过去，海燕小学校本课程的构建之路，是一条充满挑战与艰辛的道路。但正是这份挑战，激发了每一位教师内心深处的教育梦想与情怀。我们携手并肩，用汗水浇灌希望，用智慧点亮未来。如今，为了更好地实现育人目标，推动集团化办学深入发展，我们在海口市海燕小学教育集团内部组建了一支项目化学习研究队伍，旨在通过项目化学习的实践，探索培养学生核心素养的有效途径。

在项目化学习的探索之路上，我们坚信，6大核心能力的培养是新时代学生不可或缺的素养：问题发现能力，让学生成为生活的观察者；科学探究能力，让学生成为知识的探索者；发散性思维能力，让学生成为创意的源泉；数字信息技术能力，让学生拥抱未来的科技世界；批判性思维能力，让学生成为独立思考的智者；合作学习能力，让学生在团队中共同成长。这6大能力，如同6颗璀璨的星星，照亮了学生全面发展的道路。

为了将这些理念转化为现实,我们邀请了著名学校管理专家、上海创高教育田荣俊校长和上海市特级教师、华东师范大学兼职硕士生导师戴申卫亲临指导。两位专家如同灯塔一般,引领我们在项目化学习的海洋中航行。他们不仅带来了先进的理论知识,更通过一次次的实地指导,手把手地教会我们如何选题、如何组织、如何实施。在每一次的深入交流中,我们的思维碰撞出耀眼的火花,项目化学习的设计方案也在一次次的打磨中日益完善。

经过无数个日夜的辛勤耕耘,海口市海燕小学教育集团的教师团队终于雕琢出了一系列精彩纷呈的项目化学习案例。这些案例不仅体现了我们对新课标的深刻理解与实践,更凝聚了每一位教师的心血与智慧。它们如同一颗颗璀璨的珍珠,串联起学生核心素养培养的美丽项链。

本书除了汇编了31个项目化设计案例,更重要的是阐述了项目化学习中的学生6大能力(问题发现能力、科学探究能力、发散性思维能力、批判性思维能力、数字信息技术能力、合作学习能力)的培养策略。其中,每一章的主要执笔人分工如下:第一章《项目化学习中学生问题发现能力的培养策略》由洪萌、王怡执笔;第二章《项目化学习中学生科学探究能力的培养策略》由韩玲、邓星执笔;第三章《项目化学习中学生发散性思维能力的培养策略》由韩玲、苟媛媛执笔;第四章《项目化学习中学生批判性思维能力的培养策略》由韩玲、刘艳艳执笔;第五章《项目化学习中学生数字信息技术能力的培养策略》由洪萌、卢沿遐执笔;第六章《项目化学习中学生合作学习能力的培养策略》由洪萌、谭景珊执笔。在本书的编撰过程中,我们特别感谢那些在项目化学习设计中默默奉献的团队成员。他们用自己的实际行动诠释了什么是责任与担当,什么是创新与奉献。正是有了他们的支持与付出,我们的项目化学习实践才能取得如此丰硕的成果。

展望未来,我们深知教育的道路还很长,培养学生的核心素养是一项长期而艰巨的任务。但我们坚信,只要我们心怀梦想,脚踏实地,不断探索与创新,就一定能够走出一条符合时代要求、具有海燕特色的教育之路。

韩玲　洪萌
2024年7月